AF076915

Glanzlichter der Wissenschaft

Ein Almanach

herausgegeben
vom Deutschen Hochschulverband

Bibliografische Information der Deutschen Bibliothek
Die Deutsche Bibliothek verzeichnet diese Publikation in der Deutschen Nationalbibliografie.

ISBN 3-8282-0288-8
Redaktion: Felix Grigat, M.A. (verantwortl.)
Dr. Michael Hartmer
Ina Lohaus
Vera Müller, M.A.
Druck: Saarbrücker Druckerei und Verlag GmbH, 66121 Saarbrücken

Inhaltsverzeichnis

„Morgen ist es damit schon vorbei"

Über Modernisierungsmoden

Konrad Adam

Es gibt verschiedene Wege, der laufenden Modernisierungsrhetorik, wie sie von den Verbänden und Parteien abgesondert wird, überdrüssig zu werden. Der sicherste führt über diejenige Instanz, die mit der Produktion von Sprechblasen die meiste Erfahrung hat, die Werbung. „In Zukunft werden wir anders einkaufen, anders verkaufen, anders arbeiten und anders leben", heißt es auf einem Plakat, das einlädt zur größten Computer-Messe der Welt. Der Mensch, der diese Werbeweisheit verkündet, lächelt freundlich; niemand weiß allerdings, warum. Denn wer ist schon so einfältig, die Wörter „anders" und „besser" kurzerhand gleichzusetzen? Man denkt an Gerhard Schröders Versprechen, die Dinge nicht nur anders, sondern auch besser zu machen, und was dabei herausgekommen ist.

Schon die Reihenfolge, in der die verschiedenen Tätigkeiten aufgezählt werden, ist verräterisch. Zuerst kommt das Einkaufen (in der Hoffnung, ein Schnäppchen zu machen), dann das Verkaufen (bei dem man den anderen übers Ohr zu hauen hofft), danach das Arbeiten (das offenbar den Sinn des Lebens darstellt) und ganz zum Schluß das Leben. Leben, so muß man schließen, erschöpft sich in diesen drei Aktivitäten, im Einkaufen, im Verkaufen und im Arbeiten; darüber hinausliegende Unternehmungen, Aussichten oder Hoffnungen sind nicht vorgesehen. Die wahren Materialisten saßen und sitzen eben nicht im Osten, sondern im Westen. Und offensichtlich sind sie hier, im Westen, dumm genug, um aus der Pleite, die der Osten mit dieser Weltanschauung erlebt hat, nichts zu lernen.

Hülle ohne Kern

Die Marktwirtschaft, hat ein kluger Beobachter seinerzeit bemerkt, hat in der Systemkonkurrenz nicht eigentlich gesiegt, sie ist bloß übriggeblieben. Mehr als das Versprechen von Wandel und Veränderung hat sie nicht zu bieten, auch jetzt nicht, da jeder ahnt und die meisten wissen, daß die fetten Jahre, in denen man die Wähler ruhigstellen konnte, indem man Produktivitätszuwächse verteilte, definitiv vorüber sind. Jetzt eröffnet sich die Aussicht auf eine stagnierende oder sogar schrumpfende Wirtschaft; die allerdings für eine ganz und gar materiell gesonnene Gesellschaft so bedrückend ist, daß sie es vorzieht, die Augen zu verschließen, um sich die Ohren um so lauter mit Wachstums- und Modernisierungsparolen vollstopfen zu lassen. Eine weiterführende Botschaft, eine Hoffnung oder eine Idee, die die Menschen begeistern und beflügeln könnte, gibt es nicht. Wachstum ist längst zu einer Bewegung ohne Ziel, Reform zu einer Hülle ohne Kern, Modernisierung zu einem Begriff ohne Inhalt geworden. Die Bundesbildungs- und Forschungsministerin hat daraus den Schluß gezogen, rhetorisch noch etwas nachzulegen. Sie redet von einer Missionsorientierung, auf die hin Wissenschaft zu fokussieren sei: schon ihrer Sprache hört man an, daß sie zur Sache nichts zu sagen hat. Edelgard Bulmahn weiß nicht, was Wissenschaft ist, wie sie funktioniert und wie man sie zum Laufen bringt. Sie hält die Wissenschaft, wie Wolf Singer neulich lapidar feststellte, für einen Produktionsprozeß wie alle anderen auch. Das ist sie aber nicht. Aus diesem Grund kommt das Ministerium mit seinen tausend Plänen und Einfällen auch nicht weiter. Es hält die Forschung für einen Automaten, den man durch bloßen Geldeinwurf zum Schnurren bringt. Daß Wissenschaft und ihre wichtigste Pflanzstätte, die Universität, etwas ganz anderes will und etwas anderes viel nötiger hat als Geld, Freiheit nämlich, ist der Ministerin noch niemals in den Sinn gekommen. Wäre es anders, hätte sie ja zumindest eines der zahlreichen Modernisierungsvorhaben in Angriff nehmen können, die allesamt den Vorzug haben, nicht nur nichts zu kosten, sondern Geld zu sparen oder sogar einzubringen. Sie hätte das Hochschulrahmengesetz eindampfen oder verschrotten können, das Gebührenverbot aufheben und die leerlaufende Mitbestimmungsprozedur auf ein vertretbares Maß zurückschneiden können. Sie tut das nicht, weil sie nicht weiß, daß in der Wissenschaft die Freiheit mehr bedeutet als das Geld.

Vergiftetes Verhältnis

„Die beste Reform ist das Auffinden der besten Männer" hatte Karl Jaspers im Schicksalsjahr 1945 festgestellt; „... und der besten Frauen" wollen wir heute, in der Epoche der Gleichstellungsbeauftragten, gern hinzufügen. Aber welcher Bildungs-, Wissenschafts- oder Kultusminister hält sich an diese Regel? Wer besitzt den Weitblick und den Ehrgeiz, die Personalpolitik als A und O seiner Amtspflichten zu betrachten? Das Geheimnis des Humboldtschen Universitätsmodells war doch das zwar nicht spannungsfreie, im Grundsatz allerdings vertrauensvolle und jedenfalls belastbare Zusammenspiel zwischen Staatsgewalt und autonomer Hochschule. Eine kluge Berufungspolitik war die Basis, auf der die deutsche Universität zur Blüte kam. Die drei Mediziner Robert Koch, Paul Ehrlich und Emil von Behring sind von Friedrich Althoff, dem späten Nachfolger Humboldts, den durchweg widerstrebenden Fakultäten förmlich aufgezwungen worden. Ein paar Jahre später hatten alle drei den Nobelpreis gewonnen. Wenn schon Modernisierung, dann so.

Heute ist das Verhältnis zwischen Staat und Hochschule als späte Nebenfolge einer von Grund auf verfehlten Reformpolitik gestört wo nicht sogar vergiftet. Da sie sich fürs Personal nur dann interessieren, wenn ein Professor, der auf einem Partei-Ticket reist, versorgt werden muß, sind die Regierenden aufs Geld verfallen: ihr Herz und ihren Verstand wollen sie mit Geld beweisen. Absolute und relative Zahlen, Quoten, Steigerungsraten und Anteilswerte müssen herhalten, um Anstrengungen und Erfolge vorzutäuschen, die es schon lange nicht mehr gibt. Denn was Wissenschaft taugt, was Wege in die Zukunft eröffnet oder verbaut, läßt sich nicht daran ablesen, ob der Aufwand, den man, gemessen am Bruttosozialprodukt, in dieser Absicht treibt, steigt oder fällt. Das glaubt nur die Bundesbildungsministerin und die Forschungsbürokratie in Brüssel.

Das Pathos des Neuen

In seiner Schrift über das Leere unterscheidet Pascal zwischen zwei Arten von Wissenschaften. Die einen haben es mit den menschlichen und göttlichen Einrichtungen zu tun, wie etwa die Jurisprudenz und die Theologie; sie kennen keinen Fortschritt. Die anderen beschäftigen sich mit den kurzlebigen Gegenständen und wechselnden Gelegenheiten des täglichen Lebens, wofür Pascal die Mathematik und die Physik als Beispiele nennt; in diesen Disziplinen schreitet die Erkenntnis stetig voran, kann es mithin so etwas wie Modernisierung und Innovation tatsächlich geben. Man muß dieser Einteilung nicht folgen, um dem Fortschrittsgetöse, wie es von den Modernisierungsfanatikern entfacht wird, mit Skepsis oder Ironie zu begegnen. Im Pathos des Neuen wird dagegen protestiert, daß es nichts Neues mehr gibt, meinte schon Theodor Adorno.

Das Pathos überzeugt nicht mehr, weil niemand sagen kann, wohin der Fortschritt führt, und die Vergangenheit an Fortschrittspannen ja nicht gerade arm ist. Was Tschernobyl im Osten war, war die Challenger-Katastrophe für den Westen. Die technischen und die Naturwissenschaften, die von der Modernisierungswut am meisten profitiert haben, sind nicht mehr das, als was sie Dubois-Reymond vor mehr als 100 Jahren angepriesen hatte, sie gelten nicht mehr als „das absolute Organ der Kultur", und kaum einer würde sich heute noch wie er dazu hinreißen lassen, die Geschichte der Naturwissenschaften als die „eigentliche" Geschichte der Menschheit darzustellen. Sie ist es nicht, weil ihr Versprechen, die Welt anders einzurichten, genausogut als Drohung wie als Hoffnung verstanden werden kann. „Die Werke des Menschen werden die Ursache seines Todes sein", meinte Leonardo da Vinci – immerhin schon vor einem halben Jahrtausend.

Um mit der Modernisierungsrhetorik Eindruck zu machen, müßten ihre Anhänger mehr bieten als das Versprechen, alles bloß „anders" zu machen. Sie sollten nicht länger über die Frage meditieren, ob wir dürfen, was wir können – das interessiert nur noch ein paar Feuilletonisten –, sondern die viel einfachere Frage beantworten, ob wir es auch wollen. Was wollen wir mit einem Computer-Programm, das uns 1000 Möglichkeiten bietet, die wir nicht brauchen? Warum brauchen wir ein Mautsystem, das zu kompliziert ist, um pünktlich in Betrieb gehen zu können? Und wozu brauchen wir das Foto-Handy? Um die Nachbarin beim Auskleiden zu beobachten und die Bilder dann ins Netz zu stellen? Alles das gilt ja als Fortschritt. Eine Wissenschaft, die dabei mitmacht, ist aber alles andere als fortschrittlich. Sie ist nicht einmal modern, sondern allenfalls modisch, also schnell verderblich. Das Wort kommt nämlich vom lateinischen „modo", und das bedeutet „eben jetzt, bis auf weiteres, vorübergehend". Morgen ist es damit schon vorbei.

Vom Ende des Unverfügbaren

Anmerkungen zur Politik tektonischer Zerstörungen menschlicher Würde

Peter-Alexis Albrecht

I. Der Mensch als Mittelpunkt

Artikel 1 des deutschen Grundgesetzes gründet auf einer Philosophie vom Menschen als Mittelpunkt und Ausgangspunkt politischen und gesellschaftlichen Handelns. Die Würde des Menschen ist für Staat und Gesellschaft unantastbar, so unantastbar, daß das Grundgesetz den Würdeschutz sogar in den Rang eines „ewigen Grundrechts" (genauer: eines unverfügbaren Leitprinzips der Verfassung) gehoben hat. Dies ist durch nichts und niemanden abänderbar, oder anders ausgedrückt: Dieses Leitprinzip ist abwägungsfest und unverfügbar.

Ein Schritt konkreter: Die Legitimität einer gesellschaftlichen Ordnung zeigt sich darin, wie sie mit den Schwachen und Schwächsten umgeht, auch mit ihren Gegnern. Sie zeigt sich auch darin, welche Schutzräume sie einer kritischen Wissenschaft einräumt und wie sie – trotz ökonomischer Konzentrationsprozesse – den Bürgern gleichwohl individuelle Entfaltung und Selbstverwirklichung ermöglicht. Ihre Humanität kann man in Gefängnissen, Universitäten, Fabriken, Krankenhäusern oder Altenheimen inspizieren. Der Schutz von Menschen, ihr individuelles Leiden, aber auch ihre Fähigkeiten zur Selbständigkeit, zur Zivilcourage, zum Einsatz für andere, kurz: zum *Gebrauch von Freiheit* steht im Mittelpunkt philosophischer, staatspolitischer Überlegungen. Kant verpackt die Bedeutsamkeit des Menschen in der „Menschheitsformel". Daraus resultiert eine politische Erkenntnis, die einerseits kompliziert, andererseits banal ist: Wir wissen nicht viel von dem, was richtig oder falsch ist. Wir wissen aber, daß wir uns selbst „in eigener Person" und den „anderen" als Menschen akzeptieren müssen. „Der andere" ist selbst in seiner

Schwäche „unantastbar“, aus keinem anderen Grund, außer dem, daß er Mensch ist. Mit Menschen, will Kant sagen, „spielt man nicht“. Sie sind keine bloße Verfügungsmasse von Mächtigen: nicht in Gefängnissen, nicht in Universitäten, nicht in Fabriken.

Der historische Gesetzgeber hatte gute Gründe für eine Perpetuierung dieses Würdeschutzes, weil dies stets Auswirkungen für absoluten Lebensschutz und Schutz vor ungezügelter Einvernahme für staatliche Zwecke hat. Der Bürger sollte geschützt werden vor staatlichem Mißbrauch, geschützt vor der Verwendung als Material für Zielvereinbarungen innerhalb verschiedener Subsysteme von Staat und Gesellschaft.

II. Die Distanzierung vom Menschen

Immer seltener steht der Mensch im Mittelpunkt staatlicher und gesellschaftlicher Orientierung, schon gar eines solchen Handelns. Mittelpunkte sind *Subsysteme* wie „Wirtschaft“, „Wissenschaft“, „Sicherheit“, „Gesundheit“. Der *moderne* Staat versteht sich als „Optimierer“ *systemischer* Anforderungen. Subsysteme müssen funktionieren, müssen wettbewerbsmäßig konkurrieren, sich behaupten. Der Mensch als Würdeträger ist eher hinderlich im Konzert der Globalisierung konkurrierender Wettbewerbswirtschaften. Was nutzt das Festhalten an alteuropäischen Prinzipien und Werten, wenn die Anforderungen globalisierter Systeme das Beharren auf Freiheit und Würde als Wettbewerbsnachteil ausweisen. China ist das beste Beispiel. Der rasanten Wachstumsexplosion gafft ein Teil der übrigen Welt offenmundig zu und ist bereit, für spärliche Teilhabeaussichten an diesem Wachstum das aufzugeben, was eigentlich zum unverfügbaren Kern europäischer Menschenrechtstradition zählt. Die Charakteristika gesellschaftlicher Subsysteme sind Flexibilisierung und die Abkehr von Dimensionen *objektiver Werteordnungen*. Das Bundesverfassungsgericht sah bislang in diesen eine prinzipielle Verstärkung der Geltungskraft der Grundrechte, die für alle Bereiche des Rechts gelten.

Für neuzeitliches Verfassungsdenken sind Ankopplungen an objektive Werteordnungen schon lange hinderlich, jedenfalls dann, wenn dadurch die Menschenwürde den gestaltenden Staat in die Schranken verweist und trotz staatlicher Gestaltungszugriffe dem Individuum optimalen Respekt sichert. Die europäische Rechtsentwicklung weiß das bereits mit einem Fachbegriff zu belegen: „gubernatives Recht“ hilft die Gewaltenteilung überwindbar zu machen. Das Parlament als Zentrum des demokratischen Prozesses wird randständig, es ist hinderlich für flexibles, gubernatives Setzen von Recht. Das Individuum und sein Würdeschutz als Zentrum treten in den Hintergrund, verschwinden in der Mottenkiste der belächelten Aufklärung. Dem Bürger werden mehrere Blankovollmachten abverlangt und er ist sogar gewillt, diese unbedenklich und ohne Kontrollmöglichkeiten auszustellen. Die Unterordnung hat viele Gesichter. Die wichtigsten gesellschaftlichen Subsysteme erfordern immer das gleiche: Individuelle Freiheitsaufgabe zugunsten systemischer Funktionsfähigkeiten. Beispiele liegen zum Greifen nahe – „innere Sicherheit“, „Wissenschaft“ und „Wirtschaft“.

1. Subsystem „innere Sicherheit“

Im Bereich der Kriminalpolitik ist der Mechanismus lange bekannt: Bedrohungslagen ziehen auf wie staatliche Gewitter. Historische Unwetter waren von der Struktur her immer ähnlich.

Schon im Kaiserreich bedrohten die „gemeingefährlichen Bestrebungen der Sozialdemokratie" das politische System. Der Staat reagierte prompt und setzte das „Gesetz zur Bekämpfung der gemeingefährlichen Sozialdemokratie" auf die Agenda 1878. Der Gesetzgeber der Bundesrepublik ließ sich von anderen Wetterlagen tragen. Die politischen Prozesse der frühen Bonner Republik waren geleitet von Szenarien des Kalten Krieges, abgelöst durch den RAF-Terrorismus, der zarte rechtsstaatliche Pflanzen alsbald auf Dauer planierte. Die „Organisierte Kriminalität" öffnete in den 80er-Jahren die Schleusen des Präventionsstaates, der Rechtsschutz des Einzelnen verzog sich hinter die kriminalpolitische Forderung „operativer Vorfeldkonzepte". Der aktuelle „Terrorismus" läßt alles Bisherige verblassen. Der Bürger gewöhnt sich vor dem Hintergrund regierungsamtlich konstruierter Szenarien an die komplette Abschaffung seiner Freiheit, ohne den Teufelskreis zu erkennen: Staaten reagieren auf Unrecht mit Mega-Unrecht. Ein plumpes archaisches Talionsprinzip wird staatliche Legitimationsgrundlage. Staatsnotstand wird zum Normalfall, bricht und usurpiert Völkerrecht. Die Sendboten von Demokratie und Freiheit töten und massakrieren fremde Bevölkerungen, Widerstand dagegen wird unilateral als Terrorismus definiert. Folter gerät zur staatlichen Normalhandlung. Das ist die *echte tektonische Verschiebung* unserer Zeit.

Dagegen gibt es nur ein Bollwerk: Das *strikte* Beharren auf einer Kultur historisch erkämpfter Freiheitsprinzipien, die sich in einer Unzahl von Konflikten im „alten Europa" langsam zu etablieren schienen – Gesetzlichkeit, Legalität, Verhältnismäßigkeit und Fairneß waren dem Anspruch nach die Rechtsgarantien, mit denen der Topos der Würde des Menschen umgesetzt und praktisch erfahrbar wurde. Die Geschichte der Verfassungsrechtsprechung der Bundesrepublik gibt zahlreiche Beispiele für diesen ermutigenden Weg, der leider in einer Sackgasse mündet. Im Spannungsbogen von Freiheit und Sicherheit gewinnt der moderne Leviathan: Bedrohungslagen lassen nach Flexibilität, Opportunität, Geheimhaltung, Abbau der Gewaltenteilung rufen. Eine ahnungslose Öffentlichkeit erkennt die Folgen der Aufgabe rechtsstaatlicher Garantien nicht. Die Kassandras werden als tumbe Idealisten und Rechtsstaatsneurotiker in die Ecke gestellt. Das rechtsstaatliche Strafrecht zerbricht in der Ahnungslosigkeit einer Sicherheitsfixierung, die zwar demoskopisch abgefragt wird, aber historisch ahnungslos und juristisch uninformiert ist. Die Erosion rechtsstaatlicher Sicherungen zeigt Auswirkungen immer erst später, zu einem Zeitpunkt, der heute nicht erfaßbar ist. Ist er da, ist es zu spät. Das, was man dem RAF-Terrorismus vorhielt, daß er Demokratie und freiheitliche Gesellschaft zerstören wollte, ist nicht eingetreten. Die Gesellschaft war stärker. Gleichwohl tragen wir noch heute an den normativen Schäden des gestutzten Rechtsstaats. Ob sich der Rest des Rechtsstaats von den aktuellen Erosionen je erholen wird, wird eine andere Generation erfahren müssen.

2. Subsystem „Wissenschaft"

Im Bereich „Wissenschaft" sind wir ebenfalls Zeuge der fortschreitenden Funktionalisierung für systemische Zwecke, durch die der Mensch, der ursprüngliche und eigentliche Motor für Wissenschaft, immer mehr zurücktritt. Eine Universität kann der Gesellschaft nur dienen, wenn sie neues Wissen schafft, dieses Wissen systematisiert und interpretiert, es kritisiert und auf seine Bedeutung für die gesellschaftliche Entwicklung prüft. Die Erfüllung dieser innovativen Funktion der Universität setzt einen kreativen Dialog zwischen den Beteiligten voraus.

Studierende spielen dabei eine hervorragende Rolle; sie sind nicht Empfänger vorgefertigter Wissensmengen, sie sind selbständige Bürger, die das differenzierte, kritisierbare Universitäts-Wissen beim Aufnehmen kontrollieren und damit die Grundlage für die Entfaltung der Gesellschaft entstehen lassen. Die Universitäten schaffen die Voraussetzungen für die verantwortbare Ausübung von Berufen mit weitreichenden Folgen für andere Bürger. Die aktuelle Wissenschaftspolitik verkennt, daß „Universität" aus einer Ansammlung von unabhängigen, kreativen, und leistungswilligen *wissenschaftlichen Individuen* besteht. Diese haben in jahrhundertelanger Tradition in Eigenverantwortung und nach dem Prinzip der Bestenauslese Wissenschaft geschaffen und geprägt. Nicht die jeweilige staatliche Verfaßtheit hat die Universitäten zu dem gemacht, was sie einmal waren, sondern die Unabhängigkeit, Neugierde und Schaffenskraft tatkräftiger, kritischer und unerschrockener Individuen. Das waren und sind die universitären Eliten, um die der Staat einen Schutzzaun ziehen muß, damit sie auch im gesellschaftlichen Interesse freiheitliche Wissenschaft, das heißt vor allem Kritikfähigkeit produzieren und fördern können. Freiheit in Forschung, Lehre und Studium liegt insofern nahe bei staatsbürgerlicher Aufmüpfigkeit.

Die wissenschaftspolitische Forderung an die Universitäten, sich dafür notwendiges Geld als sogenannte Drittmittel bei den zu Kritisierenden selbst zu beschaffen, kommt einem politischen Naivismus gleich, der seinesgleichen sucht. Landauf und landab wird von den Universitäten „Spitzenforschung" und „Spitzenausbildung" für den Standort Deutschland erwartet. Außerdem müssen sie den Nachwuchs für die gesamte Grundlagenforschung ausbilden. Jedermann weiß, daß hierzu ein freiheitliches intellektuelles Klima und gute äußere Arbeitsbedingungen notwendig sind. Die Realität an den Universitäten ist jedoch anders. Geldmittel für die Lehre, für Korrekturleistungen (Hausarbeiten, Klausuren), für Bücher werden erbarmungslos zusammengestrichen. Die Lehrverantwortung zwingt zur Selbstorganisation von Korrekturen durch Studierende der Anfangssemester selbst. Es verwundert jedenfalls in den geisteswissenschaftlichen Disziplinen nicht, daß schon in den ersten Tagen des Semesters außeruniversitäre professionelle Repetitorien antreten, um die Lehre gegen kräftiges Entgelt selbst in die Hand zu nehmen und die Studierenden von Anfang an der Universität zu entfremden. Das gab es in diesem Ausmaß bislang nicht und verschlimmert sich von Semester zu Semester. Die Universitätsausbildung verkommt. Es ist ein schlimmer Trick der Wissenschaftspolitik, die Probleme der Massenuniversität, vor allem die durch die Menge erzwungene Tendenz zur Verschulung zu ignorieren, zugleich aber die Folgen der Massenuniversität zu verrechtlichen. Anpassung und Ruhe sind die erste Pflicht aller Universitätsangehörigen. Die Arbeitsplätze der Studierenden und der Dozenten in den Großhörsälen bleiben unwürdig, wie sie sind: jede Konzentration tötend, Fluchtinstinkte schürend. Das „Personal" arbeitet seit über zwanzig Jahren in „Überlast". Diesen Zustand erklärt man kurzer Hand zur „Normallast". Der Zerfall der Universitäten wird Gesetz. Hochschulpolitik als Gestaltung, als Verfassung des unerhörten wissenschaftlichen und menschlichen Problems „Massenuniversität" gibt es nicht. Mit diesen Worten geißelten noch vor wenigen Jahren Konvent und Senat der Johann Wolfgang Goethe-Universität in Frankfurt die sozialdemokratisch initiierte Hochschulreform, die diesen Namen nicht verdient. Angesichts der sich zuspitzenden katastrophalen Realität der Universitätslandschaft in Deutschland mutet die Diskussion über die Heraushebung einiger „Elite-Universitäten" als hochschulpolitischer Zynismus an. Daß die Verantwortungsträger, meistens politische Funktionäre, nahezu ahnungslos sind, ist keine erschöpfende Erklärung, sondern ein weiteres Indiz für den geringen Stellenwert, den der Mensch in den Konzepten politischer Parteien heute einnimmt.

Erforderlich wären Maßnahmen zur Behebung der Schwierigkeiten für freie Forschung und Lehre an *allen* Universitäten. Die aktuelle Wissenschaftspolitik verbraucht hingegen den personellen und sachlichen Rest an Universität, den es noch gibt. Diese Politik weckt nicht die Bereitschaft zur Auseinandersetzung über Theorie, Organisation und Finanzierung einer modernen Universität, sondern weckt Zorn über das Schleifen der Universitäten als Stätten der Einheit von Forschung und Lehre. Kontraproduktiv und verwerflich ist es, scheinbar nützliche gegen scheinbar weniger nützliche Wissenschaften und Personen auszuspielen, um in Zeiten knapper Ressourcen den Kampf hierum als Hochschulpolitik auszugeben. Auch der Versuch, mittels neuzeitlicher Managementmethoden Fachbereiche an die wissenschaftliche und ökonomische Kette zu legen, stellt neben der faktischen Entmündigung einen schwerwiegenden Verstoß gegen die verfassungsrechtlich garantierte Wissenschaftsfreiheit dar und führt zum Tod des innovativen Individualismus an den deutschen Universitäten.

3. Subsystem „Wirtschaft"

Man sieht also: Nicht der Mensch steht mehr im Mittelpunkt, sondern die systemische Effizienz. Überdeutlich wird dies schließlich im Bereich der Wirtschaft. Beklagt wird überall ein Mangel an Identifikation von Arbeitnehmern mit ihrem Betrieb, ein zunehmender Mangel an Loyalität, ein Verlust an allgemeiner Verbindlichkeit. Das Interesse an der Freizeit- und Spaßgesellschaft raubt dem Subsystem Arbeit das Fundament. Woran mangelt es hier? Der Shareholder-Value ist die Ikone des modernen Wirtschaftsrechts. Konzentrationen und Fusionen haben ein weltweites Ausmaß erreicht, das Karl Marx höchstens visionär erahnt hat. Mitarbeiter erfahren nicht selten aus der Zeitung, daß ihre Welt sich über Nacht aufgelöst hat, gleichbedeutend mit ihrer „Freistellung", früher Kündigung genannt. Freistellungen, Rationalisierungen, Synergien sind die modernen Topoi einer Weltwirtschaft, in der der Mensch nur noch als Konsument eine Rolle spielt – was er freilich ausgiebig und regierungsamtlich ausleben soll. Woher die Mittel hierfür kommen, kann auch der kollabierende Sozialstaat nicht mehr beantworten. Dieser ist Opfer einer Privatisierung der Gewinne und einer Sozialisierung der Verluste.

III. Hoffnungen für die Menschenwürde

Die Gesellschaft beklagt die Verluste an Identität und Loyalitäten lautstark. Sie merkt nicht, daß das Nachgeben gegenüber den funktionalistischen Anforderungen der Subsysteme gleichbedeutend mit dem Verlust der Würde und des Kerns des Menschseins ist. Die Kritik an diesem Standpunkt ist geläufig. Man wird bezichtigt, rückwärtsgewandt und reaktionär zu sein. Die Zeichen der Zeit würden nicht verstanden. Dabei sind wir mitten im *Zentrum tektonischer Verzerrungen menschlicher Würde* angelangt.

Von der *Judikative* ist zu erhoffen, daß sie der Politik den eingeläuteten Abschied von der Unverfügbarkeit der Menschenwürde und anderer rechtsstaatlicher Grundprinzipien möglichst schwer macht. Bislang entsprach es noch der – jedenfalls mehrheitlich gesicherten – Tradition des Bundesverfassungsgerichts, eine rechtsstaatliche Prinzipienkultur sorgsam zu pflegen und den

Bürger vor dem Schicksal zu bewahren, Spielball beliebiger staatlicher und gesellschaftlicher Zweckexperimente zu sein.

Von der *Politik* muß man verlangen, die Unverfügbarkeit der Würde des Menschen in den Mittelpunkt zu stellen, allen Modernisierungsaufrufen und Widerständen zum Trotz. Eine rechtsblinde und machtfixierte Politik verkennt jedenfalls, daß eine aufgeklärte Politik, die an der *Unverfügbarkeit einer Prinzipienkultur* festhält, das eigentlich wirksame Gegenprogramm für globale Herausforderungen ist. Islamistischem Fundamentalismus kann man nur fundamental antworten. Nicht Waffen, sondern unverfügbare und abwägungsfeste, auf Menschenwürde basierende Leitprinzipien sind die Antworten auf weltweite Gefährdungen. Das ist eine reale alteuropäische Alternative – auch für ein Europa der Zukunft.

Die Erfindung der Schrift

Jan Assmann

Wir leben in einer schriftgeformten Welt und sind selbst schriftgeformte Wesen. Daher erscheint uns die Schrift als etwas Selbstverständliches. Wir können sie aus unserer Welt nicht mehr wegdenken und können uns nicht in eine schriftlose Welt hineinversetzen. Menschen, die in einer schriftlosen Welt leben, stellen wir uns als eine Art geistige Eintagsfliegen vor. In einer solchen Welt, so denken wir uns, kann nichts festgehalten werden. Alles muß täglich oder doch von Generation zu Generation neu erfunden werden. Die Gedanken, die Sprache, die Technik – alles ist beherrscht vom Prinzip der Flüchtigkeit, des Vergessens und Verschwindens. Erst die Schrift, glauben wir, stellt die Sprache auf ein dauerhaftes Fundament standardisierter Artikulation und Bedeutung und schafft ein über Generationen vererbbares Gedächtnis. Erst durch die Schrift hat sich die Menschheit aus dem geschichtslosen Raum des Vergessens befreit und jene geistige und technische Evolution freigesetzt, die uns nun in immer größerer Beschleunigung in das nachschriftliche Zeitalter der elektronischen Kommunikation katapultiert.

In dieser pauschalen Form stimmt das natürlich nicht. Seit wir ihn zurückverfolgen können, hat der Mensch datierbare Spuren hinterlassen, die auf Traditionsbildung, das heißt ein von Generation zu Generation weitergegebenes Know-how schließen lassen. Seit den Anfängen menschlicher Kultur gibt es Entwicklung und Fortschritt. Eins baut auf dem anderen auf, Erfindungen wie der Ackerbau, das Rad, die Pferdezucht werden nicht gleich wieder vergessen, sondern stetig perfektioniert, in den immer komplexer werdenden Morphologien der Höhlenmalereien, Felsbilder, Petroglyphen, Keramik und so weiter prägen sich nicht nur zeitliche Abfolgen, sondern auch ethnische Zugehörigkeiten aus, und all das deutet auf ein kulturelles Gedächtnis, kraft dessen sich die Menschheit schon lange vor Erfindung der Schrift im Fluß der Zeit stabile Sinn-, Symbol- und sogar Zeichenwelten aufbaute. Wir könnten auch sagen, daß in diesem Sinne die Menschheit immer schon „geschrieben“ hat – wenn wir bereit sind, diese Form-, Symbol-

und Zeichenwelten im Sinne von Jacques Derrida „Schrift" zu nennen, in denen das kulturelle Gedächtnis einer Gruppe sich zugleich ausdrückt und stabilisiert. Nicht erst die Schrift im Sinne der visuellen Kodierung von Sprache, sondern das Prinzip der Form wirkt als traditions- oder gedächtnisbildendes Prinzip. Das gilt nicht nur für Steinwerkzeuge und Keramik, sondern natürlich und vor allem für die Tänze, Riten, Lieder, Sitten und Bräuche, das heißt die ganze Lebenswirklichkeit dieser frühen Menschen, die keine sichtbaren archäologischen Spuren hinterlassen haben, aber von denen wir uns durch die Ethnologie ein Bild machen können. Denken wir zum Beispiel an die Songlines der australischen Ureinwohner, jene Wanderwege, deren Stationen mit mythischen Episoden verbunden sind und deren jährliche Begehung die Menschen in die mythische Urzeit oder „Traumzeit" eintauchen läßt: Hier wird eine ganze Landschaft zur „Schrift", die Mythen werden ihr „eingeschrieben". Mythen, Genealogien und sonstige für die Identität der Gruppe wichtige Daten können in alle möglichen Objekte, zum Beispiel Knotenschnüre, eingeschrieben werden, ohne daß es sich darum schon um Schrift im strengen Sinne handelt. Auch dem Gedächtnis selbst können Dinge eingeschrieben werden. Dazu bedarf es erstens auch hier wieder der Formung: geformte Sprache, durch Reim, Rhythmus, Assonanz, Wiederholung, behält sich leichter als ungeformte, und zweitens der Übung.

Wo immer sich das kulturelle Gedächtnis des menschlichen Gedächtnisses als einer Art von Schrift bedient, stoßen wir auf ein hoch entwickeltes Spezialistentum: die indischen Brahmanen, die afrikanischen Griots, die jugoslawischen Guslaren, die altgriechischen Rhapsoden waren Gedächtniskünstler, die schier unglaubliche Überlieferungsmassen über die Jahrhunderte bewahrt haben.

In welcher Weise hat also nun die Schrift, im strengen Sinne der visuellen Kodierung von Sprache, die Welt verändert? Da muß man sich zunächst klar machen, daß die Schrift eine Form ist, die von sonstiger Formgebung unabhängig macht. Um etwas aufschreiben zu können, muß es nicht geformt sein. Die Schrift macht es möglich, die Prosa des Lebens, das Alltägliche, Ungeformte, keinem Gedächtnis Einprägbare festzuhalten. In den so genannten Gedächtnisschriften und Notationssystemen der Gedächtniskulturen muß die Formung der Notation immer schon vorausgehen. Ohne die streng ritualisierte Form ihrer Begehung würden die Songlines nicht funktionieren. Das gilt genauso für die Knotenschnüre, Bilderschriften und sonstigen vorschriftlichen Notationssysteme.

Gedächtniskulturen sind hochgradig ritualisierte Gesellschaften. Je mündlicher eine Kultur, desto ritualisierter ist sie. Das gilt auch umgekehrt: je schriftlicher, schriftgeformter eine Kultur, desto ärmer ist sie an ritueller Formung. Das hängt damit zusammen, daß die Schrift eine Form ist und nicht bloß das dingliche Substrat oder die Erinnerungsstütze einer Form. Als Form entlastet die Schrift von anderer, ritueller und poetischer Formung. Wir sprechen ja auch von der „Schriftform" und denken da in keiner Weise an poetische Formung, sondern bloß an die Niederschrift einer völlig beliebigen Mitteilung. Zweitens: Die Lautschrift funktioniert nicht nur als ein externalisiertes Gedächtnis, das uns an etwas erinnern kann, sondern auch als eine externalisierte Stimme, die uns etwas mitteilen kann, auch wenn der Sprecher abwesend ist. Wir können nun feststellen, daß die Schrift für genau diese beiden Zwecke erfunden worden ist: als ein künstliches Gedächtnis oder Datenspeicher für kontingente, ungeformte, keinem Gedächtnis anvertraubare Daten, und als eine künstliche Stimme für Botschaften, die in eine keiner menschlichen Stimme erreichbare räumliche und zeitliche Ferne dringen sollten.

Schrift und Staat

Die frühesten Schriften sind in Mesopotamien und Ägypten erfunden worden, gegen Ende des 4. Jahrtausends v. Chr., und zwar jeweils in engstem Zusammenhang mit der Entstehung der ersten Staaten der Menschheitsgeschichte. Beide Phänomene gehören offenbar eng zusammen. Der frühe Staat, als Nachfolgeinstitution der vorausgehenden Dorfgemeinschaften und Häuptlingstümer, bedurfte der Schrift als künstlichem Gedächtnis, um der unendlichen Datenfülle im Zusammenhang von Wirtschaft und Verwaltung Herr zu werden, und als künstlicher Stimme, um das herrscherliche Machtwort an alle Enden des Reiches dringen zu lassen und als Repräsentation königlicher Macht allen Bewohnern vor Augen zu stellen.

Die Schrift ermöglicht neue Formen von Kontrolle und Verwaltung: Buchhaltung, Rechnungsführung, Registratur, Volkszählung, Steuerveranlagung, kurz alles das, worauf die komplexer gewordenen Gemeinwesen und frühen Staaten basieren. Der frühe Staat ist ohne Schrift nicht möglich. Diese Staaten kannten keine freien Märkte, sondern nur das System einer auf genauer Planung und Bevorratung basierenden Speicher- und Versorgungswirtschaft, wie sie die Bibel im Zusammenhang der Joseph-Geschichte beschreibt. Die Wandbilder in den altägyptischen Gräbern stellen uns eine Welt vor Augen, die von Schrift und Schreibern dominiert war. Es gibt kaum einen Lebensbereich, der nicht auf irgendeine Weise mit der Schrift in Berührung kam. Es waren zwar nur wenige, die schreiben konnten, aber was „Schrift" ist, war keinem Ägypter verborgen. Das war keine esoterische Kunst, von der das breite Volk sich nichts träumen ließ, sondern eine Kulturtechnik, auf der der gesamte Staat mit allen seinen Wirtschaftszweigen und Institutionen beruhte und mit der jeder auf seine Weise zu tun hatte, auch wenn er selbst nicht schreiben konnte. So eng begrenzt vermutlich ihre aktive Beherrschung, so allumfassend und alldurchdringend war ihr Einfluß.

In den frühen Hochkulturen bildete die Bürokratie immer den Kernbereich der Schriftkultur. Hier entwickelte sie alle Raffinessen der Seitengestaltung, Tabellenschreibung, Verwendung verschiedenfarbiger Tinten und so weiter, sowie die mit dem Schreiben eng verbundenen Künste des Zählens und Rechnens, des Kalenders und der Annalistik, kurz all das, wofür der Mond- und Schreibergott zuständig ist: in Mesopotamien Sin und in Ägypten Thot, den die Griechen dem Hermes gleichsetzten und der dann als Hermes Trismegistos zum Inbegriff der Weisheit wurde. In der Götterwelt vereinigt Thot die Kompetenzen des höchsten Beamten (des Wesirs) und des obersten Ritualisten. Zwischen den Amtsstuben und den Tempeln dürfen wir anfangs keine allzu scharfe Trennungslinie ziehen. Die Schreiber waren in beiden Bereichen tätig und wechselten wohl auch oft vom einen zum anderen. Auch im Tempel steht die Schrift im Dienst der Organisation präziser Abläufe. In beiden Bereichen fungiert die Schrift als Speicher und Stütze.

Am Beispiel von Schrift und Staat kann man sehen, daß die Schrift eine Grenzüberschreitung ermöglicht: vom Dorf zur Stadt, von der Face-to-face-Gemeinschaft zur großräumigen politischen Organisation, von der Subsistenzwirtschaft zur Versorgungswirtschaft, eine Grenzüberschreitung, die im alten Ägypten etwa die Form eines Sprungs, einer unglaublich kurzfristigen und durchgreifenden Veränderung zu etwas qualitativ und quantitativ vollkommen Neuem angenommen hat.

Schrift und Tod

Grenzüberschreitend hat die Schrift auch in Bezug auf die Grenze gewirkt, die dem menschlichen Leben gesetzt ist: den Tod. Auch hier hat die Schrift neue Räume einer, in diesem Fall nun vor allem virtuellen, Realität erschlossen. Die Schrift macht es möglich, nicht nur Spuren zu hinterlassen, die die eigene Existenz überdauern, sondern Botschaften, die zur Nachwelt reden. Nicht jede Kultur hat von dieser Möglichkeit Gebrauch gemacht und auch innerhalb einer Gesellschaft waren es immer nur wenige, die es darauf anlegten, im Medium ihrer Grabinschriften als virtuelle Sprecher den Nachgeborenen gegenwärtig zu bleiben. Das alte Ägypten ist auf diesem Weg der Selbstverewigung durch Selbstthematisierung sicher am weitesten gegangen. Hier wurden die Gräber der hohen Beamten schon im Alten Reich, das heißt seit ca. 2700 v. Chr., mit Bildern und Texten dekoriert, in denen die Grabherren gegenüber der Nachwelt von ihrem Leben, ihren hohen Ämtern und vorbildlichen Tugenden Zeugnis ablegten in der Hoffnung, sich auf diese Weise einen dauernden Platz im Gedächtnis der Gemeinschaft zu sichern. Die Schrift diente in den Grabinschriften als eine künstliche Stimme, mithilfe derer der Grabherr auch über den Tod hinaus zu den Nachgeborenen sprechen wollte. Eine typische Form dieser Inschriften ist etwa der „Anruf an die Lebenden“:

> O ihr Lebenden auf Erden, die ihr an diesem Grab vorbeigeht und seine Inschriften lest,
> sprecht ein Opfergebet für den verstorbenen NN.
> Ein Hauch des Mundes ist es ja nur, ohne Mühe für euch, aber nützlich für den Verklärten...

Hier wäre vor allem das Element des Virtuellen hervorzuheben, die Idee, in einem Medium als Stimme und Gedächtnis fortzudauern, auch über den Zerfall des natürlichen Gedächtnisses und der natürlichen Stimme hinaus. Genau die gleichen Träume einer virtuellen Fortdauer sehen wir jetzt im Zusammenhang des neuen Mediums der digitalisierten „künstlichen Intelligenz“ und des Internets wieder aufleben. Das Internet erscheint als ein Raum, in den hinein man sich verkörpern kann in Form so genannter „Avatare“, virtueller Personifikationen oder Doppelgänger, und auch wenn es hier vordringlich nicht um Ewigkeit und Unsterblichkeit, sondern um Selbstvervielfältigung und Multipräsenz geht, steht dahinter doch das Streben um mediengestützte Aufhebung der existenziellen Grenzen, um Erweiterung der Realität durch Virtualität. In diesem Sinne darf man vielleicht auch den extravaganten Gebrauch verstehen, den die Ägypter in ihren Gräbern von der Schrift gemacht haben. Auf der Grundlage dieser Idee, im Medium seiner Grabinschriften im Gedächtnis der Nachwelt präsent zu bleiben, sind die Ägypter selbst bereits einen entscheidenden Schritt hinausgegangen und haben das literarische Werk als den unendlich viel besseren Weg zur Unsterblichkeit dargestellt. Der Autor eines guten Buches ist der bessere Grabherr; er hat sich ein Monument errichtet, das kein Zahn der Zeit zerstören kann. Auf dieses Motiv, das durch Horaz berühmt geworden ist, stößt man bereits in einer ägyptischen Weisheitslehre aus dem 13. Jahrhundert v. Chr.

> (...) die weisen Schreiber seit der Zeit des Re,
> (...) haben sich keine Pyramiden aus Erz gebaut
> und keine Stelen dazu aus Eisen;
> sie haben es nicht verstanden, Erben zu hinterlassen in Gestalt von Kindern,

ihre Namen lebendig zu erhalten.
Doch sie schufen sich Bücher als Erben
und Lehren, die sie verfaßt haben.
Sie setzten sich die Schriftrolle als Vorlesepriester ein
und die Schreibtafel zum „Liebenden Sohn".
Lehren sind ihre Pyramiden,
die Binse ihr Sohn,
die geglättete Steinfläche ihre Ehefrau.
(...) Ihre Grabkapellen sind vergessen,
aber man nennt ihre Namen auf ihren Schriften, die sie geschaffen haben,
da sie kraft ihrer Vollkommenheit fortdauern.
Man gedenkt ihrer Schöpfer in Ewigkeit.
(...)

Heilskräftiger ist ein Buch als eine gravierte Stele
und als eine solide Grabwand.
Es errichtet diese Gräber und Pyramiden
im Herzen dessen, der ihren Namen ausspricht.
(...) Der Mensch vergeht, sein Leib wird zu Erde,
alle seine Angehörigen schwinden dahin.
Doch ein Buch bewirkt, daß er erinnert wird,
indem ein Mund es dem anderen weitergibt. Heilskräftiger ist ein Buch als ein gebautes Haus
und Grabkapellen im Westen.
Besser ist es als ein wohlgegründetes Schloß,
besser als ein Denkstein im Tempel.
(...)

Sie haben ihren Zauber verborgen vor der Menschheit,
die in ihren Schriften liest.
Sie sind gegangen und ihre Namen wären vergessen,
aber das Buch ist es, das die Erinnerung an sie wachhält.

Die Literatur erscheint hier als die Fortsetzung oder vielmehr Überbietung der Monumentalarchitektur, des „Ehernen" beziehungsweise „Steinernen", mit anderen, geistigen Mitteln. Nicht die Schrift als solche, aber der literarische, philosophische, künstlerische Diskurs ist das Medium einer todüberwindenden Fortdauer. Die Schrift erlaubt es, die im Autor verkörperte Gedanken- und Empfindungswelt herauszulösen, indem sie ihr einen Ersatzkörper verschafft, der der Vergänglichkeit des Fleisches enthoben ist, sodaß es sich hier eher um einen Vorgang der „Exkarnation" als der Inkarnation handelt.

Mit der Erfindung und dem Ausbau dieses künstlichen Gedächtnisses geht die Utopie der Unsterblichkeit einher, als der Wunsch, in diesem Gedächtnis einen dauernden Platz zu erringen, sich einzuschreiben in das Buch des Lebens.

Man könnte also vermuten, daß die Schrift den Raum, den Gedankenraum der Unsterblichkeit erschlossen hat. Freilich gilt das nur für Ägypten, wo die Ideen der Fortdauer im sozialen

Gedächtnis und der Unsterblichkeit der Seele frühen und elaborierten Ausdruck gefunden haben. Es gilt jedoch nicht für Mesopotamien und Israel, die doch, was die Schriftlichkeit und Schriftgeformtheit der Kultur angeht, auf mindestens gleichem Niveau wie Ägypten standen. Wir dürfen nicht dem Irrtum eines Mediendeterminismus verfallen, der davon ausgeht, daß mit der Schrift als solcher bereits, automatisch, bestimmte Konsequenzen verbunden sind. Es handelt sich immer nur um Möglichkeiten, deren Realisierung und konkrete kulturelle Ausprägung von vielen sozialen, politischen und kulturellen Faktoren abhängig ist.

Eng mit der Idee der Unsterblichkeit verbunden sind die Ideen der Autorschaft und der Individualität. Dieser Komplex ist es, der sich in der ägyptischen Grabkultur so eindrucksvoll herausgebildet hat. Die individuierende Auswirkung der Schrift auf den Schreibenden ist eine andere der in ihr angelegten Möglichkeiten. Man kann sagen, daß die Schrift den Autor konstituiert; hierfür gibt es im Bereich der Mündlichkeit keine Parallele. Der Name Homers steht nicht für eine Person, sondern für eine Tradition, die unter seinem Namen kodifiziert wurde. Der Barde ist Träger der Überlieferung; seine Kreativität besteht darin, der Überlieferung, die durch ihn hindurchgeht, eine besonders eindrucksvolle, elaborierte Gestalt zu geben. Der Autor dagegen steht der Überlieferung gegenüber und muß sie überbieten. Das ist nicht erst die Erfahrung der Moderne, sondern kommt schon in einem der ältesten Literaturwerke zum Ausdruck, die wir kennen, den um 1800 v. Chr. entstandenen Klagen des Chacheperreseneb.

O daß ich unbekannte Sätze hätte, seltsame Aussprüche,
neue Rede, die noch nicht vorgekommen ist, frei von Wiederholungen,
keine überlieferten Sprüche, die die Vorfahren gesagt haben.
(...)
keine Rede, von der man nachher sagen wird:
„das haben sie früher gemacht",
(...)
O wüßte ich, was die anderen nicht wissen,
was keine Wiederholung darstellt.

In diesen Sätzen ist das Grundproblem der Schrift auf den Punkt gebracht. Der mündliche Barde arbeitet im Zeichen der Wiederholung und der zyklischen Erneuerung. Sein Lied ist immer wieder neu, es „erneuert" sich in jeder neuen Aufführung, auch wenn es traditionell und möglicherweise uralt ist. Vom schriftlichen Autor dagegen erwartet man das Neue: „unbekannte Lieder, fremdartige Aussprüche, neue Rede, die noch nicht vorgekommen ist, frei von Wiederholung". Er kann sich nicht auf die Tradition berufen, sondern muß sie aus Eigenem bereichern; das lateinische Wort auctor heißt ja „Vermehrer". Er muß in sich selbst die Quelle des Neuen, Unerhörten suchen. So sagt Chacheperreseneb:

Ich wringe meinen Leib aus und was in ihm ist
und befreie ihn von allen meinen Worten.

Das schreibende Ich ist ein anderes als das singende Ich. Es ist in einem ganz neuen Sinne „Ich" und wird ebenso von seinem Text als dessen Autor hervorgebracht wie es selbst diesen Text hervorgebracht hat. Das gilt in gewissem Sinne schon für das „Ich" der altägyptischen Grabinschriften, das sich in seinem Grab als Autor seiner Lebensgeschichte und als erinnerungswürdige Person präsentiert. Im Medium der Grabinschrift versammelt der Ägypter die Aspekte seines Lebens in einen Text und damit sich selbst in die Einheit einer Person, die dieser Text der Nachwelt zu fortdauerndem Gedächtnis überliefert. Aber hier hat sich der Text noch nicht vom Ich als seinem Gegenstand emanzipiert und hat daher an dessen Vergänglichkeit Anteil. Erst der literarische Text, der nicht von seinem Autor, sondern von dem unerhört Neuen und Wahren handelt, das dieser zu sagen hat, öffnet den Weg zur Unsterblichkeit.

Das Phantasma solcher schriftgestützten Fortdauer beruht nicht nur auf der Erwartung, daß die Botschaften noch in ferner Zukunft gelesen werden, sondern auch auf der Erfahrung, Botschaften aus ferner Vergangenheit lesen zu können. Als das oben zitierte Loblied auf das Buch als Medium der Unsterblichkeit entstand, blickte die ägyptische Kultur bereits auf mehr als anderthalb Jahrtausende schriftlich dokumentierter Geschichte zurück. So wie man in dieser Zeit die Gräber der Vorfahren besuchen und in uralten Büchern lesen konnte, hoffte man selbst von den Nachgeborenen noch in Jahrtausenden besucht und gelesen zu werden. Entsprechendes gilt in noch viel ausgeprägterer Form für Mesopotamien, wo es nicht nur darum ging, alte Schriften lesen, sondern die alte Sprache, das Sumerische, verstehen zu können.

Solche philologische Kompetenz führte zu einem besonderen Bildungsstolz, der sogar Könige erfüllte. Assurbanipal, Sammler der ungeheuren Palastbibliothek von Ninive, rühmte sich, die „Schriften von vor der Flut" lesen zu können, also Schriftzeugnisse einer über 2000 Jahre zurückliegenden Zeit. Die Schrift erschließt einen Raum virtueller Gleichzeitigkeit, der einen zum Gesprächspartner jahrtausendealter Vorgänger und fernster Nachgeborenen macht. So wie die Ägypter die Gräber der Vorfahren besuchten, las man im Abendland in den Schriften der griechischen und lateinischen Autoren und führte mit ihnen, über die Jahrtausende hinweg, ein Geistergespräch. Martin Opitz pries das „genüge und (die) ruhe, welche wir schöpffen auß dem geheimen gespreche und gemeinschaft der grossen hohen Seelen / die von soviel hundert ja tausend Jahren her mit uns reden". Diesen Chrono-Topos einer überlebenszeitlichen, ja Jahrtausende umfassenden Kommunikation erschließt erst die Schrift.

Schrift und Geschichte

So wie die Schrift Grenzen überschreitet, zieht sie auch Grenzen. Eine solcher durch die Schrift gezogenen Grenzen ist die schon erwähnte zwischen Alt und Neu, die es in dieser Form in der schriftlosen Welt nicht gibt. Eine andere Grenze ist die zwischen Mythos und Geschichte oder geglaubter und verbürgter Wahrheit. Damit komme ich zum dritten der durch die Schrift erschlossenen Wirklichkeitsbereiche: der Geschichte im Sinne eines quellenkritischen Diskurses über die Vergangenheit als Raum menschlichen Handelns und Leidens, im Gegensatz zu den fundierenden Erzählungen des Mythos, denen jede Quellenkritik fremd ist, die auf ganz anderen Wahrheitskriterien beruhen und in denen nicht Menschen, sondern Götter die Hauptrolle spielen.

Geschichte im Sinne eines quellenkritischen Diskurses kann es erst geben, seitdem es aussagekräftige Quellen gibt. Hier bedeutet die Erfindung und Verwendung der Schrift die entscheidende Epochenschwelle. Erst die schriftliche Quelle gibt verläßliche Kunde darüber, was, wann, wo, wem geschah. Ohne Archive ist keine Geschichtsschreibung möglich. Die Schrift fundiert einen Raum der nachprüfbaren Beurkundung, einen auf Tatsächlichkeit gegründeten Datenspeicher, dessen sich die Geschichte als Erzählung bedienen kann, um die Wahrheit über das Geschehene zu bekunden. So ist die Schrift die Bedingung der Möglichkeit von Geschichtsschreibung, und zwar im Sinne der Schriftlichkeit nicht nur der Erzählung, sondern auch und vor allem der Dokumente, auf denen diese basiert.

Wenn man Herodot und Platon Glauben schenken darf, dann haben die Ägypter auf der Basis ihrer Archive ein spezifisch schriftgeprägtes Geschichtsbewußtsein entwickelt, das dem mündlich und mythisch geprägten, aristokratischen Herkunftsbewußtsein der Griechen widersprach. Als Hekataios von Milet, so erzählt uns Herodot, nach Theben kam und den dortigen Priestern seinen Stammbaum bis zum sechzehnten Ahn, einem Gott, vorrechnete, führten ihn die Priester in den Tempel und zeigten ihm 341 hölzerne Kolossalstatuen.

Dem Stammbaume des Hekataios und seiner Behauptung, im sechzehnten Gliede von einem Gott abzustammen, stellten sie ihre genealogische Berechnung gegenüber und bestritten ihm die Abstammung eines Menschen von einem Gott. Ihre Berechnung war folgendermaßen. Von den Urbildern dieser Standbilder stamme immer einer vom anderen, Piromis von Piromis, und im ganzen seien es dreihundertfünfundvierzig solcher Standbilder, und trotzdem führe der Stammbaum nicht auf einen Gott oder Heros zurück. Piromis ist im Griechischen soviel wie edelbürtig. Das heißt also: in einem Zeitraum von 11 340 Jahren haben nur menschliche Könige, nicht aber Götter in Menschengestalt, über Ägypten geherrscht.

Hier geht es nicht um Schrift, sondern um Statuen, aber diese Statuen haben wir uns beschriftet zu denken mit Texten, aus denen die Identität des Dargestellten hervorgeht, sodaß sie als Geschichtsquellen gelten können. Noch deutlicher arbeitet Platon den Unterschied zwischen griechischem und ägyptischem Geschichtsbewußtsein heraus. Hier ist es Solon, der die Priester von Sais mit der griechischen Urgeschichte konfrontiert. „Ihr Griechen bleibt doch immer Kinder“, rufen die Priester aus, und einen alten Griechen gibt es nicht. Der Grund für die griechische Jugend liegt in den periodischen Katastrophen, die alles angehäufte Wissen wieder vernichten. In Ägypten dagegen wurde alles Bedeutende „insgesamt von alters her in den Tempeln aufgezeichnet und bleibt also erhalten. Ihr dagegen und die übrigen Staaten seid hinsichtlich der Schrift und alles anderen, was zum staatlichen Leben gehört, immer eben erst eingerichtet, wenn schon wiederum nach dem Ablauf der gewöhnlichen Frist wie eine Krankheit die Regenflut des Himmels über euch hereinbricht und nur die der Schrift Unkundigen und Ungebildeten bei euch übrig läßt, sodaß ihr immer von neuem gleichsam wieder jung werdet und der Vorgänge bei uns und bei euch unkundig bleibt, so viel ihrer in alten Zeiten sich ereigneten. Wenigstens eure jetzigen Geschlechtsverzeichnisse, wie du sie eben durchgingst, unterscheiden sich nur wenig von Kindermärchen.“ Das griechische, mündlich verfaßte Geschichtsbewußtsein ist „jugendlich“, es geht immer schon nach einigen Generationen in Mythos über, während das ägyptische, schriftlich verfaßte Geschichtsbewußtsein auf „alter Überlieferung“ und „mit der Zeit ergrauter Kunde“ basiert, die viele Jahrtausende zurückreicht, ohne je in die mythische Welt der Götter überzugehen.

Daß die Griechen sich des Unterschieds zwischen Mythos und Geschichte in der Begegnung mit den Ägyptern inne wurden und sich selbst dabei auf die Seite des Mythos zu schlagen gezwungen sahen, entbehrt nicht der Ironie, wird das Verhältnis von Orient und Okzident doch heute genau umgekehrt rekonstruiert. Die alten Ägypter haben in der Tat über die Vergangenheit minutiös Buch geführt, und wir dürfen vermuten, daß die Archive des Tempels von Sais zum Zeitpunkt von Solons Besuch bis in die Tage von Menes zurückreichten, der um 3000 v. Chr. das Reich gegründet hat.

In diesem Sinne dokumentierter Vergangenheit und kritischer Überprüfbarkeit hat die Schrift die Geschichte hervorgebracht und den Mythos vertrieben oder zumindest in seinem Wahrheitsanspruch relativiert. Die Schrift sorgte dafür, daß, wo Mythos war, Geschichte entstand, weil sie Verhältnisse dokumentierte, in denen nicht Götter, sondern Menschen herrschten und die Menschen für ihre Taten verantwortlich waren. Die Schrift verleiht der Erinnerung die Eigenschaft der Überprüfbarkeit und damit ihrem Wahrheitsanspruch die zusätzliche Eigenschaft eines Wahrheitswertes, der dem Mythos abgeht.

Schrift und Offenbarung

Mit genau dem gleichen mythenkritischen Pathos eines neuen Wahrheitswertes tritt die Schrift auch im Bereich der Religion auf. Hier stützt sich ihr Anspruch auf eine Offenbarung, die sie verbrieft und verbürgt. Alle Offenbarungsreligionen – Judentum, Christentum, Islam, Buddhismus, Jainismus, die Religionen der Sikh und der Mormonen – basieren auf einem Kanon heiliger Schriften, die den Willen ihres Stifters und die höhere Wahrheit seiner Offenbarungen kodifizieren. Ebenso evident ist der kritische Anspruch dieser Wahrheit. Auch hier zieht die Schrift eine Grenze. Denn erst diese in einem ganz neuen Sinne schriftgestützten Religionen ziehen die Grenze zwischen wahrer und falscher Religion und konstruieren die Umwelt der anderen Religionen als „Heidentum“, Unwahrheit, Unglauben und Irrtum. Grenzen zwischen dem Eigenen und dem Fremden hat es immer gegeben, aber diese Grenze im Zeichen der Wahrheit ist etwas radikal Neues und ohne die Schrift nicht denkbar. Erst die Schrift schafft die Bedingung dafür, daß eine Religion sich auf eine höhere, geoffenbarte Wahrheit berufen und alles andere zu sich in die Beziehung der Unwahrheit setzen kann. Offenbarungsreligionen sind Schrift- beziehungsweise Buchreligionen.

Buchreligionen kehren das Verhältnis von Text und Ritus um. In den Kultreligionen ist der Text in das Ritual eingebettet und diesem untergeordnet, in den Buchreligionen ist der Text das Entscheidende und das Ritual hat nur noch rahmende und begleitende Funktion. Mit der Aushöhlung der Riten kommt es zu einem Strukturwandel auch des „kulturellen Gedächtnisses“.

Beruhten in den Kultreligionen die „konnektiven Strukturen“, die die identische Reproduktion der Kultur über die Generationenfolge hinweg sicherten, in allererster Linie auf dem Prinzip ritueller Wiederholung, so beruhen sie in den Buchreligionen auf dem Prinzip der Auslegung der kanonischen Texte.

Am klarsten tritt dieser Wandel in der unterschiedlichen Form hervor, in der die Mitglieder von Kult- und von Buchreligionen an der Überlieferung partizipieren. In den Kultreligionen, im Zeichen der rituellen Kohärenz, herrscht eine Partizipationsstruktur, die auf dem Geheimnis basiert. Kultreligionen sind Geheimnisreligionen, sie sind bestimmt vom Pathos der Geheimhaltung, Exklusivität und Esoterik. Buchreligionen dagegen sind Offenbarungsreligionen. In ihnen herrscht das Pathos der Verkündung und Erklärung. Hier kommt es auf die maximale Verbreitung der Textkenntnis an. Im Idealfall sollte jedes Mitglied der Gemeinschaft die Texte lesen, ja auswendig kennen und Zugang zu einem Ausleger haben, der sie ihm oder ihr erklären und bei dem er oder sie sich Rat holen kann.

Bereits der jüdische Historiker Josephus Flavius hat im 1. Jh. n. Chr. den Unterschied zwischen Kultreligion und Buchreligion oder „ritueller" und „textueller Kohärenz" auf den Punkt gebracht, wenn er Judentum und Hellenismus gegenüberstellt:

> Wo wäre demnach eine gleich ehrwürdige Staatsverwaltung zu finden? Wo eine, die mit der Ehrfurcht gegen Gott in schönerem Einklang stände? Wenn alle Schichten des Volkes zur Frömmigkeit erzogen werden, wenn die Pflege der letzteren vornehmlich den Priestern anvertraut ist – sieht das nicht aus, als ob das gesamte öffentliche Leben eine einzige heilige Festfeier wäre? Was die Heiden unter dem Namen Mysterien und Weihen nur in wenigen Tagen begehen, ohne es jedoch dauernd in ihren Herzen bewahren zu können, daran halten wir mit unendlichem Entzükken und unverrückten Sinnes allezeit fest.

Die Heiden müssen warten bis zur nächsten Durchführung des Rituals, aber die Juden sind im ständigen Besitz ihrer kulturellen Texte, weil sie in „öffentlichem Unterricht" von den Priestern darin unterwiesen werden. Ihre „Mysterien" sind permanent und kontinuierlich. Sie bestehen in der von priesterlicher Auslegung geleiteten Lektüre der heiligen und kulturellen Texte. Je mehr eine Gesellschaft durch Schrift bestimmt ist, desto weniger spielen die Riten in ihr eine Rolle. Den entscheidenden Wandel in dieser Hinsicht hat aber nicht die Erfindung der Schrift, sondern der Buchdruck herbeigeführt, weil erst er als ein Verbreitungsmedium die Partizipationsstruktur drastisch verändert hat.

Vielleicht darf man sogar noch einen Schritt weiter gehen. Buchreligionen verändern nicht nur die Struktur der kulturellen Kohärenz, von ritueller zu textueller Kohärenz, und sie ziehen nicht nur eine Grenze zwischen sich und den anderen Religionen, die sie als Grenze zwischen Wahrheit und Unwahrheit interpretieren. Vielleicht zieht in diesem Funktionszusammenhang die Schrift sogar die entscheidendste aller Grenzen: die Grenze zwischen Gott und Welt. An diesem Punkt wird es nun doch unumgänglich, zwischen ideographischer und Alphabetschrift zu unterscheiden. Es scheint sogar, daß die Wissenschaft zuerst im Zusammenhang der Religionsgeschichte auf diesen Unterschied aufmerksam geworden ist. Bereits in der ersten Hälfte des 18. Jahrhunderts war klar geworden, daß die Offenbarung des Gesetzes am Sinai nicht im Medium der Hieroglyphen (von denen man annahm, daß Mose sie in Ägypten erlernt habe), sondern nur in einer nicht-bildlichen Alphabetschrift kodifiziert werden konnte. In diesem Sinne postuliert Moses Mendelssohn in seiner Schrift Jerusalem eine enge Parallele von religiösen und schrifttechnischen Innovationen:

> Mich dünkt, die Veränderung, die in den verschiedenen Zeiten der Kultur mit den Schriftzeichen vorgegangen, habe von jeher an den Revolutionen der menschlichen Erkenntnis überhaupt und insbesondere an den mannigfachen Abänderungen ihrer Meinungen und Begriffe in Religionssachen sehr wichtigen Anteil.

Erst die Alphabetschrift erschließt in ihrer radikalen Ablösung von jedem Weltbezug durch Bildlichkeit den Raum der Transzendenz. „Die Nichtbildlichkeit der Alphabetschrift", schreibt Christian Stetten, „konstituiert dagegen Transzendenz. Das alttestamentliche Bilderverbot ist von der Tradition des göttlichen Wortes her ausgesprochen, und diese ist Tradition der Schrift. Transzendentes Wort und Schrift fallen hier zusammen." Die Verschriftung der Offenbarung führt letztlich zu einer Ausbürgerung des Heiligen aus der Welt, einerseits in die Transzendenz und andererseits in die Schrift. Die Kultreligionen setzen das Heilige als auf vielfältigste Weise innerweltlich, in der Welt anwesend voraus, in Bildern, Bäumen, Bergen, Flüssen, Gestirnen, Tieren, Menschen und Steinen. Das alles wird in den Buchreligionen als Idolatrie, Götzendienst, Fetischismus gebrandmarkt. Moses Zorn beim Anblick des orgiastischen Tanzes ums Goldene Kalb fängt diesen Gegensatz mit der Prägnanz einer Urszene ein. Die Schrift in seinen Händen (die Tafeln mit den Zehn Geboten) und die Szene vor seinen Augen erweisen sich als inkompatibel. Diese Schrift und dieser Kult bilden einen unversöhnlichen Gegensatz. Daher zerschmettert er die Tafeln und muß sie sich, nachdem das Kalb zerstört und das Volk bestraft ist, ein zweites Mal ausstellen lassen.

Die Dinge dieser Welt und insbesondere die Bilder stellen Fallstricke dar, die die Aufmerksamkeit von der Schrift abziehen. Die Schrift fordert eine grundlegende Umlenkung der Aufmerksamkeit, die ursprünglich auf Erscheinungen dieser Welt und das in ihnen sich zeigende Heilige gerichtet war und nun ganz auf die Schrift und ihre Auslegung konzentriert wird. Vieles spricht dafür, daß der jüdische Monotheismus, das Prinzip der Offenbarung und der aus diesem Prinzip entwickelte und sich immer mehr steigernde Abscheu gegen die als Magie, Aberglauben und Götzendienst verschrienen traditionellen Formen des Kultes aus dem Geist der Schrift geboren ist. Der Schritt in die Religion der Transzendenz war ein Schritt aus der Welt – man möchte fast von einer Auswanderung, einem Exodus, sprechen – in die Schrift. Die Welt wird als solche zum Gegenstand der Idolatrie erklärt und diskreditiert. Der radikalen Außerweltlichkeit Gottes entspricht die radikale Schriftlichkeit seiner Offenbarung. Ohne die Kulturtechniken der Schrift und der Hermeneutik wäre das, was man im 18. Jahrhundert „positive Religion" nannte und der „natürlichen Religion" als etwas Artifizielles gegenüberstellte, nicht denkbar. Dem prophetischen Monotheismus mangelt es an natürlicher Evidenz; er wandelt, wie Paulus sagt, nicht in der Schau, sondern im Glauben. Der Glaube stützt sich auf die Schrift, auf den verbrieften Bund und das Gesetz. Der Kult stützt sich auf den Akt, den Vollzug, die Schau. Die Schrift führte zu einer Entritualisierung und Enttheatralisierung der Religion.

So hat die Schrift die Welt verändert. Sie hat Grenzen überschritten und Grenzen gezogen. Mit der Überschreitung der Grenzen unseres Gedächtnisses und unserer Stimme hat sie die Bildung großräumiger politischer und wirtschaftlicher Organisationsformen ermöglicht und die Idee der Kultur als eines Jahrtausende umfassenden Gedächtnisses und Kommunikationsraums entstehen lassen, angesichts dessen die Menschen von Unsterblichkeit und Fortdauer träumen konnten. Mit der Aufrichtung der Grenzen zwischen dem Alten und dem Neuen sowie dem Geglaubten und dem Verbürgten hat sie einen neuen, kritischen Wahrheitsbegriff geschaffen und eine Ideenevolution in Gang gesetzt. Mit der Aufrichtung der Grenze schließlich zwischen Buchreligion und Kultreligion, scriptura und natura, offenbarter und natürlicher Religion, Monotheismus und Kosmotheismus hat sie die Dynamik der abendländischen Religionsgeschichte bestimmt.

Der Generationenkrieg kann ohne mich stattfinden

Wir sind alle jung und alt zugleich: Warum die Deutschen ihre Einstellung zum Alter radikal verändern müssen

Paul B. Baltes

Viele Menschen interessiert, ob das in der Gesellschaft dominierende negative Bild vom Alter als einer Phase der zunehmenden körperlichen und psychischen Gebrechlichkeit richtig ist. Was sagt die Wissenschaft hierzu – nicht nur jene Wissenschaft, die über die Zukunft wild spekuliert, sondern diejenige, die in ernstem Ton das beschreibt und analysiert, was wir gegenwärtig vorfinden? Das Alter ist ein komplexer Sachverhalt, es hat körperliche, geistige, soziale, historische und gesellschaftliche Facetten, die in Wechselwirkung miteinander stehen. Eine erste Botschaft der Wissenschaft vom Alter ist, daß das Alter nicht ein Gesicht hat, sondern viele.

Gleich alte Kinder und Greise

Der bis ins hohe Alter erfolgreiche Cellist Pablo Casals wurde als Achtzigjähriger einmal von einem jungen Schüler gefragt, warum er denn weiterhin so viel übe. „Warum? Damit ich besser werde." Als Eos, die Göttin der Morgenröte, sich in einen Sterblichen verliebte, flehte sie Zeus an, ihren Geliebten unsterblich zu machen. Zeus gewährte ihr den Wunsch. Trotz der Unsterblichkeit alterte er jedoch weiterhin wie ein Mensch. Sein Körper blieb am Leben, aber sein Geist starb. Betrübt beschloß Eos, ihren früheren Liebhaber in einer Kammer unterzubringen, wo er geistlos weiterlebte.

Beide Aspekte des Alters sind aus der Realität gegriffen. Die aufheiternde Anekdote über Casals entspringt dem jungen Alter. Die traurig stimmende Eos-Geschichte trifft dagegen eher für das hohe Alter zu. Über Eos muß man sich vor allem dann Gedanken machen, wenn wir alters- und gerontologische Wissenschaftspolitik vor allem als Lebensverlängerungsprojekt verstehen. Dann würde aus dem Methusalem-Komplott eine Methusalem-Anstalt. Das ungelöste Problem der Zukunft ist der Umgang mit der Hochaltrigkeit, also der Zeit ab dem achtzigsten Lebensjahr. Im jüngeren, dem dritten Lebensalter sind dagegen die Chancen für gesellschaftliche Veränderungen am größten, dort liegt der Einstieg für politische und soziale Reformen, dort liegen, vor dem Hintergrund des gegenwärtigen Erkenntnisstandes, die Schätze des Alters, die zu heben sich lohnt.

Das verbreitete Bild des Alters spiegelt dessen Differenziertheit nicht wider. Alter ist nicht Alter, die Variationsbreite unter Gleichaltrigen ist enorm. Und je älter wir werden, um so größer ist diese Variationsbreite. Das Alter von sechsjährigen Kindern schätzt man meist recht genau ein, bei Fünfundsiebzigjährigen dagegen liegt man oft daneben. Diejenigen, die beispielsweise an einem Schulfest zur fünfzigsten oder sechzigsten Wiederkehr des Schulanfangs teilgenommen haben, können dies bestätigen. Wenn man in den Raum kommt, glaubt man, einige hätten ihre Kinder und andere ihre Eltern mitgebracht, und dies, obwohl alle gleichaltrig sind. Das wahrgenommene Alter der etwa Fünfundsechzigjährigen reicht von fünfzig bis achtzig.

Die vielen Gesichter des Alterns

Die gesellschaftlichen Implikationen dieser Altersdifferenzierung sind klar. Je älter die Bevölkerung, um so weniger tragfähig sind altersbezogene Regeln. Dies ist einer der Gründe, warum Wissenschaftler abraten, eine feste Altersgrenze etwa für den Einstieg in das Pensionsalter zu postulieren. Alterspolitik muß variabel und differenziert sein. Altershomogene Politik ist zum Scheitern verurteilt. Die heutigen Alten sind, was ihre Vitalität angeht, „jünger" als die Gleichaltrigen aus früheren Generationen. Die heutigen Siebzigjährigen sind geistig und körperlich so fit wie die Sechzig- bis Fünfundsechzigjährigen vor dreißig Jahren. Die Vitalisierung des Alters ist noch nicht zu Ende. Die Gesellschaft reizt immer besser aus, was das biologische Genom an Lebensplastizität, an Entwicklungspotential beinhaltet.

Eine weitere gute Nachricht betrifft den alternden Geist. Das durchschnittliche Lern- und Wissenspotential älterer Menschen ist deutlich größer als angenommen. Dies trifft vor allem auf das junge Alter zu. Ältere Menschen lernen nicht so gut und schnell wie Jüngere, aber sie verfügen über erhebliche kognitive Plastizität. Echte Begrenzungen zeigen sich erst bei den Ältesten der Alten. Was geistige und soziale Fitneß angeht, besitzt kein Lebensalter für sich gesehen das Optimum. Alle Lebensalter haben ihre Stärken und Schwächen. Das schnelle Denken der Jugend beispielsweise hat auch Nachteile, etwa dann, wenn, wie beim Extrem-Bergsteigen, Ausdauer, Klugheit und Besonnenheit gefragt sind. Extrem-Bergsteiger zögern, Junge unter fünfundzwanzig Jahren dabeizuhaben.

Forschungen zum Lebensverlauf der Intelligenz sind ein Paradebeispiel. Man unterscheidet zwischen zwei Kategorien von Intelligenz, der Mechanik und der Pragmatik. Die Jungen sind eindeutig besser, wenn es um die Mechanik geht, Ältere können aber bei bestimmten Facetten der Pragmatik ganz vorne liegen. Bei der Mechanik der Intelligenz handelt es sich um die schiere Geschwindigkeit und Genauigkeit der Informationsverarbeitung sowie das Kurzzeitgedächtnis: Wie schnell können Menschen beispielsweise Rechtecke und Kreise voneinander unterscheiden? Entsprechend der Biologie des Lebensverlaufs steigt die Mechanik der Intelligenz während der Kindheit stark an, nimmt aber schon ab dem frühen Erwachsenenalter stetig ab. Neues schnell zu lernen fällt deshalb älteren Erwachsenen deutlich schwerer als jüngeren.

Bei der Pragmatik geht es um Wissen und Lebenserfahrung, also um kulturgebundene Fähigkeiten wie Sprache, berufliche Qualifikationen sowie emotionale und soziale Intelligenz. Die bloße Geschwindigkeit der Informationsverarbeitung spielt hier eine weniger gewichtige Rolle. Lebenserfahrung, Übung und Alltagspraxis stehen im Vordergrund. Nicht überraschend ist, daß ältere Historiker, Komponisten, Dirigenten, Politiker und Autoren häufig zu den Besten zählen. Nur wenn im Beruf körperliche Kraft oder das stetige Erlernen neuer Dinge verlangt sind, setzen das Alter und der damit zusammenhängende Verlust in der Mechanik der Intelligenz deutliche Grenzen. Ältere Menschen sind, was ihre Persönlichkeit angeht, flexibler und neugieriger als angenommen. Viele glauben, ältere Menschen würden vor allem in der Vergangenheit leben, einsamer und trauriger sein als jüngere Erwachsene. Das trifft nicht zu. Einsamkeit und Langeweile sind eher ein Kennzeichen der Jugend.

Viel war in den vergangenen Monaten vom heraufziehenden Krieg der Generationen die Rede, vom Verteilungskampf, den der demographische Wandel auslöst. Das wird wohl eine Übertreibung bleiben. Obwohl es zweifelsohne offene Fragen der Verteilung von Ressourcen auf die Lebensalter gibt, wird es nie zu einem wirklichen Generationskrieg kommen. Die Psychologie der Generationen ist nämlich auf wechselseitige Harmonie angelegt. Im Gegensatz zu anderen Konflikten, wie etwa dem zwischen Schwarz und Weiß oder Reich und Arm, sind wir alle gleichzeitig jung und alt. Die Jugend denkt im Vorausgriff an ihr eigenes Alter und an ihre Eltern, ebenso die Alten im Rückblick an ihre Jugend und deren Auswirkungen auf das Altwerden. Dieses gleichzeitige Jung und Alt harmonisiert und verbindet. Zum anderen denken viele ältere Menschen intensiv an die nachfolgenden Generationen, und sie sind bereit, durch Bescheidung zu deren Wohlfahrt beizutragen. „Alt für Jung“ ist bei vielen Älteren ein leicht zu aktivierendes Motto. Bei guter Aufklärung, bei guter politisch-gesellschaftlicher Führung werden sich die Alten im Interesse der Jugend bescheiden.

Lebensstau auflösen

Um Konflikte zu vermeiden, sind aber gesellschaftliche Reformen nötig. Es geht um eine neue Struktur des ganzen Lebens von der Kindheit bis ins hohe Alter. Unsere gesellschaftlichen Strukturen sind für die Vergangenheit, für das frühe letzte Jahrhundert gemacht. Für die jetzt anstehende Reform sind sie veraltet. Diese Diskrepanz, dieser gesellschaftliche Kulturrückstand, scheint mir in Deutschland besonders groß. So fehlen die Anreize für gesellschaftliche Produktivität im Alter. Es geht vor allem um das Prinzip, aus einer alterssequenzierenden Gesellschaft – zuerst Bildung, dann Arbeit, dann Familie, dann der immer länger werdende Ruhestand – eine parallelisierende Gesellschaft entstehen zu lassen. Lebenslange Entwicklung braucht ein Neben-, Durch- und Miteinander der verschiedenen Lebenssektoren mit einem hohen Grad an Variabilität und Durchlässigkeit.

Dabei gilt es vor allem einen Lebensstau zu vermeiden, daß also einzelne Altersabschnitte durch Mehrfachbelastung überfrachtet werden. Forscher, die sich mit dem Lebensverlauf befassen, sehen in der Überfrachtung der heutigen Zwanzig- bis Vierzigjährigen mit der angestauten Dreifachbelastung von Bildung, Beruf und Familie einen Hauptgrund für die gegenwärtige Fertilitätskrise. Daß es diesen Lebensstau im jungen Erwachsenenalter gibt, ist das Resultat fehlender Reform und Weitsicht.

Die neue Gesellschaft: Zukunft ist Alter

Beim Umstellen unserer Gesellschaft auf den neuen Lebensverlauf und das Alter hilft zunächst die Erkenntnis, daß ein wesentlicher Teil unserer gesellschaftlichen Innovation, unserer Kultur im allgemeinsten Sinne Defizite als Grundlage hat. Gehlen nannte den Menschen ein biologisches Mängelwesen. Die Defizite des Alters sind Quellen für Innovation. So könnte der gerontologische Dienstleistungssektor oder auch die Entwicklung von alternsfreundlichen Technologien – im Haushalt, im Verkehr, in der Ernährung – zu den wichtigsten Schrittmachern und Wirtschaftsfaktoren einer modernen Gesellschaft werden.

Ein weiteres Beispiel für den nötigen Aufbruch ist die Hochschulsituation. Viele amerikanische Staatsuniversitäten haben mehr ältere Weiter- und Neubildungsstudenten als die üblichen jungen Vollzeitstudenten. Die Vizepräsidenten für die Weiter- und Neubildung zählen an einigen Universitäten zu den reichsten Administratoren. Das Lehrdeputat der Hochschullehrer wurde transformiert, um die Weiter- und Neubildung zum Alltag der Lehre und Forschung werden zu lassen. Man stelle sich vor, wir würden vor dem Hintergrund unseres jetzigen Wissens über Lebenserwartung, gesellschaftlichen Wandel und lebenslange Entwicklungsperspektiven eine Hochschule konzipieren. Es wäre eine Fehlplanung, sähe die Universität so aus wie eine deutsche Universität von heute, wäre also die ausbildungsintensive Phase auf das junge Erwachsenenalter beschränkt.

Der Campus der wirklich modernen Universität würde von allen Lebensaltern bevölkert sein, Inhalt und Unterrichtsformat würden dem Lebensalter flexibel angepaßt, die Universität würde es ermöglichen, nicht nur Weiterbildung zu betreiben, sondern berufliche Renaissance, sie würde Neubildung als zweiten Eckpfeiler ihrer Lehraufgabe verstehen. Die Frage der Studiengelder für Erwachsene wäre politisch weniger belastet, der private Sektor würde eher in die Finanzierung einsteigen, denn Neubildung ist ihm wichtig, um sein Humankapital zu pflegen.

Das Phänomen des immer früheren Ausstiegs älterer Menschen aus dem Arbeitsleben ist ein anderes Beispiel für die Obsoletheit gesellschaftlicher Strukturen. Es ist mit ein oder zwei Ausnahmen weltweit anzutreffen. Warum? Ein wesentlicher Grund liegt darin, daß es keine Kultur der Arbeit im Alter gibt und daß es nicht gelungen ist, die Arbeit auf das Altwerden abzustimmen. Unser bestehendes System ist immer noch ein System, das Menschen am selben Arbeitsplatz, in derselben Firma alt werden läßt; ein System, das neue Arbeitsprofile nur als zumindest horizontale Beförderung zuläßt. Auch das für Beamte geltende Kriterium, das Renteneinkommen stark vom Gehalt der letzten Jahre abhängig zu machen, ist der falsche Anreiz, weil es zur Verharrung nicht zur Veränderung führt. Die für eine Kultur des Alters anstehende Arbeitsplatzveränderung ist derzeit oft mit sozialem Gesichtsverlust verbunden. Daß man im Alter ein anderer sein kann, daß man andere Interessen hat, dies liegt bisher nicht im Zentrum unseres Verständnisses von Weiter- und Neubildung, von Arbeit im Alter.

Was wir also von älteren Menschen am Arbeitsplatz verlangen, steht oft in krassem Widerspruch zu dem, was sie möchten und können. Die Option einer verlängerten Lebensarbeitszeit wird nur dann angenommen werden, wenn es gleichzeitig zu einer Entwicklung einer Kultur der Arbeit im Alter kommt. Die Reform der Lebensarbeitszeit muß grundlegender sein. Flexible Teilzeitregeln sind gefragt. Die Wirtschaft sollte daran interessiert sein, ältere Erwachsene motiviert und gesund zu sehen. In wenigen Jahren wird sie das latente Humankapital des Alters, vor allem des jungen Alters, dringend benötigen. Bei den zahlenmäßig immer kleiner werdenden Generationen der Jungen würde mich nicht überraschen, wenn das „Humankapital" Alter demnächst eine erste Hochkonjunktur auch im wirtschaftlichen Produktionsprozeß erleben würde. Bei geeigneten Bedingungen werden die Alten einsteigen.

Vernachlässigte Forschung

Negative Stereotype und fehlender Langzeitoptimismus beeinflussen auch Entscheidungen über Forschungsressourcen. So wundert man sich oft, warum Deutschland in der Forschungsförderung nicht an der Spitze liegt, obwohl es doch unbestritten ist, daß es vor allem Ergebnisse der Forschung waren, die die gesellschaftlichen Fortschritte des letzten Jahrhunderts möglich machten. So ist es auch mit der Alternsforschung. Man muß an die Gestaltbarkeit des Alters glauben, um in die Alternsforschung zu investieren.

In Amerika werden aus öffentlichen Mitteln etwa zwei Milliarden Dollar pro Jahr in die Alternsforschung investiert. Aus dem privaten Sektor kommt noch eine weitere Milliarde Dollar hinzu. Der jährlich zur Verfügung stehende Betrag beträgt somit fast drei Milliarden. Nota bene: Die Förderungssumme für Alternsforschung in Amerika ist größer als der jeweilige gesamte Forschungshaushalt der Deutschen Forschungsgemeinschaft oder der Max-Planck-Gesellschaft. Selbst wenn man dies auf die Bevölkerungsgröße herunterrechnet, ist der Forschungsfonds für die Alternsforschung in Amerika mindestens fünfmal größer.

Und wie ist dies gelungen? Einerseits spielen dabei der tiefe amerikanische Optimismus und der Glaube an die Forschung eine Rolle. Aus meiner Sicht aber gab es noch einen weiteren Grund, der spezifisch für die Alternsforschung ist. Der amerikanische Kongreß ist aufgrund seiner Altersstruktur besser über das Alter informiert – sowohl das Repräsentantenhaus wie der Senat haben um ein mehrfaches mehr Alte in ihren Reihen als die Deutschen. Die paradoxe Kombination von zwei der wichtigsten menschlichen Motive, Hoffnung und Angst, hat der Alternsforschung und auch dem Alterswirtschaftssektor in Amerika Flügel gegeben. Weniger als eine Handvoll im Deutschen Bundestag ist dagegen älter als 70. Es ist ein Bundestag der Mittelalterlichen, genau der Altersgruppen, die das Alter lieber verdrängen. Wir brauchen einen von mehr Optimismus und Weitsicht getragenen gesellschaftlichen Willen zu einer grundlegenden Reform der Strukturen des Lebensverlaufs, wir brauchen Anreize für ein produktives Altern. Dann ist nicht nur das Alter die Zukunft, dann hat das Alter Zukunft.

Schulphilosophie und Weltbürgertum

Was Kant wollte, was er vermocht hat, und was von ihm heute noch zu lernen ist

Reinhard Brandt

„Ich bin selbst aus Neigung Forscher. Ich fühle den gantzen Durst nach Erkentnis und die begierige Unruhe darin weiter zu kommen oder auch die Zufriedenheit bei jedem Erwerb. Es war eine Zeit da ich glaubte dieses allein könnte die Ehre der Menschheit machen u. ich verachtete den Pöbel der von nichts weis. Rousseau hat mich zurecht gebracht. Dieser verblendende Vorzug verschwindet, ich lerne die Menschen ehren u. ich würde mich unnützer finden wie den gemeinen Arbeiter wenn ich nicht glaubete dass diese Betrachtung allen übrigen einen Werth ertheilen könnte, die rechte der Menschheit herzustellen."

Aus der Retrospektive sieht Kant eine existentielle Wende seines Lebens kurz nach 1762, dem Erscheinungsjahr von Rousseaus „Nouvelle Héloise", „Émile" und „Gesellschaftsvertrag". Danach hat sich die Welt verändert: „Wenn ich in die Werkstatt eines Handwerkers gehe so wünschte ich nicht dass er in meinen Gedanken lesen konnte. Ich nehme wahr, dass ich nicht einen Tag ohne seine Arbeitsamkeit leben könne."

Später, 1796, wird gegen die Aristokraten unter den Philosophen und deren „vornehmen Ton" an das Gesetz der Vernunft appelliert, „durch Arbeit sich einen Besitz zu erwerben", „the labour of the thought", wie John Locke den falschen Enthusiasten und Begriffsdichtern in ihr geerbtes Poesiealbum schrieb. Kant ändert nicht in franziskanischer Bekehrung sein äußeres Leben, sondern den Orientierungspunkt seines Denkens. Es wird jetzt nicht mehr akademisch gefragt: „Was ist der Mensch?", sondern selbstkritisch „Wozu bin ich bestimmt? Worin liegt der Endzweck, die Bestimmung meines Lebens?" Die Frage „Was ist der Mensch?" ist theoretisch und zielt auf eine schulgemäße Definition, die Bestimmungsfrage ist dagegen unmittelbar praktischer Natur, jeder stellt sie und jeder beantwortet sie. Wissenschaft ja, aber unter Führung der praktischen Vernunft, also in der Verantwortung für die Menschheit ist die neue, die Zukunft bestimmende Losung. Und die zu Ende gedachte Frage nach der Bestimmung des Menschen führt zu der Antwort: Der Mensch ist dazu bestimmt, sich selbst zu bestimmen.

Zur Wendung von der einseitigen Ausrichtung an der Schulphilosophie hin zur Weltphilosophie trug die russische Besatzung während des siebenjährigen Krieges (1756-1763) bei; Königsberg entkrampfte sich und wurde aus einer pietistisch-verbiesterten, preußisch-verzopften Stadt der vergessenen Krönung (1701) zu einer weltläufigen Metropole, in der es möglich wurde, sich scheiden zu lassen, als Professor in aristokratischer Gesellschaft zu dinieren und auf dem Schloss zu tanzen. In Kants beiden öffentlichen und nicht-philosophischen Vorlesungen über Anthropologie und physische Geographie kam, was Rang und Namen hatte, und an der Lektüre von Kantischen Vorlesungsskripten im Berliner Salon seines jüdischen Schülers Marcus Herz und dessen Frau Henriette nahmen Minister teil. Der Zeitgeist – ein Schlagwort der Epoche – änderte sich.

Kant zog die Impulse aus den fortschrittlicheren Ländern Frankreich und England – dort besonders Rousseau, hier besonders der Skeptiker David Hume – und entwickelte eine neuartige, vertiefte Reflexionsform in den alten Strukturen der Schulphilosophie. Mit dieser Verbindung gab er dem kritischen Zeitalter die Philosophie, die bis heute ihre Aporien und ihre Diskussionen bestimmt.

Alles zermalmende Antwort

Die „Kritik der reinen Vernunft“ (KrV) von 1781, zweite Auflage 1787, will nach ihrem Selbstverständnis die „Quellen, den Umfang und die Grenzen“ des menschlichen Erkenntnisvermögens bestimmen, und zwar „alles aus Prinzipien“ und nicht empirisch, wie John Locke es getan hatte. Die beiden Quellen sind, so wird gezeigt, Sinnlichkeit und Verstand, und der Umfang und die Grenze der Erkenntnis bestimmt sich danach, ob die Verstandesbegriffe auf das in der Sinnlichkeit Erscheinende, durch Raum und Zeit neben- und nacheinander Geordnete, beziehbar sind. „Gedanken ohne Inhalt sind leer, Anschauungen ohne Begriffe sind blind“, lautet die allgemeine Maxime.

Wie das so gänzlich Unterschiedene mithilfe der vermittelnden Einbildungskraft aufeinander bezogen werden kann, wird in der so genannten Transzendentalen Deduktion der Verstandeskategorien gezeigt. Durch sie erhalten bestimmte Sätze über das in Raum und Zeit Erscheinende die Auszeichnung, notwendig und wahr, das heißt Gesetze der Natur zu sein. Gegen die Skeptiker also wird bewiesen, daß Naturerkenntnis, wie sie Isaak Newton intendiert, tatsächlich möglich ist. Läßt sich den Begriffen dagegen keine Anschauung zuordnen, dann können sie keine Erkenntnis stiften, sondern allenfalls das bloße Denken organisieren. Was heißt das?

Der Eröffnungssatz in der Vorrede der KrV, also der erste Satz des Buches überhaupt, besagt, daß die menschliche Vernunft durch Fragen belästigt werde, die sie nicht abweisen könne, „denn sie sind ihr durch die Natur der Vernunft selbst aufgegeben, die sie aber auch nicht beantworten kann; denn sie übersteigen alles Vermögen der menschlichen (sc. theoretischen) Vernunft.“ Um welche Vernunft-Probleme es sich handelt, wird erst am Schluß des Werkes explizit gesagt, und zwar in Form von drei Fragen, in denen sich alles „Interesse meiner Vernunft“ vereinige: „Was kann ich wissen? Was soll ich tun? Was darf ich hoffen?“

Es ist sicher, daß die KrV selbst von diesen drei Fragen handeln muß, aber wo und in welcher Form tut sie es? Die Ausführungen, die Kant den Fragen folgen läßt, geben hierüber keine Auskunft; in ihnen verrät sich nicht die Dimension, die der Herkunft und Verwendung bei Kant anhaftet. Die drei Fragen haben eine mittelalterliche Vorform in der Erörterung dessen, was man glauben, tun und hoffen möge („quid credas, agas, speres"), und diese Vorform wiederum geht auf die drei christlichen Tugenden des Glaubens, der Liebe und der Hoffnung zurück. Damit ist aber auch das Bezugsfeld in der KrV gefunden: Der Glaube bezieht sich auf Gott, die Liebe auf mein Handeln in der Welt und die Hoffnung auf das Geschick meiner Seele.

Genau das sind die drei speziellen Themen der Metaphysik: Theologie, Kosmologie und Psychologie. Kants „alles zermalmende" Antwort: Diesen drei metaphysischen Wissenschaften fehlt die anschauliche Grundlage, um wirkliche Erkenntnisse zu liefern, denn unser Wissen beschränkt sich auf das Gebiet der Natur, das bei der kritischen Vermessung des Umfangs und der Grenzen als resistent erwiesen wurde. Zu dieser Natur, die uns in Raum und Zeit erscheint, gehören weder Gott noch die Freiheit des Handelns in der Welt noch das Wesen der Seele. Sie sind insgesamt keine Erscheinungen, also sind sie Dinge an sich: denkbar, aber nicht erkennbar.

Die KrV enthält also wenigstens zwei zukunftsweisende Aussagen: Sie begründet die Erkenntnis der Natur in einer Verbindung von Begriff und Anschauung, und sie widerlegt die Erkenntnisansprüche der drei großen abendländischen Themen, die sich bis in das Neue Testament zurückverfolgen lassen. Diese metaphysischen Erkenntnisansprüche sollen jedoch, so Kants Versprechen, in der Moralphilosophie, also in der „Kritik der praktischen Vernunft" (KpV), rehabilitiert werden.

Moral, mobilgemacht

Diese zweite Kritik, die KpV von 1788, eröffnet ihre neue Lehre mit einem Paukenschlag. Alle Welt hatte gegen die Philosophen die Forderung gestellt: Keine immer neuen Theorien, mit Hamlet: words, words, words, sondern Fakten, Fakten, Fakten. Kant antwortet ihnen mit einem gelehrten Buch und stellt an den Anfang ein Faktum, mit dem niemand gerechnet hatte und das alle kennen sollten: das „Faktum des Bewusstseins" vom kategorischen Imperativ: daß die Regel oder Maxime des Handelns gegen sich und andere Personen ein allgemeines öffentliches Gesetz sein könnte.

In diesem Prinzip erkennt der Mensch das Grundgesetz seiner eigenen praktischen Vernunft und damit seine eigene Freiheit. Als moralisch Handelnder, so die These, weiß ich mich unabhängig von allen mich sonst bedingenden Faktoren. Hier führt also nicht (wie in der theoretischen Philosophie der KrV) die Raum-Zeit-Lehre zur Differenz von Ding an sich und Erscheinung, sondern die Moral übernimmt diese Funktion und eröffnet damit eine brisante Willensmetaphysik, die von aller theoretischen Erkenntnis unabhängig ist. Und dann der zweite Schachzug: Der kategorische Imperativ, das Gesetz der Freiheit, bestimmt, was gut und böse ist – ein offener Anti-Platonismus innerhalb einer platonisierenden, von aller Empirie abgelösten Metaphysik. Anti-platonisch, weil jetzt das Gute nicht mehr das höchste Objekt einer schwierigen Ideenerkenntnis ist, sondern das Folgephänomen unseres moralischen Gesetzesbewußtseins. Was gut ist, wird einzig durch das Moralgesetz bestimmt, und damit weiß es jeder.

Und dann der dritte Trumpf: Um zum moralischen Handeln motiviert zu werden, bedarf es keines Gottes, der das gute Handeln belohnen und das böse bestrafen wird, sondern der bloßen „Achtung vor dem Gesetz"; dieses Gefühl der Achtung wird durch die Präsenz dieses Gesetzes in uns erzeugt; wir motivieren uns also selbst und sind nicht auf eine transzendente Macht angewiesen, die Moral wird zu einem auto-mobile, zu einer gänzlichen Selbstbestimmung und Selbstbewegung.

Es folgt der Versuch, nun trotzdem das Versprechen einzulösen und die alte Metaphysik auf der Grundlage der KpV zu erneuern. Gott, Freiheit und Unsterblichkeit, darauf hatte sich alles Vernunftinteresse in der KrV bezogen. Kant ist der Meinung, die Einhaltung der rigorosen Gesetzesethik sei ohne eine rationale Hoffnung, daß mit der Moralität auch eine Glückserwartung erfüllt wird, daß also das gute Handeln auch fühlbar gut für den Handelnden sei, eine gänzliche Chimäre. Man sage nicht, die Tugend sei ihr eigener Lohn – unser erhofftes Glück ist mehr als die stoische Selbstzufriedenheit, und ohne diese Hoffnung gibt es kein moralisches Handeln. Dazu aber bedarf es der Unsterblichkeit und eines Gottes. In der KpV werden sie zu realen Gegenständen eines rationalen Glaubens, nachdem sich ihre theoretische Erkenntnis als unmöglich erwiesen hatte.

Gläubige allerdings hat Kant mit dieser Theorie kaum gefunden. In der Religionsphilosophie, speziell der Religion innerhalb der Grenzen der bloßen Vernunft (1793), wird die Konsequenz aus der aufgeklärten Moralphilosophie gezogen: Es gibt keine denkbare Offenbarung, die uns über etwas belehren könnte, was höher wäre und in einem Widerspruch stünde mit der menschlichen Vernunft, sondern alle Religion unterliegt ihrer Kontrolle, sei es die jüdische, christliche, die mohammedanische oder eine private Inspiration. Im Bild der so genannten Kopernikanischen Wende: In der Moral nehmen wir den Sonnenstandpunkt ein, der nicht durch einen Gottes- und Offenbarungsglauben überbietbar, sondern der selbst absolut ist.

1790 erschien die dritte Kritik, die mit dem Zweckbegriff zwischen der theoretischen Naturerkenntnis der ersten Kritik und der Freiheitsanalyse der zweiten Kritik vermitteln sollte. Sie zerfällt in zwei Teile, die Ästhetik und die Zwecklehre der Natur, die Teleologie; und die Ästhetik ihrerseits handelt von dem Kontrastpaar des Schönen und Erhabenen. Das Schöne in Kunst und Natur ist begrenzt, es ist harmonisch geformt, es stimmt uns ein in eine Harmonie mit den Gegenständen, den gleichgestimmten Menschen und mit unserer eigenen Natur im freien Spiel der Erkenntnisvermögen, der Einbildungskraft und des Verstandes. Aber dieses Spiel ist kein Filigran des Ästhetizismus, sondern wird zurückgewonnen für den Ernst der Moral: Das Geschmacksurteil des Schönen hat nur dann Geltung, wenn es Symbol des Sittlich-Guten sein kann.

Den Gegenpol zum Schönen bildet das „Geistesgefühl" des Erhabenen: „Kühne, überhangende, gleichsam drohende Felsen, am Himmel sich auftürmende Donnerwolken, mit Blitzen und Krachen einherziehend, Vulcane in ihrer ganzen zerstörenden Gewalt, Orkane mit ihrer zurückgelassenen Verwüstung, der grenzenlose Ozean, in Empörung gesetzt, ein hoher Wasserfall eines mächtigen Flusses, u. d. gl. machen unser Vermögen zu widerstehen in Vergleichung mit ihrer Macht zur unbedeutenden Kleinigkeit." Physisch also vernichtet uns gleichsam die übergroße und übermächtige, die nicht mehr schöne Natur, aber die äußere Übergewalt vernichtet uns nicht in der Betrachtung, sondern erweckt das Bewußtsein einer inneren Macht in uns, die allem Physischen überlegen ist: Die Idee unserer Sittlichkeit. Daher die Verknüpfung des bestirnten Himmels über uns und des moralischen Gesetzes in uns. „Zwei Dinge erfüllen das Gemüt mit immer neuer und zunehmender Bewunderung und Ehrfurcht, je öfter und anhaltender sich das Nachdenken damit beschäftigt: Der bestirnte Himmel über mir, und das moralische Gesetz in mir."

Außerhalb dieser drei Kritiken wird die Rechtsphilosophie entwickelt, freilich auf der Grundlage der kritisch abgesicherten Freiheitsidee und des kategorischen Imperativs. Hier entdeckte erst das zwanzigste Jahrhundert mit einigem Staunen, daß die Kantischen Ideen zu den Menschenrechten, zur Gewaltenteilung, zur Demokratie (von ihm Republik genannt), zum Völkerrecht und zur Idee der Vereinten Nationen fast wörtlich den Vorstellungen entsprechen, die nach 1945 allgemeine Anerkennung fanden. Nichts ist spannender als die Wort- für Wortlektüre von Kants rechtsphilosophischen Schriften, nichts folgenreicher in der neueren deutschen Philosophiegeschichte als die Tatsache, daß die linken und rechten Wortführer, Nietzsche und Heidegger, Carl Schmitt und Adorno, entweder die Kantische Rechtsphilosophie nicht kannten oder sie als liberal verachteten. Kants Schriften zum ewigen Frieden und zur notwendigen Rechts- und Gerechtigkeitsverfassung der menschlichen Gesellschaft bildet die beste Begleitlektüre zu den Diktaturen, deren interne Mechanismen er aus den zeitgenössischen Despotien kannte, und zu den Kriegen, die heute von den Demokratien mit menschheitswidrigen Waffen geführt werden.

Politik ist keine eigenständige Dimension menschlichen Handelns, sondern die bescheidene Verwirklichung von Recht und Gerechtigkeit: so die Bestimmung im „Ewigen Frieden". Die Rechtsverwirklichung ist keine Aufgabe eines einzelnen Menschen, sondern der Menschheit, und die Geschichtsphilosophie sucht zu zeigen, daß die Geschichte Spuren zeigt, die den steten Gang in diese Friedens-Richtung anzeigen.

Es gibt also eine Vernunft in der Geschichte, die allerdings noch immer Naturgeschichte ist und so am allgemeinen Zwecksystem der Natur teilnimmt. Wir können jedoch hoffen, daß das an der Moral und am Recht orientierte Handeln mit der Weltvernunft übereinstimmt. Das Reich der Freiheit, in dem die Menschen die Geschichte selbst bestimmen, liegt in der Zukunft, nicht in der Vergangenheit und nicht in der Gegenwart.

Es ist heute üblich, die großen Philosophen insgesamt als Ikonen aufzubauen: Kant, der Philosoph ohne Schimpf und Tadel, schafft die Grundlagen der modernen Philosophie, Hegel stiftet das Fundament aller Wahrheitssuche, und natürlich Nietzsche, der unüberbietbare Urdenker alles Radikalen. No doubt. Hört endlich auf mit dem Skeptizismus und werdet positiv, Ihr Deutschen! Nun gut. Fichte, Schelling, Hegel gingen von Kant aus, distanzierten sich jedoch von ihm nicht aus Ranküne oder purer Unkenntnis, sondern aus Gründen, die sie anführen. Der Marburger Kantianer Hermann Cohen notiert, die Kantische Philosophie müsse bis auf die Grundmauern niedergerissen werden.

In diesem Zusammenhang sei nur auf einen Grundbegriff von Kant hingewiesen: Philosophie hat es mit Konflikten und der Vernunft in den Konflikten zu tun. Bei Kant ist die Materie nichts anderes als das Zentrum der konfligierenden Kräfte von Attraktion und Repulsion; aus diesen Konfliktzentren erbaut sich das Universum im Programm der Vorsehung, wie in der „Allgemeinen Naturgeschichte und Theorie der Himmels" von 1755 dargelegt wird. Das Analogon in der Menschheitsgeschichte: Der Mensch lebt im gesellschaftlichen Antagonismus von Anziehung und Abstoßung, und aus diesem Antagonismus entwickelt sich die rechtlich verfaßte Weltgesellschaft mit der ihr inhärenten Friedenstendenz – so die Lehre der „Idee zu einer allgemeinen Geschichte in weltbürgerlicher Absicht" (1784). Die Dialektik ist eine andere Form des Widerstreits, jetzt innerhalb der unterschiedlichen Vernunftansprüche.

Was nicht zu lösen ist...

Die Philosophie Kants enthält jedoch ungewollte Konflikte, die bis heute nicht gelöst sind, oder besser: die in ihr nicht lösbar sind.

Der Herd der meisten dieser internen Konflikte ist die Zweiweltentheorie, die in unterschiedlichen Figurationen erscheint. Eine ist die rigorose Trennung von Natur und Freiheit und die damit verbundene Emanzipation der Moralphilosophie von der theoretischen Philosophie; wir hatten schon gesehen: Es wird jede vorgängige Erkenntnis des Guten im Sinne Platons gestrichen. Der kategorische Imperativ, unsere Handlungsregeln daraufhin zu überprüfen, ob sie Gesetze einer Vereinigung von freien Personen sein können, dieser Imperativ eliminiert nach Kant die Lüge als Mittel, einen für gut gehaltenen Zweck zu verwirklichen.

Aber wie steht es mit Schindler, der mit Lug und Betrug Juden vor der Vernichtung rettet? Unser moralisches Urteil nimmt – gegen Kant – Partei für Schindler, und zwar nicht aus Neigung und bloßer Menschenliebe, sondern aus Prinzip: Die Verhinderung des Unrechts kann im Ausnahmezustand nicht unrecht sein. Aber maßt sich hier nicht der einzelne Bürger an, in einem unmittelbaren Rückgriff auf das Gute über den Ausnahmezustand zu urteilen? Hat diese Anmaßung einen Ort in der Kantischen Moralphilosophie?

Hier liegt die Härte der Kantischen Moral: Sie verstellt jedem Versuch, an der Gesetzlichkeit der praktischen Vernunft vorbei einen Zugriff auf das vermeintlich Gute zu gewinnen, den Weg. Und hier ist es weit über die Beobachtungen von Hannah Arendt hinaus interessant, den antikantischen Kantianismus des Staatsterroristen Eichmann zu studieren.

Innerhalb der theoretischen Philosophie ist die oder wenigstens eine grundlegende These, daß der Weltraum die subjektive Form der äußeren Anschauung sei (die das räumliche „Außer-mir" und „Außer sich" also erst ermöglicht). Das ist seit Beginn ein Ort des schwelenden Zweifels und des offenen Nein! Kants Beweis enthält wenigstens einen Zirkel, denn er setzt gleich voraus, daß nur von der Vorstellung des Raumes gehandelt werden soll, nicht aber von dem Raum, auf den sich die Vorstellung beziehen könnte. Und sie läßt sich wohl auch in der Sache nicht halten, und sei es auf Kosten des Eingeständnisses, daß wir als Philosophen nicht wissen, was der Raum ist.

... und was bleibt

Es bleibt das Königsberger Gedankenlabor, aus dem die meisten Werkstücke, mit denen die philosophischen Debatten umgehen, ursprünglich stammen. Es bleibt diese Werkstatt, in die alle angehenden Philosophen kommen sollten, nicht um den Meister hermeneutisch oder anthropologisch zu belehren, sondern um seine Schriften – kritisch, weil philosophisch – Wort für Wort zu studieren.

Was bleibt noch? Die detaillierte Differenzbestimmung des Geschmacksurteils des Schönen und des Geistesgefühls des Erhabenen: Die spätere Ästhetik arbeitet mit den Präzisionsinstrumenten, die Kant geliefert hat. Man denke an die Neuinszenierung des Erhabenen durch Lyotard und Barnett Newman: Die Grundlage der Debatte über den Konflikt von Schön und Erhaben stammt aus der Kantischen KdU.

Die synthetischen Urteile a priori: Lassen sie sich rechtfertigen, oder zerfällt die Reflexionswelt in die beiden Seiten des analytischen Rationalismus einerseits und der Sinnlichkeitsphilosophie oder des Heideggerschen Irrationalismus andererseits? Es bleibt der heroische Versuch einer Synthese, zu der die Reflexion über dieses Problem ständig zurückkehrt. Es bleibt die weltbürgerliche Absicht des Philosophierens; mit dieser Komponente nahm Kant eine antike Innovation der Stoa auf und führte sie in die modernen Rechtsstrukturen – hierin ist er bis heute nicht übertroffen.

Verkrustet und unbeweglich?

Die Modernisierung von Wissenschaft und Gesellschaft

Jürgen Fohrmann

Ein Bekenntnis zum ‚Modernen' abzulegen, heißt, sich neue, zeitgemäße Möglichkeiten schaffen zu wollen, indem das verkrustete und daher unbewegliche Alte aufgebrochen wird. Die Modernisierung, die aus diesem ‚Bekenntnis zum Modernen' folgt, ist ganz wesentlich reflexiv angelegt. Als Musterbeispiel solch reflexiver Modernisierung gelten immer wieder die Preußischen Reformen am Beginn des 19. Jahrhunderts; an ihnen hat sich folglich auch die historiographische Modellbildung für Modernisierung sehr gut entwickeln lassen: Abschwächung bzw. Umverteilung hierarchischer Strukturen, Schaffung eines Raumes mit hoher Zirkulation, expansiver Tendenz und zunehmender Autonomisierung, so daß die Energien der Beteiligten sich optimal in und für diesen Raum entfalten können. Dieses Modell ist im wesentlichen formal. Wie für viele andere Bereiche der Gesellschaft (Agrarverfassung, Städteordnung, Verwaltungs-, Heeres- und Handelsreform) gilt es daher seit dem Beginn des 19. Jahrhunderts auch für das Bildungssystem; seinen symbolischen Ausdruck erhält es hier in der Gründung der Berliner Universität, die – zumindest programmatisch – das Seminar als ‚geselligen' Austauschort von Lehrenden und Lernenden nun in neuer Weise in den Mittelpunkt stellt. Dieses Modell reflexiver Modernisierung beruht auf einer Art ‚Gefälle- oder Drucktheorie', die geltend macht, daß die neue ‚Beweglichkeit' schon andernorts verwirklicht sei und nun in ihren Effekten zum Nachteil alter Ordnungen gereiche. Es ergäbe sich so der Druck, das Gefälle gesamtgesellschaftlicher oder auch nur sektoraler Asymmetrie auszugleichen; temporal gefaßt geht es um das Aufholen ‚relativer Rückständigkeit' durch bewußte Akte von Modernisierung.

Natürlich kann man, je nachdem, auf welcher Seite man steht, in durchaus polemischer Absicht den durch einen solchen Modernisierungsdiskurs zu einer ‚Gemeinschaft wider Willen' Verbundenen jeweils eine fortschrittliche oder konservative, gar reaktionäre Haltung zuschreiben. Und man kann diese Haltungen, um interne Vergleichsmöglichkeiten oder Entwicklungsperspektiven zu eröffnen, auch historisch rückspiegeln; man käme dann, auch für das Bildungssystem, im wesentlichen zu politischen Zäsuren und betonte etwa die wissenschaftliche oder auch wissenschaftspolitische Macht der ‚deutschen Mandarine', ihre Reaktivierung überkommener Hierarchie, ihren Antidemokratismus, ihre politische Theologie und ihr spezifisches Konzept von ‚Kultur', das jeder Form liberalen Denkens, jeder ‚Zivilisiertheit' zunächst französischer, bald auch nordamerikanischer Provenienz herzlich abhold war. So berechtigt diese Diagnose, die sich über den Faschismus hinaus leicht auf die Nachkriegszeit ausdehnen ließe, auch sein mag, so unklar bleibt (man denke nur an den Faschismus), inwieweit sich diese Phänomene in klarer Weise mit Vorstellungen von ‚Modernität' und ‚Modernisierung' (bzw. ihrem Gegenteil) verbinden lassen, hieße dies doch, die Ereignisse zu sehr auf die Selbstbeschreibungen der Akteure zu reduzieren. Ohne Frage kann man etwa den Auftritt des zweiten Wilhelm auf der Berliner Schulkonferenz 1890 als ‚reaktionär' bezeichnen. Er hatte hier gefordert, die Herren Professoren sollten nicht länger ‚junge Griechen und Römer', sondern endlich einmal ‚junge Deutsche' erziehen, denn nur so sei der Sozialdemokratie das Handwerk zu legen. Zugleich ist aber auch zu bedenken, welche disziplinären Ausdifferenzierungseffekte, etwa für die Neuphilologien, das Zurückdrängen der alten Sprachen im Gymnasialunterricht gehabt hat usw. Und natürlich sind auch jene Gegenpositionen miteinzubeziehen, die Verfahren der Wechselseitigkeit (etwa in der frühen Ethnologie) oder strukturaler Differenzierung und das Ethos von ‚Wissenschaft als Beruf' (Max Weber) gegen die Apotheose der Subordination aufboten, um sich ihrerseits an einer Modernisierungstheorie zu reiben, deren Kernstück ein wie auch immer geartetes Modell von Rationalität bzw. Rationalisierung war. In diesem Sinne wäre man in der Einschätzung, wie modernisierungsfreundlich oder -feindlich die Professorenschaft der Weimarer Republik gewesen ist, selbst genötigt, über die zugeschriebenen Kampfbegriffe hinaus einen konstruktiven Begriff von ‚Modernität' den Ausführungen zugrundezulegen.

Standardisieren und beschleunigen

Überträgt man diese eher an historischen Beispielen gewonnenen Überlegungen auf die gegenwärtige Diskussion um Modernität und Modernisierung, fällt zunächst die Kopie etlicher auch schon in der Vergangenheit wirksamer Diagnosen in die Gegenwart auf: Verglichen mit internationalen Spitzenleistungen befinden wir uns in Deutschland (seit wann eigentlich?) in einem Zustand relativer Rückständigkeit, daher ist erstens ‚Modernisierung' im Sinne von Eigenverantwortung, Autonomie und Wettbewerb das Gebot der Stunde. Wir bauen zweitens eine gemeinsame (europäische) Landschaft, also brauchen wir auch für die Bildung einen strukturell homogenen Raum, der durch die Verallgemeinerung eines taylorisierten Modells basaler Einheiten (Module) mit abgleichbarer Punktewährung gebildet wird. Weil ‚Bildung' in einer ‚Wissensgesellschaft' drittens als die zentrale Produktivkraft gilt, benötigen wir eine sowohl quantitative Erhöhung der Lernenden als auch ihre noch bessere Qualifizierung – wobei grundsätzlich alle gemeint und eingeschlossen sind. Und da dies – viertens – bei im wesentlichen nicht ansteigenden Ressourcen zu bewerkstelligen ist, wird die Umsetzung dieser Ziele durch eine Kombination aus Standardisierung und Beschleunigung versucht. Bei dieser modernisierungstheoretischen Rhetorik, deren einzelne Maßnahmen sich vielleicht gut begründen lassen, fällt doch auf, daß es hier gleichwohl um nur schwer miteinander abgleichbare Zielsetzungskonflikte geht, die an die Grundlagen massenmedial organisierter und regierter Gesellschaften rühren. Verfolgt wird (erstens) eine ‚Spitzenforschung' (und -ausbildung), deren strukturelle Bedingungen alles andere als klar sind, weil sie sich dem komplizierten Zusammenspiel von Kompetenzakkumulation und gleichzeitiger Freisetzung einzelner Forscher verdankt: Zwar muß einem ‚etwas einfallen', aber dies gelingt nur auf der Basis dicht zirkulierender Information, deren Organisationsform selbst allerdings nicht zum Hauptzweck avancieren darf. Alle drei Pole dieses Zusammenspiels (‚Einfall', Informationszirkulation und Organisationsform) sind bislang unterbestimmt. Im Gegensatz zu dieser Verbindung von Akkumulation und Einfall geht es aber (zweitens) auch um eine sektorale Homogenisierung, die ja nicht nur individuelle Mobilitätseffekte hervorzubringen verspricht, sondern deren Standardisierungsleistungen in ein Bildungssystem münden werden, das viel weniger als bislang auf individuellen Initiativen wird basieren können. Für die Geistes- und Kulturwissenschaften etwa stellt sich dabei strukturell die nicht triviale Frage, wie das diesen Disziplinen eigene Wissen, das ja aus der Umarbeitung des kulturellen Kapitals, des ‚Archivs', lebt, in zunehmend verschulteren Zusammenhängen gesichert werden kann. Diese ‚Verschulung' ist aber dann (drittens) notwendig, wenn die hohe Teilnehmerfrequenz an einer nun grundsätzlich alle – und de facto zumindest viele – einschließenden ‚Wissensgesellschaft' bei nicht steigenden Ressourcen eine immer schnellere Zirkulation der Lernenden notwendig macht (und auch schon deshalb, weil ‚Inklusion' selbst ein demokratisches Credo darstellt). Programme des exemplarischen Lernens, die Betonung von Sozialkompetenz und – im wenig vermittelten Gegenzug – die genaue Adressierung von Praxis- und Berufsfeldern stellen die konzeptuellen Antworten dar, die dieses Spannungsfeld von Ingenium, Komplexität und Homogenisierung bearbeitbar machen sollen. Heißt ‚Modernisierung' immer nur, diese Verfahrenshinwendung zu vollziehen und die jeweiligen Inhalte ins Belieben zu setzen? Die gouvernementale Beobachtung der Verhältnisse rechnet von quantifizierbaren Effekten (so viele Nobelpreise ...) auf die glückliche Organisiertheit ihrer Verursacher zurück, ohne die Prozesse, die zu den Mitteleinwerbungen oder den Nobelpreisen geführt haben, in der Sache hinreichend einschätzen zu können. Auch die Bewertungen des Wissenschaftssystems (Reputation) sind daher weitgehend quantitativ fundiert und führen zu Statistiken und Schaubildern mit doppelter Buchführung, die Qualität vorwiegend als Ergebnis von Quantität auszuweisen versuchen.

Will man einen historischen Vergleich riskieren, so läßt sich sagen, daß es in den heutigen Wissenschaften keine ‚modernisierungsfeindlichen' Tendenzen, wie sie etwa in der Weimarer Republik an einem Teil der Gelehrtenschaft auszumachen waren, gibt. Dies liegt nicht zuletzt daran, daß auch in der Wissenschaft die Regularien massenmedialer Kommunikation konkurrenzlos greifen – und die damit verbundenen Probleme sind es, die diese Wissenschaften umtreiben: Akzeleration der Ergebnisproduktion, zunehmende Unüberschaubarkeit, ein Konferenz- und Tagungsmarathon, der die Art der Befunde und ihre Präsentation verändert, die personelle Ausweitung des Drittmittelsektors ohne die juridischen Formen, in denen das Anwachsen des Personals aufgefangen werden könnte, usw. Dies alles sind strukturelle Probleme, über die ganz kontrovers diskutiert werden kann und muß. ‚Modernisierungsrhetorik' in ihrer sich immer mehr beschleunigenden Form wird allerdings dann von wissenschaftlicher Seite mit zunehmendem Unwillen beobachtet, wenn die veranlaßten Maßnahmen einen Großteil der Arbeitszeit zu absorbieren beginnen und wenn ihr Ethos in jenen Argumentationen verloren zu gehen scheint,

die schon im 18. Jahrhundert in ideologiekritischer Absicht als ‚Priestertrugstheorie' aufgedeckt worden sind, also etwa, wenn man Stellenstreichungen als Innovation verkaufen will, anstatt einfach zu sagen, daß man kein Geld hat.

Zum 150. Todesjahr des Philosophen Friedrich Wilhelm Joseph Schelling

Manfred Frank

Das Schmerzlichste hat sich ereignet", schreibt Schellings Schwägerin Julie Gotter ihrem Neffen Hermann von Schelling am 21. August 1854 aus Bad Ragaz, „ein paar Tage nach Deiner Abreise ist der gute Vater krank geworden und gestern abend halb 8 Uhr verschieden. Wenn Dir in Deinem unermesslichen Schmerz etwas zum Trost gereichen kann, so ist es die Versicherung, daß man von ihm sagen kann, er sei nicht gestorben, sondern nur eingeschlafen, sein Hintritt war so sanft, wie ich ihn noch nie gesehen." Wie in vergangenen Jahren war Schelling von Berlin aus – unterbrochen von Besuchen seiner Kinder in Gotha und Erlangen – mit der Eisenbahn in den St. Gallener Kurort am Rhein gefahren, diesmal, um eine hartnäckige Bronchitis auszukurieren, die ihn vor dem sanften Entschlafen nicht wenig gepeinigt hatte. Sein ergebenster Münchener Schüler, der inzwischen zum Bayernkönig gekrönte Maximilian II., ließ in den Grabstein des Verehrten die Inschrift meißeln: „Dem ersten Denker Deutschlands."

Diese emphatische Einschätzung entsprach zu dieser Zeit mitnichten allgemeiner Überzeugung. „Er hatte sich überlebt", war der allgemeine Tenor. Die Alt-Hegelianer, die Hegels Berliner Geistesburg fest in ihrem Besitz glaubten, höhnten 1841, als der eben an die Regierung gelangte Preußenkönig Friedrich Wilhelm IV. Schelling zu Traumkonditionen – u. a. mit einem vorher unbekannt hohen Dozentengehalt – an die dortige Universität berufen ließ, hoffend (das sind des Königs eigene Worte), Schelling werde „die Drachensaat des Hegelschen Pantheismus" ausreuten und „der gesetzlichen Auflösung häuslicher Zucht" wehren: Vor bereits 30 Jahren sei Schelling durch Hegel „fürstlich zu Grabe getragen worden". Seither habe die gebildete Welt von ihm kein Werk mehr von Belang zu lesen bekommen, allenfalls marginale Broschüren seien in schütteren Abständen erschienen; die *Weltalter* seien immer nur groß angekündigt worden, nie ans Licht der Öffentlichkeit getreten. Schelling ruhe seitdem „wie im Grabe der Vergessenheit; alle wahrhaft lebendigen Philosophen hatten sich dem die Herrschaft innehabenden Hegel zugewandt". Deutlicher war die Hegelsche Linke. Den früheren Lichtmenschen Schelling sah Heine schon 1827 in die Schlingen der Münchener katholischen Kongregation (um Görres, Döllinger und Baader) verstrickt; „wie ein armseliges Mönchlein" sei er „geisterhaft herumgeschwankt" (das ist hübsch gesagt; aber in Wahrheit lehnte Schelling diese, wie er sie nennt, „bis zum Wahnsinn ultramontane Fraktion" ebenso heftig ab wie Heine selbst). Friedrich Engels, der Schellings Kolleg von 1841/42 über *Philosophie der Offenbarung* hörte und mit Artikeln und Streitschriften begleitete, warnte Schelling davor, das Erbe Hegels zu schänden, und rief die Getreuen zur „großen Entscheidung, der Völkerschlacht" gegen Schelling auf: „Laßt uns kämpfen und bluten, dem Feinde unverzagt ins grimmige Auge schauen und ausharren bis ans Ende!" Kaum minder emphatisch hatte er zu Beginn der Schellingschen Vorlesungen im *Telegraph für Deutschland* geschrieben: „Wenn ihr jetzt in Berlin irgendeinen Menschen, der auch nur eine Ahnung von der Macht des Geistes über die Welt hat, nach dem Kampfplatze fraget, an dem um die Herrschaft über die öffentliche Meinung Deutschlands in Politik und Religion, also über Deutschland selbst gestritten wird, so wird er euch antworten, dieser Kampfplatz sei in der Universität, und zwar das Auditorium Nr. 6, wo Schelling seine Vorlesungen [...] hält." Andere – wie der polnische Graf August von Cieszkowski, einer der bedeutendsten religiösen Sozialisten – sind konzilianter: „Über die deutsche Grenze grüßen wir Dich, Schelling, mit der gebührenden Bewunderung. [... Aber:] Auf dem Grabe unseres Lehrers redend [...], versuche nicht, den Schatten eines Zweifels über den erhabenen Mann zu werfen." Karl Marx bittet Ludwig Feuerbach um die Abfassung einer kritischen „Charakteristik Schellings": Schelling sei „38tes Bundesmitglied" (Anspielung auf Schellings politisch wenig einflußreiche Berufung in den Staatsrat), die ganze deutsche Polizei samt der Zensurbehörde „stehe zu seiner Disposition". „Ein Angriff auf Schelling [sei] also indirekt ein Angriff auf unsere gesamte und namentlich auf die preußische Politik."

Warum wendet sich Marx gerade an Feuerbach, den moralischen „Kommunisten", dessen Naturalismus Marx übernimmt? „Sie sind", erklärt er sich, „gerade dazu der Mann, weil sie der *umgekehrte* Schelling sind. Der [...] *aufrichtige Jugendgedanke* Schellings [...], der bei ihm ein phantastischer Jugendtraum geblieben ist, er ist Ihnen zu Wahrheit, zur Wirklichkeit, zu männlichem Ernst geworden." Das Urteil ist zwiespältig (und Feuerbach spürte das wohl, schließlich schreckte er vor der Aufgabe zurück): Schelling wird nicht geradezu verdammt. Ihm wird vorgeworfen, abtrünnig geworden zu sein von seinem romantischen Jugendgedanken, der die Naturgeschichte der des Geistes hatte vorangehen und dieser ein gleichsam naturales Fundament hatte unterlegen lassen. Das war, was Marx „das Gute von [an] unserm Gegner" nannte: die Gesinnung zum Materialismus, die aber unter Diskursbedingungen eines naturfeindlichen Idealismus nicht zum Durchbruch habe finden können und nun in Feuerbachs Werk Ereignis werde.

Zwiespältig im Wortsinne – die eine und die andere Seite Schellings wohl sehend – sind auch die Urteile anderer Zeitgenossen und Hörer: Das Haupt der Hegelschen Linken, Arnold Ruge, findet Schelling, bei allen Bedenken gegen seinen Anti-Hegelianismus, nach einem Gespräch in Karlsbad „politisch und religiös freisinnig". Er verhandelt mit ihm um das Recht auf Publikation seiner Münchener Vorlesungen und liebäugelt mit Schellings Gedanken, die Wirklichkeit dürfe nicht – Hegelisch – für vernünftig erklärt, sondern müsse durch vernünftiges Handeln allererst in diesen Zustand versetzt werden. „In der Logik", hatte Schelling schon in München gelehrt, „liegt nicht Weltveränderndes." In der Tat, mit dem Letzten der logischen oder rationalen, der Hegelschen Philosophie – der ‚Idee' oder dem ‚absoluten Geist' – sei im Wortsinne „nichts anzufangen". Die Vernunftwissenschaft führe zwar wirklich über sich selbst hinaus und treibe zur

Umkehr; diese selbst könne aber doch nicht vom Denken ausgehen. Dazu bedürfe es vielmehr eines praktischen Antriebs; „im Denken aber ist nichts Praktisches, der Begriff ist nur kontemplativ und hat es nur mit der Notwendigkeit zu tun, während es sich hier um etwas außer der Notwendigkeit Liegendes, um etwas Gewolltes und Beabsichtetes handelt." „Wirkliche Dialektik ist allein im Reich der Freiheit."

Der Pariser ‚romantische Sozialist' Pierre Leroux begrüßt Schelling emphatisch, ja übersetzt den Beginn seiner Berliner Vorlesungen ins Französische. Der religiösen Wende Schellings, in der andere die Verleugnung seiner Jugendphilosophie vollzogen sehen, gewinnt er tiefen Sinn ab: Ein Denken, das kein Höheres über sich anerkenne, sei früher oder später gezwungen, Frieden zu machen mit den bestehenden Verhältnissen. Michail Bakunin, Schellings Berliner Schüler, dem Meister persönlich bekannt, erwartet Schellings Vorlesungen ‚mit unvorstellbarer Ungeduld': „Im Laufe des Sommers habe ich viel von ihm gelesen und fand darin eine so unermeßliche Tiefe des Lebens, des schöpferischen Denkens, daß ich davon überzeugt bin, daß er uns auch jetzt viel Tiefsinniges offenbaren wird." Gewiß gefiel dem späteren Anarchisten Schellings gnadenlose Polemik gegen den Staat als eine ‚Geißel Gottes'. Der Staat jeder beliebigen Verfassung ist eine Zuchtrute, ein knechtendes Gesetz, er übe unerträglichen Druck auf die unter ihm Schmachtenden aus. In ihm ist ein beabsichtigtes Mittel zur Erreichung von Höherem zum Selbstzweck entfremdet. Dienen solle der Staat einem ihm übergeordneten *Zweck,* bloße Voraussetzung, *Conditio sine qua non* solle er sein höherer, *an sich* wertvoller Güter, wie wir die Natur auch nicht als Zweck, sondern nur als Trägerin eines höheren, über sie hinaus gehenden Lebens ansehen. Er halte den Staat – drastisch – für etwas „dem menschlichen Willen gleichsam Eingewebtes und Eingestochenes". Wer über ihn hinausgehen wolle, dürfe mit seiner Sympathie rechnen. Immer habe er sich gegen das „bloße (im Grunde negative) Erhalten des Staats" ausgesprochen, seine Disposition zur revolutionären Umgestaltung, ja die „Umgestaltung der Verfassung" für „unvermeidlich", den Wunsch danach für zutiefst legitim erklärt *(Ältestes Systemprogramm).* Aber auch Schellings Überwindung der lediglich begriffsbasierten Hegelschen durch *„wirkliche,* blutige Widersprüche" stößt auf Bakunins lebhafte Zustimmung. Ganz ähnlich auf diejenige Sören Kierkegaards, eines weiteren Hörers (und Mitschreibers) von Schellings Kolleg: Zunächst – auch er – begeistert von Schellings Aufbrechen des Hegelschen Begriffspanzers („als er das Wort ‚Wirklichkeit' nannte, vom Verhältnis der Philosophie zur Wirklichkeit, da hüpfte die Frucht des Gedankens in mir vor Freude wie in Elisabeth"), ist er bald verwirrt, enttäuscht, endlich angewidert („Schelling salbadert grenzenlos").

Schelling war sich einer gewissen – freilich durch seine reaktionäre politische Einstellung beeinträchtigten – Attraktion seiner späten Philosophie für die Hegelsche Linke bewußt. „Sie wollten auch etwas dergleichen", wie es seine ‚positive' Philosophie anstrebe, lehrte er in den Berliner Vorlesungen: eine Grundlegung der Vernunft durch ein *Seyn,* das jedem Gedanken zuvorkommt, vor das keine Gedanke vorgreifen kann (das „unvordenkliche Seyn") und kraft dessen allein ein Gedanke Wirklichkeit erlangen kann. Marxens berühmter Satz, nicht bestimme das Bewußtsein das Sein, sondern dieses das Bewußtsein, hat hier ihre Wurzel/ihr Vorbild. Noch in Lenins *Philosophische Hefte* verirren sich Schelling-Zitate wie dieses: „Die Begriffe als solche existieren [...] nirgends als im Bewußtsein, sind also objektiv genommen nach der Natur, nicht vor derselben." Das gerade, so fährt Schelling in seiner Kritik fort, haben die Jungehegelianer nicht gesehen: Sie suchten sich aus der Vernunft zu deren Verwirklichung – ‚Wirklichkeit' und ‚Existenz' sind synonym – vorzuarbeiten. Aber es gibt keinen stetigen Weg vom Gedanken zur Wirklichkeit. Wirklichkeit wird nicht ursprünglich gedacht; sie ist nicht – wie das bloß begriffliche Sein der Hegelschen *Logik* – ein *a priori* Bekanntes im Zustande maximaler Unbestimmtheit. Sie hat überhaupt nichts von der Natur eines Begriffs, sondern ist der Gegenstand einer Erfahrung, d. h. sie wird *a posteriori* erfaßt. Da es sich aber nicht ums Erfassen eines wirklichen Gegenstandes, sondern ums Sein schlechthin handelt, tritt an die Stelle der Erfahrungsphilosophie ein „höherer Empirismus". Sein Organ ist nicht die Wahrnehmung, sondern die Kenntnis aus Offenbarung. Auch sie ist ein Fürwahrhalten aus aposteriorischer Affektion; ihr Gegenstand ist die Wirklichkeit Gottes, die noch in Gott selbst seinem Begriff zuvorkommt (ihn ‚präveniert') und ihn fundiert.

Das ist ein später Ausdruck von Schellings frühromantischem Kantianismus. Kant war Realist, d. h. er hielt die Welt für existent unabhängig von den Vorstellungen, durch die wir sie ‚repräsentieren'. Dieser Gedanke trägt seine Philosophie nicht minder grundlegend als seine tiefer ins gebildete Bewußtsein eingedrungene ‚kopernikanische Wende', die nicht das *Daß*, sondern das *Was* der Gegenstände (teilweise) abhängig macht von apriorischen Formierungen unseres Geistes. ‚Wirklichkeit', sagt Kant, ist kein „reales" (d. h. kein die *realitas*, die „Sachheit" der Dinge, ihr Was bestimmendes) Prädikat. *Ob* etwas ist oder nicht, wird überhaupt nicht durch Begriffe (sprachlich ausgedrückt durch Prädikate), sondern „einzig" aus Erfahrung gewußt, die immer den unbegrifflich-sinnlichen Direktkontakt mit den Gegenständen einschließt.

In diesem Sinne waren die Frühromantiker – Novalis, Friedrich Schlegel, Schleiermacher, mit ihnen Hölderlin und Sinclair – kanttreue Realisten. Ihre Kant-Revision ging nie so weit, den absoluten Idealismus der Maimon, Fichte oder Hegel zu unterschreiben. Immer sahen sie das Bewußtsein, das wir von uns selbst haben, fundiert in einer bewußtseins-transzendenten Voraussetzung, die sie das ‚Sein' oder ‚Ursein' nannten. Während seiner Jenaer Zeit (1796-1804) war Schelling hin- und hergerissen zwischen der realistischen und der idealistischen Option. Dem Freunde Hölderlin stimmte er zu, daß über dem Ich und dem Nicht-Ich ein Prinzip angenommen werden müsse, das er aber bis zum Jahre 1800 beharrlich mit Fichte das ‚absolute Ich' nannte. Ab 1801 wird der Idealismus des absoluten Ich narzißtisch gekränkt, indem ihm eine Naturgeschichte voraus konstruiert wird, deren Abschluß, nicht deren Ausgangspunkt das Ich sei. Fichte habe die Naturgeschichte des Geistes „gleich in der höchsten Potenz", der des Ich, ergriffen und von ihr aus die Welt ‚abgeleitet'. Vergessen habe er die naturalistische Vorgeschichte, die da hinauf führt. Im gleichen Jahr setzt sich dann die Formel durch, beim Denken des Absoluten sei von den subjektiven (psychologischen) Zugangsbedingungen zu abstrahieren, damit das „Subjekt-Objekt" in seiner ontologischen Neutralität sich zeigen könne. Dieter Henrich hat einmal vorgeschlagen, die drei Systemgestalten des deutschen Idealismus als Variationen der einen Grundformel zu verstehen, es sei ein Unbedingtes im Ich zu denken. Schelling habe die Formel so akzentuiert: Das Unbedingte im Ich muß *als ein solches* gedacht werden.

In der Konsequenz dieser Liebe zum Unbedingten wird Schelling endlich auch der Gedanke des „Identitätssystems" selbst suspekt. Zwar schließt er in großartig (Spinoza-inspirierter) Vision den Geist und die Natur in einer Einheit zusammen, die noch heutige Leib-Seele-Theorien inspirieren kann. Doch fürchtet Schelling, die Natur könne in dieser „Nacht der Identität", in dieser Umklammerung durch den Geist als ein unabhängig Bestehendes untergehen. Ein dunkler ‚Ungrund' oder ‚Urgrund', ein ‚Wille' – früher die der ‚ideellen' vorausgehende ‚reelle Tätigkeit' – muß nun dem Bewußtsein im Wortsinne ein reales Fundament legen; alles Bewußtsein ruhe auf ihm oder sei ein zweiter, nachträglicher Moment. Auch vom ‚Sein', das das ‚Seiende' fundiere, ist in der *Weltalter*-Phase die Rede. Schelling sucht und tastet, bis er mit seiner Berufung an die von Landshut nach München verlegte und neubegründete Universität seinen ‚aufrichtigen Jugendgedanken' ins Ziel bringt. Es ist der wieder entdeckte kantische: Nicht ein dunkles Wesen („Wesen kommt her von Was") geht einem hellen voraus, sondern ein radikales Nicht-Etwas oder Nicht-Wesen: das Sein im Sinne von Existenz. „Existentialsystem" ist der Name für die breite Entfaltung diese Überzeugung. Schelling hat sie, vermittelt durch seinen Schüler Kierkegaard, an die Existentialphilosophie des 20. Jahrhunderts weitergegeben. Sartres bekanntes (vom Subjekt gesagtes) Wort: „Die Existenz/Wirklichkeit [das Daß-Sein] geht dem Wesen [dem Was-Sein] voraus", könnte für ein Schelling-Zitat gelten.

Die Identitätsphilosophie (1801-1806) – mit ihr die des früheren Freundes Hegel – trägt nun im Rückblick des Spätwerks den Namen der ‚negativen'. Sie leidet an einem „unendlichen Mangel an Sein", hat sie doch das wirkliche Sein auf das reduziert, was es *nicht* ist: auf Geist. ‚Positiv' ist dagegen die Philosophie, die das „nackte Daß" der Existenz – im Sinne Kants – als ‚absolute Position', als begriffsfreie Setzung respektiert, die allem Bewußtsein vorausgeht, es trägt und von ihm nur im Nachhinein *(a posteriori)* gewußt werden kann. So hat das Bewußtsein – das sich dem opaken Sein gegenüber als ein relativ Nichtseiendes verhält, im Sein seinen *Realgrund,* so wie umgekehrt das Bewußtsein dem Sein zum Erscheinen verhilft (Bewußtsein ist des Seins *Idealgrund).* Dafür hat Schelling ein eindrucksvolles Argument: Ließe sich Sein aufs Bewußtsein reduzieren (wie es die berühmte idealistische Formel des Bischofs Berkeley wollte: *esse est percipi),* so müßte das Bewußtsein selbst schon *sein;* sonst würde Sein *per absurdum* aufs nichts gegründet. *Ist* es aber, so kommt ihm das Sein unabhängig von einem darauf gerichteten Bewußtsein zu; anders gerieten wir in einen infiniten Regreß. – Feuerbach hat dies Argument in mehreren Varianten wiederholt, wie er – bei aller politischen Gegnerschaft – für seine eigene Philosophie keinen besseren Namen wußte als den Schellingschen der ‚positiven Philosophie'.

Schelling wurde am 27. Januar in Leonberg, unweit von Stuttgart, geboren als Sohn eines Pfarrers und Diakons, späteren Professors am Höheren Seminar des Klosters zu Bebenhausen, ein im Ländle durchaus angesehener Orientalist. Das ungemein begabte Kind erhielt nach dem Besuch der Lateinschule in Nürtingen (wo den 5 Jahre Jüngeren der ritterliche Hölderlin vor Geneck und Schlägen der älteren Schüler schützt und ihm das Schreiben des mündlich längst – mit 8 Jahren – beherrschten Latein beibringt). Der frühreife Knabe bekam anschließend die Sondererlaubnis, seine Hebräisch- und Arabisch-Kenntnis unter der Leitung des eigenen Vaters in Bebenhausen zu perfektionieren, während Reuchlin sich seiner Weiterbildung im Griechischen annimmt (es fand sich für dies Wunderkind keine bessere Institution im Fürstentum Württemberg).

Im Jahr 1790, erst fünfzehnjährig, wird Schelling mit gewissen Bedenken als Ausnahmefall ins Tübinger Stift zugelassen. Er wird dort – eine einzigartige Fügung der Geistesgeschichte – Stubenkamerad von Hegel und Hölderlin. Sie sind fünf Jahre älter als er und gehören zur Generation der Beethoven und Napoleon. Es ist nützlich, sich dies zuweilen klarzumachen, wenn man von den Kulturgeschichten verführt wird, Schellings Rolle im deutschen Idealismus als die eines Vermittlers zwischen Fichte und Hegel sich vorzustellen. Tatsächlich hat Schelling gleichzeitig mit dem 13 Jahre älteren Fichte (nämlich zwischen 1792 und 1794) seine ersten philosophischen Gehversuche unternommen, und er wird nach Hegels Tod (im Jahre 1831) mit einer weithin beachteten Hegel- und Idealismuskritik aufwarten, die es geraten erscheinen läßt, vielmehr Hegel als ein Mittelglied zwischen Fichte und Schellings Spätphilosophie darzustellen (Schelling selbst wird in Bezug auf die Leistung seines alten Freundes abschätzig als von einer „bloßen Episode" in der Philosophiegeschichte sprechen).

Die Fügung von Schellings Zusammentreffen mit Hegel und Hölderlin hat manche Historiographen des Idealismus dazu verführt, das Tübinger Stift dieser Zeit in verklärender Sicht darzustellen. Wirklich sind ja bedeutende Persönlichkeiten aus dieser Universität hervorgegangen; vor und neben den drei Idealisten zum Beispiel der Physiker und Astronom Johannes Kepler, der Logiker Gottfried Ploucquet, der kritische Theologe David Friedrich Strauß, die Dichter Wilhelm Hauff, Gustav Schwab, Eduard Mörike, Georg Herwegh, Friedrich Wilhelm Waiblinger. Dennoch besteht kein Anlaß zur Verherrlichung eines Instituts und einer Lebensepoche, die viele Stiftler mit einer Zwangsinternierung und einer Tortur verglichen haben – darunter Schelling selbst. Früh brodelte der Geist der Französischen Revolution. Die Übersetzung der Marseillaise hätte Schelling schier das *consilium abeundi* – den alternativelosen Schulverweis – gekostet (stolz antwortete er dem Herzog von Württemberg auf eine hochnotpeinliche Inquisition: „Durchlaucht, wir sind alle mannigfach fehlbar" – alle, mithin auch der Herzog). Die revolutionären Denker Rousseau und Kant mußten die Stiftler – ohne elektrisches Licht – unter der Bettdecke lesen. Als der „alles zermalmende Kant" alternd über einen ‚moralischen Gottesbeweis' nachzudenken begann, disponierte die Tübinger Orthodoxie um und lies den maßvoll gewordenen Zerstörer aller theoretischen Gottesbeweise zu. Schelling – ein überzeugter Schüler des „enragierten Kantianers" und Repetenten Immanuel Carl Diez (‚enragiert' hieß die äußerste Linke der Jakobiner) – sprach in einem Brief an Hegel vom Tübinger „Priestertum, das neuerdings Vernunft heuchelt". Seine damalige Einstellung zur Religion hat er Jahre später in einer Knittelversdichtung auf den Punkt gebracht: „Drum hab' ich aller Religion entsagt,/ Keine mir jetzt mehr behagt,/ Geh weder zur Kirche noch zur Predigt,/ Bin alles Glaubens rein erledigt."

Schelling hat sich während dieses Jahres (1795) fast über seine Kräfte verausgabt, – so sehr, daß selbst Hegel zu dem Rat greift: „Schone vor allem, um Deiner und Deiner Freunde willen, Deine Gesundheit, sei nicht zu geizig mit der Zeit, die Du auf Erholung anzuwenden hast!" Das Erwähnte erschöpft ja keineswegs die Palette von Schellings unermüdlicher Produktivität. Vieles ist verlorengegangen, wie die Skizze zu einer rationalistischen *Leben Jesu-Arbeit*. Die revolutionär gesinnten Paulusbrief-Kommentare sind noch nicht entziffert. Die Notizen zu Platons *Timaios* und *Philebos* zeigen hingegen, wie Schelling die mystische Tradition der Schwabenväter – Oetinger, Bengel, Hahn (der letztere ein häufiger Gast bei Vater Schelling) – aufgreift, um die Natur gegen die Usurpationen des Geistes zu verteidigen. Bruce Matthews hat nachgewiesen, daß Schellings reife Formel für die ‚absolute Identität' vom „Band eines Einen mit ihm selbst als einem vielen" aus Hahns Platon-Lektüre stammt.

Nach dem Studienabschluß drohte den Stiftlern im allgemeinen – im euphemistisch so genannten Normalfall – die Laufbahn des Hauslehrers. So wurde Schelling Hofmeister bei den jungen Baronen von Riedesel in Leipzig. Von deren Vormund als Jakobiner und „gefährlicher Mensch" beargwöhnt, darf Schelling im Vergleich zu seinen unglücklicheren Stubenkameraden doch glücklich genannt werden. Er benutzt den Aufenthalt in Leipzig zu ausgedehnten Studien der Naturwissenschaften, konzipiert und veröffentlicht seine ersten naturphilosophischen Schriften. Er lenkt damit Goethes lebhaftes Interesse auf sich und wird, nach einigen Hindernissen (die zum Teil abermals mit seinem Leumund, ein Jakobiner zu sein, zu tun haben) mit Goethes Unterstützung auf eine außerordentliche Professur nach Jena berufen (1798). Hatten wir Grund, Schellings Stubenkameradschaft mit Hegel und Hölderlin als eine Fügung von größter

Tragweite zu bezeichnen, so war der Eintritt ins Milieu von Jena der zweite große Glücksfall in Schellings intellektueller Biographie. Nicht nur, daß er fortan die Chance hatte, Seite an Seite mit Fichte zu lehren (der Atheismusstreit entfernte Fichte freilich bald nach Berlin), Schelling bekam so auch Kontakt zu Schiller und Goethe, besonders aber zum Kreis der Schlegels, zu dem auch Novalis, Tieck und Schleiermacher sowie Steffens und der Physiker Ritter häufig stießen. Hier wurde er aufs freundlichste aufgenommen und ermutigt. Der Geist der „Symphilosophie" ergriff die Dichter, so wie Schelling sich zur „Sympoesie" begeistern ließ. Gewiß hat Schelling auch durch Hölderlin schon Impulse zur Konzeption einer Ästhetik empfangen: Seine große kunstphilosophische Leistung wäre aber doch ganz undenkbar ohne die ungemein intensive Anregung, die er dem Romantikerkreis verdankt, zu dem er fortan mit einem gewissen Recht hinzugezählt wurde: als der „Philosoph der Romantik".

Im Schlegel-Kreis lernte Schelling schließlich Caroline, geb. Michaelis, kennen, damals mit August Wilhelm in glückloser Ehe verheiratet, aber bald in einer ebenso leidenschaftlichen wie leidenschaftlich erwiderten Liebe zu Schelling entflammt. Goethe selbst intervenierte beim Scheidungsverfahren, mit dem der Keim zur Auflösung des Jenaer Romantikerkreises gepflanzt war. Feindseligkeiten und Eifersüchteleien verzerrten die „freie Geselligkeit" des Kreises; und auch Schellings Verhältnis zu Hegel, der bald an Schellings Seite an die Universität Jena kam, wurde viel mehr durch die Scheidungsaffäre und ihre Nachwehen vergiftet als durch vorgebliche philosophische Differenzen. Schelling entschied sich, aufs Jahr 1804 einem Ruf nach Würzburg zu folgen. Einschränkungen der Lehrfreiheit (der später so fromme Schelling wurde des Atheismus geziehen, der Besuch seiner Lehrveranstaltungen war mit einer bischöflich verhängten Exkommunikation bedroht) sowie die Weigerung, den Eid auf den neuen Herrscher (den Herzog von Toskana) zu schwören, zwingen Schelling, dessen Stern sichtbar sinkt, zur Annahme einer vergleichsweise glanzlosen Stelle an der Münchener Akademie der Wissenschaften. Mit einer Unterbrechung – Erlangen 1820-1827 – bleibt München bis 1841 sein Wohnort, seit 1827 freilich ist er Professor der neu gegründeten Universität.

Brutaler als jedes andere Ereignis traf Schelling Carolines Tod (am 7. September 1809). Ein Obelisk im Gelände des Klosters Maulbronn erinnert den Besucher an die Fassungs-, ja Trostlosigkeit des Witwers. In Briefen an Vertraute gesteht Schelling, daß seine Philosophie der All-Einheit ihm keinen Trost mehr spende: Seine Liebe gelte einer vergänglichen, individuierten Person in Fleisch und Blut. Fortan zieht sich ein dunkel glänzendes Leitmotiv durch seine Schriften: „Körperlichkeit ist das Ziel der Wege Gottes."

Es darf für Schellings Vermächtnis, für einen weiteren Ausdruck seines „aufrichtigen Jugendgedankens" gelten: Dem idealistischen Spinnweb der Ich-Philosophie hat er die Natur als grundlegende Realität voran gestellt. Er feierte ihre „Subjektivität", er sprach von ihrer „Resurrektion" nach Jahrhunderten der Verachtung und Ausbeutung, er rief auf zum „Kompatriotismus mit der Natur".

Wem diese Ermahnung pathetisch erscheint, möge sich klar machen, daß keine Epoche der Menschheitsevolution so viel bitter realistischen Grund wie die unsere hatte, Schellings Idee einer „Wiedereinsetzung der Natur in ihre Gottesrechte" einen ganz vorrangigen Wert zuzuerkennen. Man hat zu oft vergessen – und dies Vergessen reiht sich bequem ein in die Tradition der abstrakten Entgegensetzung von Natur und Geist –, daß der Geist zum Naturreich dazugehört. Die schreckliche Verdrängung, deren die Menschheit der hoch entwickelten Gesellschaften sich schuldig gemacht hat, bestand in der Vernachlässigung der Natürlichkeit des Menschenwesens, die man, in unversehener Dialektik, mit einbezog in die Gegenstände der technischen Naturausbeutung. Die Unmenschlichkeit des Bildes, das uns heute die natürliche Umwelt spiegelt, ist nur der reelle Reflex des Verrats, den wir an jenem unseren „ursprünglichen Kompatriotismus mit der Natur" begangen haben. Es besteht keine Hoffnung, zu ihm zurückzukehren, es sei denn, wir besinnen uns der Tatsache, daß die Natur den Menschen nicht zu ihrem Zweck hat, sondern daß sie Selbstzweck, nämlich ein selbstreflexiver Organismus ist, der sich souverän durch die Leistungen der Assimilation und der Adaptation reguliert, wie es auch – *mutatis mutandis* – der selbstbewußte Geist tut. Das ist die Lektion, die sich aus einer sensibilisierten Neu-Lektüre Schellings ziehen läßt.

Die Renaissance der Götter

Religionen im Zeitalter der Postmoderne

Friedrich Wilhelm Graf

Eine These über die Bedeutung der Religion in der Moderne besagt: Der moderne Mensch sei durch Vernunft geprägt, er gestalte seine Lebenswelt nach rationalen Gesichtspunkten. Dem gegenüber sei religiöser Glaube irrational, unvernünftig, deshalb sei die Moderne untrennbar mit der Säkularisierung verbunden.

Zu Beginn des 21. Jahrhunderts erweist sich diese These allerdings als falsch; weltweit gibt es eine Renaissance des Religiösen, trotz der Krise der Kirchen. Es gibt drei Theorien, die diese Wiederkehr der Götter versuchen zu erklären.

Die eine ist das Angebot der sogenannten „Religious Economics", der Versuch, religiöse Wandlungsprozesse mit Modellen der modernen Ökonomie zu erklären. Die zweite ist der Versuch vor allem des französischen Sozialwissenschaftlers Pierre Bourdieu, Religionskonflikte in Konfigurationen des sogenannten religiösen Feldes zu beschreiben. Und das dritte dieser Theorieangebote ist die sogenannte „religiöse Geografie", der Versuch, Religion in modernen Gesellschaften darüber zu erforschen, daß man die Orte aufsucht, an denen sich Menschen aus religiösen Gründen versammeln.

Kommen wir zunächst zum Modell der „Religious Economics", der modernen Religions-Ökonomie. Religions-Ökonomen – sie kommen vor allen Dingen aus den Vereinigten Staaten von Amerika – gehen davon aus, daß auf modernen Märkten auch religiöse Güter gehandelt werden. Sie sprechen deshalb von religiösen Dienstleistern, also beispielsweise den Kirchen und deren hauptamtlichem Dienstleistungspersonal. Und sie sprechen von religiösen Gütern, Heilsgütern,

Sinnwaren usw., die auf religiösen Märkten angeboten und mehr oder minder intensiv nachgefragt werden. Auch für Religion muß man bezahlen, und auch religiöse Güter kann man hier oder da einkaufen, je nachdem, welches Produkt man für besonders gut hält.

Dieses Modell der religiösen Märkte ist vor allen Dingen mit Blick auf Gesellschaften entwikkelt worden, in denen es sehr viel religiösen Wandel gibt. Ein klassisches Beispiel sind die USA. Mehr als zwei Drittel aller Amerikaner gehören nicht mehr der Religionsgemeinschaft an, in die sie hineingeboren wurden. In den USA gibt es sehr hohe Konversionsraten, das Phänomen, daß Menschen aus einer Kirche oder Religionsgemeinschaft in eine andere übertreten, ist weit verbreitet. Aber man sieht auch, daß Menschen an einem Sonntag zu den Baptisten gehen, am nächsten Sonntag zu einer orthodoxen Gruppe und an Weihnachten lieber zu den Katholiken, weil es da so besonders schön und festlich ist. Diese Phänomene des Wandels der Religion, der optionalen Entscheidungen kann man sehr gut in solchen Marktmodellen erfassen.

Das zweite Angebot stammt von Pierre Bourdieu, Sozialwissenschaftler aus Paris und ein großer Kritiker der ökonomischen Globalisierung. Bourdieu hat die Theorie des sozialen Feldes entwickelt. Soziale Felder sind Felder, in denen konkurrierende Anbieter unterschiedliche Positionen verfolgen und einnehmen, um gesellschaftliche Macht zu besetzen. Pierre Bourdieu spricht im Hinblick auf Religion vom symbolischen Kapital moderner Gesellschaften, d.h. es gibt eine Welt von Zeichen und Vorstellungen. Und im religiösen Feld werden von unterschiedlichen Anbietern solche symbolischen Kapitalien erworben, neu gedeutet und auch vermarktet. Warum unterschiedliche Anbieter? Auch hier ist ein Phänomen des Pluralismus in den Blick genommen worden. Früher wurde Religion weithin von hauptamtlichen Religionsagenten oder Religionsdienern (das ist ein Begriff des 17. Jahrhunderts) vermarktet: Von Pfarrern, von Priestern, von Rabbinern. In modernen Gesellschaften gibt es nun viele andere Akteure, die ebenfalls religiöse Sinngüter kommunizieren, beispielsweise Fernseh-Pfarrer mit ihren Talk-Shows zur Seelenbegleitung, beispielsweise Therapeuten, die ganzheitliche Lebensdeutungsangebote vermarkten oder auch die vielen selbsternannten Sinnvermittler, die im Rundfunk Lebenshilfe anbieten und versuchen, Menschen in den Krisen ihrer Biografie zu begleiten. Das alles gelingt nur, wenn sie sich alte Sinnvorstellungen neu aneignen und diese erfolgreich kommunizieren können. Damit befinden sie sich dann jeweils in Konkurrenz zu anderen. Deshalb hat Bourdieu vom religiösen Feld gesprochen, in dem sich konkurrierende Akteure symbolische Kapitalien aneignen und möglichst erfolgreich vermarkten.

Das dritte, in meinen Augen das spannendste Theorie-Angebot zur Deutung religiösen Wandels, ist das Modell der religiösen Geografie. Was ist mit Religions-Geografie gemeint? Ich nenne zunächst ein Beispiel, das uns allen gut vertraut ist in Europa: Wir kennen aus der europäischen Religionsgeschichte heilige Orte, vor allen Dingen im Katholizismus. Wir kennen Wallfahrtsstätten und Orte, an denen sich Fromme um besonderer Gottesdienstformen willen versammeln. Religiöse Geografie versucht, eine Landschaft oder eine Stadt oder einen bestimmten Kommunikationsraum zu erfassen, indem sie gleichsam die Orte kartographiert, an denen Religion stattfindet und gelebt wird.

Wenn man diese Modelle der religiösen Geografie zu deuten versteht, dann sieht man, daß es sehr viel mehr Religion in einer bestimmten Stadt gibt als man auf den ersten Blick wahrnimmt. Wir würden, wenn wir auf eine Stadt blicken, ja in aller Regel zunächst die christlichen Kirchen sehen. Warum? Weil diese Kirchen von alters her hohe Türme hatten, mit denen ihre Sichtbarkeit, ihre Zentralstellung besonders intensiv betont wurde. Jetzt kann man aber auch viele andere religiöse Versammlungsorte in einer Stadt identifizieren. Es gibt Synagogen und viele neue Orte religiöser Vergemeinschaftung, nämlich Moscheen (oder zumindest „Hinterhof"-Moscheen) oder die alten Läden der 70er Jahre, in denen sich plötzlich Esoterik-Begeisterte versammeln. Es gibt die Turnhallen, in denen freitags abends Buddhisten zusammenkommen, und Buchläden, in denen Esoterik-Literatur und auch Lebensberatung angeboten wird.

Wenn man nun im Sinne dieser religiösen Geografie solche Religions-Topografien von Städten erstellt, dann zeigt sich, daß es neben den christlichen Kirchen und den mit den Kirchen verbundenen sonstigen Organisationen in den meisten europäischen Städten sehr viel neue Religionen gibt. Die Grundsignatur der Religionsgeschichte der Gegenwart läßt sich auf einen Begriff reduzieren: Pluralisierung. Die Pluralisierung erleben wir schon seit dem 16. Jahrhundert in Europa, in den letzten 30 Jahren aber verstärkt. 16. Jahrhundert, damit meine ich die Reformation – und man kann die Reformation deuten als eine innerchristliche Pluralisierung und Differenzierung. Aus der einen Kirche werden mehrere. Das bedeutet Konkurrenz und Streit. Aber Konkurrenz und Streit können auch etwas Produktives sein. Sie zwingen nämlich die jeweiligen Konkurrenten dazu, besonders erfolgreich, besonders gut zu agieren. Solcher religiöser Pluralismus hat seit dem 18. Jahrhundert in allen europäischen Gesellschaften zugenommen, und wir haben jetzt eine Situation erreicht, in der eines ganz deutlich ist: Religiöse Pluralisierung wird weiter zunehmen. Sie bestimmt die Signatur aller europäischen Gesellschaften in verstärktem Maße.

Wie erklärt sich diese Pluralisierung? Sie erklärt sich zum einen dadurch, daß alle europäischen Gesellschaften multi-ethnische, multi-religiöse Gesellschaften geworden sind, in denen Menschen aus ganz unterschiedlichen religiösen Kulturen zusammen leben. Und sie erklärt sich dadurch, daß eine zunehmend größere Zahl von Menschen Religion selbstbestimmt gestaltet. Diese Menschen bleiben also nicht mehr einfach in der Kirche, in die sie durch die Entscheidung der Eltern hineingeboren wurden, sondern sie treten entweder aus der Kirche, also der traditionellen religiösen Organisation, aus oder aber öffnen sich einem neuen Glauben. Wenn wir von der Krise des kirchlichen Christentums reden, dann assoziieren wir in aller Regel sofort Kirchenaustritt, leere Kirchen usw. Wir erleben aber auch das Phänomen, daß eine zunehmend größere Zahl von Menschen in der Bundesrepublik deshalb die Kirchen verlassen, weil sie sich einer anderen religiösen Gemeinschaft, z. B. einer protestantischen Freikirche, einer mehr oder minder seriösen esoterischen Gemeinschaft usw. anschließen.

Wichtig ist: Mehr Verschiedenheit bedeutet in aller Regel mehr Konflikt. Verschiedenheit kann man sich vorstellen im Sinne eines fröhlichen Miteinander-Lebens der vielen Verschiedenen. Aber in aller Regel sind die Religionsmärkte des frühen 21. Jahrhunderts nicht durch ein schiedlich-friedliches Zusammenleben geprägt, sondern durch harte Konkurrenzkämpfe. Mehr Verschiedenheit bedeutet auf Religionsmärkten vor allem den Zwang, verstärkt das Eigene zu pflegen. Die neue Konkurrenzsituation bedeutet, daß man verstärkt das eigene Produkt in seinen spezifischen Produktqualitäten herausstellen muß. Daraus folgt: Die Konkurrenz- bzw. Symbolkämpfe nehmen unter den Bedingungen des modernen religiösen Pluralismus zu. Zugleich erzeugt dieser Pluralismus vielfältige juristische Konflikte.

Wer in die Feuilletons der großen Zeitungen schaut oder politische Nachrichten hört, merkt sehr schnell, daß es in vielen europäischen Gesellschaften neue Religionskonflikte gibt. Einige Beispiele: Das Kopftuch einer baden-württembergischen muslimischen Lehrerin – darf sie es nun in der Schule tragen oder nicht? Das ist zwar nur ein kleiner Symbolkonflikt, aber es ist doch ein wichtiger Konflikt. Analog stellt man sich in Frankreich die Frage, ob muslimische Schülerinnen in staatlichen Schulen ein Kopftuch tragen dürfen. In der Türkei ist das Kopftuch verboten für Frauen in Universitäten, Schulen und öffentlichen Einrichtungen. Und der Europäische Menschenrechtsgerichtshof hat gerade festgestellt, daß dieses Verbot rechtskonform ist. In Zürich wird im Moment darüber gestritten, ob der alte christliche Religionsunterricht in den Grundschulen abgeschafft und durch einen überkonfessionellen weltanschaulich neutralen Ethik-Unterricht ersetzt werden soll. Und in anderen europäischen Gesellschaften gibt es wiederum heftige juristische Konflikte über die Finanzierung von Religionsgemeinschaften.

Eng verbunden mit den Religionskonflikten ist das Phänomen, daß in vielen europäischen Gesellschaften nun gerade solche Formen von Religion immer größeren Zulauf verzeichnen, die als besonders hart, autoritär, bindend erscheinen. Hier kommt der Begriff des Fundamentalismus ins Spiel, mit dem bei uns sehr häufig operiert wird.

Der Terminus „Fundamentalismus" wird von uns zumeist mit Blick auf islamische oder jüdische Gemeinschaften verwendet. Tatsächlich stammt der Begriff aber zunächst aus protestantischen Kontexten aus den USA. Er ist im frühen 20. Jahrhundert dort geprägt worden für Leute, die sich wirklich an die „fundamental truth", an die grundlegenden, fundamentalen Wahrheiten der Bibel halten wollten, die also von einer Verbalinspiration der Heiligen Schrift ausgingen und deshalb bestimmte moderne wissenschaftliche Entwicklungen, etwa die Evolutionslehre Charles Darwins, ablehnten. Diese Repräsentanten harter fundamentalistischer Religionen gewinnen in vielen europäischen Gesellschaften im Moment an Einfluß. Das gilt nicht nur – ich betone es – für muslimische Gemeinschaften, sondern das gilt auch für viele christliche Gemeinschaften. Im Bereich des Katholizismus gibt es einen deutlichen Aufschwung der eher Konservativen an ganz traditionellen Auslegungen der Lehrsubstanz. Analoges läßt sich im Bereich protestantischer Kirchen feststellen.

Wie läßt sich diese neue Konjunktur harter, bindender, fundamentalistischer Religionsformen erklären? Harte Religion verlangt von den Gläubigen viel. Aber harte Religion bietet ihnen auch sehr viel: Ein krisenresistentes Weltbild, unbedingt gültige Wahrheiten, klare moralische Orientierungen und eine dichte Gemeinschaft von Frommen, in denen man viel Solidarität, Nächstenliebe und aktive Unterstützung erfährt. Fundamentalistische Gemeinschaften sind in aller Regel kleine religiöse Gemeinschaften mit einer sehr hohen Binnenhomogenität. Aber diese kleine dichte Vergemeinschaftung bedeutet eben auch, daß man nicht alleine ist. Sie bedeutet auf dem Meer der Ungewißheiten so etwas wie eine „gute Arche", in die man sich hineinflüchten kann. Die Anderen leiden unter Skepsis, sie werden mit allen möglichen Informationen überflutet, sie leben in Zeiten neuer Unübersichtlichkeit. Der fundamentalistisch Fromme ist von alldem befreit. Er weiß ganz genau, was gut und böse ist. Er ist sicher zu wissen, wie der Gang der Weltendinge weitergehen wird. Und er weiß sich von seinem Gott errettet. Er weiß sich in der Gemeinschaft der Frommen bewahrt und ist sich des Himmels, in den er gelangen wird, gewiß. Das ist eine religiöse Einstellung, die gerade für verunsicherte Menschen ein hohes Maß an Attraktivität gewinnt.

Fundamentalismus wird bei uns vor allen Dingen identifiziert mit religiösem Terrorismus. Wir denken dann an die neue religiöse Gewalt, die wir weltweit seit den 1970er Jahren erleben. Religiöse Gewalt ist in den Debatten um neue Religion ein äußerst wichtiges Thema geworden. Religiöse Gewalt ist aber – das muß man betonen – ein sehr altes Phänomen. Schon bei Goethe kann man lesen, daß doch die Kirchengeschichte nichts anderes sei als ein Mischmasch aus Irrtum und Gewalt. Und viele Religionsanalytiker gehen davon aus, daß die Vorstellung, moderne Gesellschaften seien mit Blick auf Religion friedlicher als vormoderne Gesellschaften, schlicht eine Illusion ist. Wenn wir von religiöser Gewalt hören, denken wir gleich an die symbolischen Daten der Spätmoderne: an den 11. September 2001 in Lower Manhattan oder an den 11. März 2004 in Madrid. Viele andere Schauplätze religiöser Gewalt nehmen wir europäischen Mittelstandsbürger in aller Regel nicht wahr. Die Religionskonflikte in der einstigen UdSSR, die Religionskonflikte in Indien, die terroristische Religion japanischer esoterischer Sekten, vor allem aber auch die eskalierende religiöse Gewalt, die es in vielen afrikanischen Gesellschaften gibt. Religionsgewalt gehört zur Signatur der Gegenwart, und diese Religionsgewalt läßt sich im Sinne des Modells der religiösen Ökonomie oder im Sinne von Bourdieus Symboltheorie, Theorie des religiösen Feldes, als ein Ergebnis des Versuchs verstehen, besonders klar die eigene Position deutlich zu machen. Terrorismus ist in aller Regel symbolische Gewalt. Eine symbolische Gewalt, die dazu dient, auf sich und die eigene Sicht der Dinge aufmerksam zu machen. Man kann annehmen, daß die Attentäter des 11. September nicht wirklich geglaubt haben, die USA militärisch besiegen zu können, aber sie waren entschlossen, weltweit deutlich sichtbar zu machen, daß die USA verletzlich sind, daß sie sich in entscheidenden Dingen nicht schützen können und daß die Welt, die durch die Twin Towers, die Türme des World Trade Centers, repräsentiert wurde, eine falsche und sündhafte Welt ist. Gegen diese Sünde sollte ein demonstratives Zeichen gesetzt werden, und dieses Zeichen wird selbstverständlich religionsimmanent in Sprachspielen begründet, die die bösen Anderen als Repräsentanten der Hölle und das eigene Tun als einen Weg in den Himmel erscheinen lassen.

Man muß die religiösen Selbstzeugnisse dieser Täter ernst nehmen. Es sind Menschen mit einer spezifischen Frömmigkeitsstruktur, die sehr ernsthaft davon ausgegangen sind, nichts anderes als den Willen Gottes zu erfüllen. Und gerade das macht die Auseinandersetzung mit diesen Menschen so schwer. Denn weil sie sich auf ein höheres Mandat berufen, sind sie für rationale Argumentation in aller Regel nicht zugänglich. Man kann mit ihnen über ihre Einsichten nicht diskutieren und auch interreligiöse Dialoge oder der Austausch der Kulturen oder verstärkte Lessing-Lektüre wird nicht dazu führen, daß diese Menschen sich von ihren Vorstellungen abbringen lassen.

Zur Religionsgeschichte der europäischen Gesellschaften gehört die Erosion des kirchlichen Christentums. Die Phänomene, die wir dort beobachten, sind widersprüchlich. Und ich möchte abschließend auf diese Widersprüchlichkeit hinweisen:

Noch immer ist das kirchliche Christentum die Mehrheitsreligion Europas. Allerdings läßt sich Kirchenmitgliedschaft ganz unterschiedlich leben. In Irland geht die große Mehrheit der Bevölkerung Sonntag für Sonntag zur Messe. In anderen europäischen Gesellschaften haben sich ganz andere Formen der Kirchlichkeit herausgebildet. Wenn man Leute fragt „gehst du denn regelmäßig in die Kirche?“, dann hört man erstaunlich oft die Antwort „Ja“. Aber regelmäßig kann eben auch bedeuten, immer am Heiligen Abend.

In zahlreichen deutschen Städten nimmt die Zahl der Protestanten, die keine kirchliche Beerdigung wünschen, derzeit zu. Andererseits gibt es aber nun sehr viele Menschen, die keiner Kirche angehören, aber gerade auf eine kirchliche Beerdigung nicht verzichten wollen. Sie identifizieren die Kirche offensichtlich als Besitzerin einer Kernkompetenz im Umgang mit Tod und Trauer. Ein anderes widersprüchliches Phänomen: es gibt vielfältige religionssoziologische Untersuchungen der Glaubenseinstellungen von Frommen. Wir wissen alle, daß solche Untersuchungen möglicherweise methodisch problematische Veranstaltungen sind. Wenn man sich aber einmal auf solche religionssoziologischen empirischen Untersuchungen einläßt, zeigen sie ein rätselhaftes Phänomen:

Besonders gut erforscht sind Schweizer kirchentreue Katholiken und hier wiederum insbesondere die Frauen. Selbst die Schweizer Katholikinnen, die Sonntag für Sonntag zur Heiligen Messe gehen, die wir also als besonders fromm und kirchentreu wahrnehmen, sind zu 28 Prozent davon überzeugt, daß es so etwas wie Reinkarnation gebe. Und verrückterweise nimmt die Zahl der reinkarnationsgläubigen Schweizer Katholiken seit dem Jahre 1978 zu. Wie sich Vorstellungen der Reinkarnation in ein traditionelles katholisches Symbolsystem einfügen lassen, wissen Theologen in aller Regel nicht zu sagen. Aber man muß eben sehen, daß das für einen relevanten Teil der Schweizer Katholikinnen offenkundig unschwer möglich ist.

Das ist ein wichtiges Phänomen. Anscheinend bedeutet religiöser Pluralismus nicht nur Abgrenzung im Sinne von Pflege der Corporate Identity, sondern auch, daß man Elemente aus anderen religiösen Traditionen aufnehmen und sich zu eigen machen kann. Die Situation der Konkurrenz zwischen den christlichen Konfessionskirchen hat dazu geführt, daß bestimmte protestantische Gemeinschaften sich katholische Symbolpraktiken zu eigen gemacht haben; und umgekehrt, daß manche europäischen Katholizismen ein Stück weit protestantischer, vielfältiger, intern bunter geworden sind. Möglicherweise bedeuten die neuen Konkurrenzsituationen im Hinblick auf den Islam und ein wiedererstarktes Judentum, daß man häufiger aus den Symbolwelten dieser Religionen bestimmte Elemente übernimmt.

Insgesamt gilt, daß viele religiöse Phänomene der heutigen Zeit so etwas wie eine neue Sinnsuche, ein neues spirituelles Interesse vieler Menschen, die Hoffnung auf eine Wiederverzauberung einer als kalt und sinnlos erlebten Moderne spiegeln und sich dabei vor allen Dingen bei großen Krisenerfahrungen viel Religiosität spontan einstellt. Es gibt ein wunderschönes Buch über den Trauerkult nach dem Tod von Diana, in dem von britischen Soziologen gezeigt wird, wie intensiv und spontan dieser Kult von ganz unterschiedlichen Gruppen der britischen Gesellschaft in klassischen religiösen Symbolspielen gestaltet worden ist.

Irritationen, mit denen wir z. B. durch religiöse Gewalt konfrontiert sind, begegnen wir immer auch in religiösen Formen. Wer am 11. März in bestimmten deutschen Großstädten mit der U-Bahn gefahren ist, hat gesehen, daß Gruppen von Menschen dort mit Teelichtern religiöse Symbole gestalteten, um ihre Anteilnahme und Trauer deutlich zu machen; vielleicht aber auch, um die Angst zu kommunizieren, daß das, was in Madrid passiert ist, jederzeit auch an anderen Orten Europas passieren kann. Und sie haben damit sicherlich auch zum Ausdruck gebracht, daß man auf die Sprache der Religion angewiesen bleibt, wenn man existentiell verstörende Erfahrungen, die den Alltag berühren, kommunizieren will. Zu diesen Erfahrungen gehört zweifelsohne der plötzliche Tod.

Gerade Trauer ist in elementarer Weise auf religiöse Symbolsprache angewiesen. Hier läßt sich in vielen europäischen Gesellschaften eine starke Renaissance der Religion beobachten. Traditionell waren Soziologen davon ausgegangen, daß in modernen Gesellschaften der Tod eher verdrängt wird. Wir erleben im Moment in den Künsten, den Wissenschaften, in der Gesellschaft eine sehr intensive, neue Beschäftigung mit dem Thema Tod und in aller Regel wird dabei auf religiöse Symbolsprache zurückgegriffen.

Es handelt sich bei diesem Beitrag um einen ursprünglich frei gehaltenen Vortrag. Die Redeform wurde für den Abdruck beibehalten.

Ihr geht alle in die Medien

Die deutschen Universitäten basteln an Berufsattrappen

Jürgen Kaube

Die deutschen Universitäten sind aufgefordert, ein „bedarfsgerechteres" Angebot zu verwirklichen. Studien sollen „entschlackt" und auf „Kerninhalte zugespitzt" werden. Früher als bisher sollen Absolventen in den Beruf einsteigen können. Und international „anschlußfähig" sollen ihre Abschlüsse sein. So steht es in den Empfehlungen des „Centrums für Hochschulentwicklung" (CHE) der Bertelsmann-Stiftung, das seit zehn Jahren daran arbeitet, aus Universitäten „Dienstleistungsunternehmen" zu machen. So will es auch die offizielle Bildungspolitik im Gefolge der EU-Beschlüsse von Bologna 1999. Und so bekräftigen es all jene, die sich den Kampf gegen die Debattierbürokratien, die nach 1968 als Hochschulselbstverwaltungen eingerichtet wurden, nur als Kampf um eine nach Wirtschaftsgesichtspunkten gestaltete Universität vorstellen können.

Wie sehen Studiengänge aus, die dieser Einstellung entspringen? Welchen Dienst erweist das Unternehmen seinen Kunden? Ein paar Beispiele: An der Universität Dortmund kann man jetzt „Angewandte Literatur- und Kulturwissenschaft" studieren. Die Technische Universität Darmstadt bereitet einen Bachelor in „Geschichte der Moderne" vor. In Konstanz führen sechs Semester in „Kulturwissenschaft der Antike" laut Universität zu einem berufsqualifizierenden Abschluß. In Bamberg werden Erstsemestern „Interdisziplinäre Mittelalterstudien" angeboten, die ebenfalls auf ein Bakkalaureat zusteuern. Über den „Kulturwirt" in Duisburg haben wir schon einmal berichtet (F.A.Z. vom 19. September 2002). Dort, in Duisburg, gibt es auch ein Studienfach, das „Wasser" heißt und entsprechende Experten „für den Einsatz in allen Ländern" hervorbringen möchte. Englischkenntnisse müssen dabei „nicht explizit nachgewiesen werden" – aber später sicherlich angewandt.

Beim Wasser, das sei vorausgeschickt, kennen wir uns nicht aus, vielleicht ist es ja sinnvoll, unter einem solchen Gesichtspunkt zu studieren. Aber worauf wendet man eigentlich Literaturwissenschaft an? Auf Literatur. Doch was wäre dann unangewandte Philologie? Die Auskunft des Dortmunder Studienganges läßt die Interessenten wissen: „Wir haben die Fächergrenzen eingerissen und uns an beruflichen Leitbildern orientiert." Kompakter kann die Zwangsvorstellung nicht formuliert werden, unter der gegenwärtig ein großer Teil der deutschen Universitäten steht. Fächergrenzen sind einzureißen und, so viel Größenwahn gehört dazu, können eigenhändig von Studienkommissionen eingerissen werden. Die aus diesem Einriß hervorgehenden Lehrpläne sind dann an Berufsbildern auszurichten.

Schaut man nach, dann handelt es sich bei den Berufen, die den Dortmunder Literaturanwendern in Aussicht gestellt werden, um exakt jene, an die man auch in Konstanz denkt, wenn man dort verspricht, Kenner der Antike fänden bei „öffentlichen und privaten Kultureinrichtungen (Kulturämter, private wie öffentliche ‚Kulturproduzenten', Kultur-/Studienstiftungen) und zunehmend Unternehmen, Verbänden, Organisationen mit kulturellen Bedürfnissen" eine Zukunft. Ei, gewiß, und jeden Tag wird sie bekanntlich schöner, ständig steigt die Nachfrage nach Kulturanwendern mit „interdisziplinären Schlüsselqualifikationen" wie implizitem Englisch, Trainiertsein in Kommunikationstechniken sowie dem Durchgestandenhaben von Einführungsvorlesungen in Medienkunde, „Cultural Studies" oder Betriebswirtschaft. Auch die interdisziplinären Mediävisten aus Bamberg und die Duisburger Kulturwirte werden sich bei jenen kulturbedürftigen Organisationen bewerben. Im Auswahlseminar treffen sie todsicher auf die Bachelors in „Angewandter Geschichte" (Siegen), in „Populärer Musik und Medien" (Paderborn) und in „Gesellschaftskommunikation" (Berlin).

Eine Generation wird betrogen

In den Broschüren für all diese Studiengänge werden den Bewerbern genau dieselben Aussichten gemacht. Wären sie nicht so offensichtlich verlogen, man müßte fürchten, Deutschland würde bald eine Nation von Pressesprechern, Programmheftschreibern und Tourismusberatern. Tatsächlich aber wird versucht, eine Generation zu betrügen. Man suggeriert Abiturienten, die offenbar für völlig orientierungslos gehalten werden, daß ein riesiger Arbeitsmarkt für Absolventen solcher Studien existiert. Die einzigen Stellen aber, die es wirklich gibt, gehören den Leuten, die hier so tun, als hätten sie neue Fächer und einen dazu passenden gesellschaftlichen Bedarf entdeckt. Die so tun, als seien ältere Abschlüsse und Disziplinen völlig verzopft und als könne man, was zuvor kaum in acht Semestern möglich war, nun locker in sechsen schaffen. Die es aber besser wissen. Der Bachelor in „angewandter Geschichte" aus Siegen etwa, heißt es, führe „zu generellen Einsatzmöglichkeiten und gehobeneren Tätigkeiten". In jedem Warenkatalog würde der Hinweis, das angebotene Gerät sei ungeheuer praktisch sowie generell und gehoben einsetzbar, zu Recht auf die völlige Verwendungsunfähigkeit der Maschine schließen lassen.

Der Grund dafür, daß solche Studiengänge aus dem Boden schießen, ist ein dreifacher. Zum einen liegt es an dem abwegigen Programm, in Deutschland flächendeckend dreijährige Bachelorstudiengänge einzuführen, ohne sich dabei am einzig vorbildlichen Modell dafür, dem guter amerikanischer Colleges, zu orientieren. Man scheut das Eingeständnis, daß es vielen Studenten an elementaren Voraussetzungen für ein Studium fehlt. Also verzichtet man auf den amerikanischen Weg eines allgemeinbildenden Bachelorstudiums von vier Jahren. Außerdem hat man weder das Druckmittel der Studiengebühren zur Hand, noch will man sich wirklich um die Erziehung, mithin Betreuung des Nachwuchses bemühen, was unter anderem die Durchsetzung eines Lehrprogramms verlangen würde, an dem Studenten auch scheitern können.

Statt dessen erfindet man Spezialfächer, die angeblich in drei Jahren berufsfähig machen. Woher aber soll denn eine Achtzehnjährige, die sich für Geschichte interessiert, schon wissen, daß angewandte Geschichte – meinen sie das Studium des Militärwesens? -, die Geschichte der Moderne oder ein interdisziplinäres Mittelalter ihre Sache ist? Und hat nicht eine interdisziplinäre Beschäftigung mit dem Mittelalter disziplinäre Kenntnis zur Voraussetzung? Dieselben Studenten, denen die Professoren bisher im Durchschnitt pro Woche kaum mehr als zwanzig Seiten Lektüre abverlangt haben, sollen nun in sechs bis acht Semestern Historiker, Philosoph, Rechts- und Kirchenkundler zugleich werden?

Philosophie mit Sportabzeichen

Auch die angewandten Dortmunder Kulturträger sollen nicht nur in deutscher und englischer Philologie, sondern komplementär auch noch im Journalismus – „Textproduktion mit Medienbezug“ –, in Philosophie oder Sport – Eingangsvoraussetzung: „Nachweis sportpraktischer Fähigkeiten im Umfang des deutschen Sportabzeichens in Bronze“ – oder „Technikdidaktik“ rasch marktfähig werden. Wenn sie da mal noch zur Besinnung kommen. Man darf an den Einwand des Rabbis gegen die wundersame Brotvermehrung erinnern: „Ich zweifle nicht, daß sie gegessen haben, ich zweifle, daß sie satt geworden sind.“ Unanwendbare Halbbildung wäre ein freundliches Wort für die Geistvermehrung durch Studienreform, die hier behauptet wird.

Das führt zum zweiten Grund ihres Entstehens, dem sich zur Autosuggestion verdichtenden Glauben an die Phrase „Interdisziplinarität“. Keine Hochschultagung vergeht ohne diese: Die Probleme der Welt richten sich nicht nach Disziplinengrenzen, darum soll es auch die universitäre Lehre nicht. Das klingt weltzugewandt, aber auch, als würde jemand sagen: „In der Natur gibt es keine Konsonanten, laßt uns bloß noch in Vokalen sprechen!“ Formlosigkeit und das Unvermögen zur Konzentration am Exempel werden als Sachnähe verkauft. Dabei fällt es in den Geistes- und Sozialwissenschaften keinem intelligenten Studenten schwer, Lektüre aus Nachbardisziplinen heranzuziehen. Außerdem tut man so, als ließen sich an Universitäten „die Probleme der Welt“ lösen, wenn man den jungen Leuten unter Beigabe von „Didaktik“, „Methoden“ und „Präsentationstechniken“ ein bißchen von allem erzählt.

Schließlich der dritte und ausschlaggebende Grund: Die deutschen Universitäten sind voll von Lehr- und Forschungspersonal, das gar nicht an den Sinn der Fächer glaubt, die es vertritt. Daß die geduldige Lektüre der Gedichte Conrad Ferdinand Meyers, das Nachdenken über den Funktionsverlust des Adels oder das Studium primitiver Religionen einen Erkenntnisgewinn herbeiführt, leuchtet ihm nicht mehr ein. Nicht für sich selber, um wieviel weniger für die Studenten. Man gibt vor, sie zu Berufen zu befähigen, weil man mit ihnen gar nichts anderes anzufangen weiß. In den Geisteswissenschaften geht das zumeist nur um den Preis der Erfindung von Berufen. Man steht dem Nachwuchs zynisch gegenüber, zweifelt an seinen Fähigkeiten, hat die Kraft nicht, daran durch Unnachgiebigkeit in den Leistungsanforderungen etwas zu ändern, braucht zugleich möglichst viele Studenten, um die Größenordnung des eigenen Betriebs aufrechtzuerhalten. Also lügt man nach Art des Reklamewesens, für das man angeblich ausbildet. „So werden Sie fit für internationale und interkulturelle Kommunikation", prahlen die Dortmunder Generalanwender.

Sir Richard Livingstone, einst Vizekanzler der Universität von Oxford, meinte, eine gute Universität erkenne man daran, welche Gebiete an ihr nicht erforscht würden. Die Betonung lag auf „Universität". Denn Livingstone dürfte kaum etwas gegen Diplome für Fahrlehrer, Abschlüsse in Feuerwehrtechnik oder – wenn er sich's nur hätte vorstellen können – angewandter Literaturwissenschaft gehabt haben. Nur daß die entsprechenden Kurse nicht an Universitäten gehören. Marktwirtschaft heißt nicht, daß jeder Laden alles vorhält.

Die Studenten merken das. Ihre Zurückhaltung gegenüber den Bachelor-Studiengängen ist in den meisten Fällen groß. So groß, daß man seitens des Bertelsmann-Centrums inzwischen schon ein bißchen gereizt davon spricht, es sei nicht in Ordnung, den Bachelor der Konkurrenz mit den eingeführten Studiengängen, Diplom und Magister, auszusetzen. Der Bachelor werde sich nicht „platzieren lassen", wenn er bloß eine zusätzliche Option darstelle. Das Argument, die neuen Studiengänge würden sich schon durchsetzen, wenn sie besser als die alten seien, erklärt das CHE für unzulässig. Damit würden die Risiken der Reform auf die Studenten, das „schwächste Glied in der Kette", abgewälzt.

Aha, der Kunde des Dienstleistungsunternehmens ist also das schwächste Glied? Ach so, Wettbewerb heißt, daß man Wahlmöglichkeiten herabsetzt? Und Nachfrageorientierung besteht darin, den Konsumenten für zu dumm zu halten, sich über die Qualität des Angebots ein Urteil zu bilden? Die Universitäten und ihre Fakultäten wären gut beraten, sich nicht von solchem haltlosen Gerede vorgeben zu lassen, was ihre Aufgabe ist und wo ihre Stärken liegen. Sie bedürfen gewiß der Reform. Eine Ideologie aber, die sie dazu zwingt, Attrappen herzustellen und ihre Kundschaft zu belügen, haben sie nicht nötig.

Die Selbstfesselung der deutschen Universität

Eine Evaluation

Wolfgang Kemp

Die Diskussion um die Hochschulen wird von interessierten und von arglosen Teilnehmern an den entscheidenden Vorgängen vorbeigelenkt. Deswegen ist dies hier nicht ein weiterer Beitrag zur Legitimation irgendwelcher Fächer oder Fachgruppen oder der Wissenschaft generell im größeren Kontext der „Wissensgesellschaft". Und erst recht ist hier nicht die Rede von Elitehochschulen. Oder von Bund-Länder-Zuständigkeiten. Das sind Themen, die deutsche Empfindlichkeiten anrühren und dementsprechend stereotype Reaktionen hervorrufen. Und es soll auch nicht von Geld die Rede sein, nicht vorrangig wenigstens. Hier geht es um einen weniger spektakulären, dafür aber um so wirksameren Prozeß, der den Hochschulsektor tiefgreifender umgestalten wird als alles, was wir seit 1945 erlebt haben, 1968 eingeschlossen. Es geht um die „flächendeckende Umsetzung" der 1999 gefaßten Beschlüsse von Bologna, denen zufolge sämtliche Studiengänge Europas, also auch Deutschlands, auf das Bachelor-Master-Format heruntergetrimmt werden müssen. Es geht weiterhin um die Verquickung eines solchen EU-typischen Normierungsvorgangs mit den Instrumenten des Neoliberalismus. Mit der für diesen Ansatz charakteristischen Double-Bind-Geste „Ihr sollt dürfen!" haben die Verantwortlichen beschlossen, daß der Bologna-Prozeß „staatsfern implementiert" wird, durch „lernende Hochschulen" und durch Agenturen, welche an Stelle der alten behördlichen Fachaufsicht die Studiengänge regelmäßig evaluieren und akkreditieren.

Mit ihrem kühnsten Versprechen wollen die „Reformer" weismachen, daß diese „Entfesselung" und „Entpolitisierung" dazu führen wird, „daß die Hochschulen sich wieder verstärkt auf Fragen der wissenschaftlichen Exzellenz konzentrieren können" – so der Leiter des Bertelsmann-Centrums für Hochschulentwicklung Detlef Müller-Böling, dem wir das schöne Motto von der „entfesselten Hochschule" verdanken. Es ist jetzt schon abzusehen, daß das Gegenteil eintreten wird. Vor der Etablierung der neuen E-Klasse von Exzellenz-Professoren (die in Deutschland Forschungsprofessoren heißen sollen) erleben wir derzeit die Heranbildung einer I-Klasse, eines Inspektorats, einer Nomenklatura aus Akkrediteuren, Planern, Bildungsberatern und Räten, mit der verglichen die Aufsicht der Ministerien bald wie der freundliche Kontaktbeamte aus dem Uni-Viertel anmuten wird. Das ist vielleicht etwas übertrieben. Die Ministerialen haben auf ihre Weise schon diese Entmachtung verdient, weil sie in den letzten Jahrzehnten versucht haben, jede, aber auch jede Regung des akademischen Handelns juristisch einzumauern. Nun aber deuten alle Zeichen darauf hin, daß die Entstaatlichung des Bildungswesens den größten Ausbruch von Kontrollsucht seit Beginn regelmäßiger Aufzeichnungen nach sich ziehen wird. Ein paranoider Twist, anders kann man es nicht nennen, wenn man bedenkt, was wir vor fünfzehn Jahren hinter uns gelassen haben.

Vielleicht dürfen wir an dieser Stelle schon anregen, das Wirken unserer retro-progressiven „Reformer" durch die regelmäßige Verleihung des „Margot-Honecker-Preises für Deregulierung im Bildungswesen" zu würdigen. (Man achte darauf, wie oft in dem folgenden Text die Worte „fünf Jahre" vorkommen.)

Wir werfen erst einmal einen Blick über den Kanal auf die Zustände im Vereinigten Königreich, dessen Hochschulsystem seit 1981, seit dem Beginn von Margaret Thatchers „Kulturkampf" gegen die Universitäten, in einem Langzeit- und Flächenversuch all den Pressionen unterworfen wurde, die nun ganz Europa drohen. Auch nach mehr als zwanzig Jahren ist das System noch nicht bei dem neoliberalen Klassenziel angelangt, welches „a free market driven by student demand" heißt, sondern es schwebt wie Mohammeds Grab zwischen Himmel und Erde, zwischen dem Zustand eines „managed market", in dem der Staat die Ziele vorgibt, und der puren Planwirtschaft. Jedenfalls arbeitet eine beeindruckende Zahl von Institutionen und Kontrollmechanismen daran, den Sektor Higher Education für den freien Wettbewerb tauglich zu machen. Wir konzentrieren uns hier auf die Kürzel RAE, was Research Assessment Exercise heißt und bedeutet, daß die Universitäten beziehungsweise ihre Institute oder Departments außer ihren Studiengängen, ihrer Lehre und ihrer Gesamtverfassung auch in regelmäßigen Abständen ihre Forschungsaktivitäten begutachten lassen müssen. Nach Maßgabe ihrer Beurteilung erhalten sie staatliche Forschungsmittel. Dieses Kontrollverfahren hat die englische Wissenschaftslandschaft tiefgreifend verändert, folgt man Roderick Floud, dem Sprecher der englischen Universitäten. Er konnte in seinem Rechenschaftsbericht 2002 stolz verkünden, daß 64 Prozent der englischen Forscher im Kontrolljahr 2001 in die höchsten Kategorien „national" oder „international excellence" eingestuft wurden. Davon fielen ansehnliche 55 Prozent unter „international excellence". 1996, bei der letzten Evaluierungsrunde, als 50.000 Wissenschaftler zur Überprüfung anstanden, lagen die Zahlen nur bei 43 beziehungsweise 31 Prozent. Die englische Wissenschaft machte also in diesen kurzen fünf Jahren einen Tigersprung – und das bei schwindenden Ressourcen. Innerhalb von fünf Jahren Bücher und Aufsätze verfassen, die um 30 Prozent besser sind als die letzten – man wünschte, man wäre dabei gewesen! (Um hier keine Minderwertigkeitskomplexe aufkommen zu lassen, sollte ich vielleicht dazu sagen: Das Institute of Scientific Information, welches nachzählt, wie häufig englische Forscher international zitiert werden, kam für denselben Zeitraum zu einem etwas anderen Ergebnis als die nach dem Peer-Review-Prinzip verfahrende RAE: „In lots of fields Great Britain is now badly short of world-ranking university scientists", faßte der Guardian diese Untersuchung zusammen.)

Die RAE war auf ihre Art so erfolgreich, daß man eine Regierungskommission einsetzte, um sie ihrerseits zu evaluieren. Inflationen ziehen ja in der Regel Währungsreformen nach sich. Dabei wurde im Grunde nur der alte wissenschaftliche Kernsatz bestätigt: „Whatever you measure, you will get more of it eventually." RAE soll jetzt RQA, Research Quality Assessment, heißen und neuen Grundsätzen folgen. Der größte Gewinn besteht für die Universitäten vielleicht darin, daß sie nicht mehr teilnehmen müssen. Viel gibt es ja ohnehin nicht zu holen, wenn sich 60 Prozent die Gewinne teilen. Und die personellen und sachlichen Kosten sind immens. Denn entweder sind die englischen Kollegen in Institutsstärke unterwegs, um während der Vorlesungszeit andernorts ein anderes Institut zu begutachten, oder sie verfassen Papiere für die nächste anstehende Evaluierung zu Hause. Der Principal der Universität von Edinburgh klagte unlängst, daß er eigentlich einen Hangar anmieten müsse, um die Schriften lagern zu können, welche seine Hochschule zu Zwecken der Evaluierung produziere und vorhalte.

Die Rede war bislang vom Königreich ihrer Majestät Elisabeth II. – das ist es, was uns ein wenig betroffen macht. Es mögen schlimme Vorurteile sein, die uns die Befürchtung eingeben, daß dieselben Instrumente, wenn sie jetzt mit der Verspätung von zwei Jahrzehnten in deutsche Hände gegeben werden, möglicherweise doch einer so robusten Institution, wie es die Universität ist, den Lebensnerv abdrücken. Da die Zwangsevaluierung von Forschung nach dem englischen Muster bei uns noch nicht so weit vorangeschritten ist, wechseln wir zu dem ebenso großen Thema Evaluierung und Anerkennung von Studiengängen. Hier liegen bereits genügend Ergebnisse vor, um ein erstes Urteil zu erlauben. Ein Studiengang der ehemaligen Universität Duisburg (jetzt Essen-Duisburg, Standort Duisburg), der nicht nur akkreditiert wurde, sondern als Reformstudiengang auch eine „innovative Antwort" auf den Bologna-Prozeß darstellt, ist der Bachelor-Master-Studiengang „Kulturwirt". Er erregte natürlich wegen seines ungewöhnlichen Titels unsere Aufmerksamkeit und zog vor dem immer mit zu beachtenden Horizont Europa die Frage nach sich, wie sich ein Kulturwirt wohl in England oder in Frankreich einführt. Die zuständige Fakultät konnte auf Anfrage nur mit der etwas faden Übersetzung des Studiengegenstandes dienen: „Cultural and economic studies" oder „études culturelles et économiques" schlägt man vor und erwartet wohl, daß die Absolventen ihre Qualifikation umschreibend erklären, etwa so: „I've studied now cultural studies / And even, alas!, economics / All through and through with ardour keen! / Here now I stand, poor fool, and see / I'm just as wise as formerly. / Am called a Bachelor, even Master, too." Die Studierenden, unsere lieben Studis, sind da schon sehr viel fixer, zumindest was die interne Verständigung angeht: Sie nennen sich Kuwis. Kulturwirte absolvieren ein Studium, das geistes-, wirtschafts- und gesellschaftswissenschaftliche Komponenten miteinander „verzahnt". Über ihre Berufsaussichten sagt die Hochschule: „Die Absolveten (!) dieses Studiengangs werden gesuchte Fachkräfte für regional oder international operierende Wirtschafts- und Dienstleistungsunternehmen sein, die den großen Wert vielseitig ausgebildeter Experten erkannt haben. Ihre künftigen Tätigkeitsfelder erstrecken sich zum Beispiel auf Bereiche wie Marketing, Organisation, Export und Kundenbetreuung. Auch Öffentlichkeitsarbeit, Presse- und Medienarbeit oder Kulturmanagement können zu ihren Aufgaben gehören. Neben kulturellen Institutionen werden sie auch für unterschiedliche Organisationen und Verbände arbeiten können." Den letzten Satz wird ein ausgebildeter Kulturwirt etwas besser hinkriegen, hoffen wir wenigstens. Ganz sicher sind wir aber nicht, denn merkwürdigerweise werden die Kulturleistungen der deutschen Sprache und Literatur dem Kulturwirt nicht nahegebracht.

Nüchtern betrachtet, wurde der Duisburger Studiengang geschaffen, um die Existenz der Geisteswissenschaften an dieser Universität zu sichern. Und auf diese Weise brauchte man sich auch nicht mehr um die lästige Lehrerausbildung zu kümmern. Es wäre unfair, die Duisburger Kollegen für diesen kreativen Ausweg zu tadeln. Die Not ist vielerorts die Mutter ungewöhnlicher Studiengänge. Man erfindet neue Curricula und Abschlüsse aus Sorge um die Erhaltung von gewachsenen Strukturen. Man tut dasselbe aber auch, weil man das Pensum einer verantwortlichen wissenschaftlichen Ausbildung nicht in dem neuen Zeitrahmen unterbringt. Angesichts etwaiger Zweifel macht sich um so stattlicher das Monument, das der Studiengang Kulturwirt in der niederrheinischen Tiefebene errichtet hat und das alles, was wir auf diesem Gebiet gewohnt sind, in eine neue Perspektive rückt. Ich selbst verfahre nach einer Studienordnung, die locker spationiert fünf Seiten lang ist und von denen drei auf die Rechnung der alten Regulierer gehen. Wenn ich die Deregulierungsschraube in die Hand bekäme und in die richtige Richtung drehen dürfte, würde ich das auf eine Seite reduzieren. Das Modul-Handbuch, vulgo Lehrplan des Studiums Kulturwirt, hat aber 180 Seiten und dürfte damit länger als jeder Text sein, den die Kuwis im Studium sich vornehmen. In diesem Buch ist haarklein und auf die Dauer von fünf Jahren, also bis zur nächsten Evaluierung, festgeschrieben, was in Duisburg studiert wird. Der Bologna-Prozeß wird dafür sorgen, daß die zukünftigen Bachelors und Bacheloretten europaweit im selben Takt studieren werden. If it is Tuesday and noon and you are in your third year, then it is time for „Intercultural Communication". Take out the orange reader, please. In Greifswald gilt das dann nicht anders als in Lissabon. Man muß dazusagen, warum das Modul-Handbuch so entscheidend wichtig ist und warum wir an ihm modellhaft alles Kommende studieren können. Die Akkreditierung des Studiengangs erfolgt auf der Basis dieser schriftlichen Vorlage und nach einer Begehung durch die von der Agentur eingesetzte Kommission. Der Ablaufplan der in Duisburg tätigen Agentur ACQUAS sieht für Gespräche mit der Fachbereichsleitung, den Lehrenden und Studierenden dreimal eine Stunde vor: Da muß im Grunde eben alles schon nach den Vorgaben der Agentur und der europäischen Gleichschaltungsregeln verschriftlicht sein. So ungefähr hatten wir uns „Entregelung" immer vorgestellt.

Die extreme „Verregelung" – ein Wort, das wir den „Reformern" entleihen und gegen sie kehren – ist nicht nur die lästige Begleiterscheinung eines mit deutscher Gründlichkeit in Gang gesetzten Prozesses, mit dem Prinzip der „unternehmerischen Universität" kaufen wir uns automatisch eine „Explosion des Controlling" ein, die keinen Bereich derselben unberührt läßt. Nun könnte man großzügig sein und sagen, daß auch diese Drangsalierung mit dem Gehalt abgedeckt ist. Viel problematischer erscheint die Aussicht einer evaluierungsgerechten Lehre und Wissenschaft. Dazu hat Marilyn Strathern, eine renommierte Sozialanthropologin der Universität Cambridge, einen bemerkenswerten Aufsatz vorgelegt, der den etwas fiesen Titel trägt: „Improving Ratings". Audit in the British University System. Am Beispiel von Begutachtungen der Lehre durch das englische Teaching Quality Assessment (TQA) geht sie der These ihres Kollegen Power nach: „What is audited is whether there is a system which embodies standards and the standards of performance themselves are shaped by the need to be auditable ... . audit becomes a formal 'loop' by which the system observes itself." Die Evaluationsbehörden spielen ihren Ansatz auf eine interessante Weise herunter. Sie sagen, sie würden keine „absoluten Urteile über die Validität der inhaltlichen Ziele und Vorhaben" eines Studiengangs fällen. Ihre Aufgabe sei die „relative Beurteilung", relativ – wir zitieren jetzt aus dem „Assessor's Handbook" der TQA – „in relation to institutional aims and objectives, the student intake, and the needs and interest of stakeholders". Lassen wir einmal das letztgenannte Kriterium beiseite, die Verpflichtung auf die Interessen der Gesellschaft, die hier im Bild der stakeholders auftaucht, dann ergibt das ausformuliert: Die Skills und Standards, die ein Studiengang zu liefern hat, müssen aus eindeutigen Zielen und Vorgaben der Institution abzuleiten sein (etwa aus einem „mission statement"), ihre Vermittlung und Aneignung (intake) haben die Prüfsteine der Transparenz, Effizienz und Konsequenz zu erfüllen. Die Großzügigkeit, mit der den Institutionen erlaubt wird, ihre eigenen Ziele und Wege zu suchen, schlägt um in eine feste Vorstellung davon, wie das zu erreichen ist, nämlich nach dem Modell der kontrollierbaren Organisation, der organisierten Kontrollierbarkeit. Strathern hat beobachtet, wie die Erwartungen der Evaluierer sich durch die Skills der Präsentation der Evaluierten bestätigen lassen: „Klarheit (statt Logik), detaillierte Aufzählung (statt Herstellung von Zusammenhängen), PowerPoints (statt Absätze) und vereinfachte Darstellung (statt Entwicklung eines Argumentes). Was aber auf keinen Fall erlaubt ist, das sind Mehrdeutigkeiten, Widersprüche und Fragen."

Aber im Grunde zögere ich so nur die Antwort auf die Frage nach den Agenten hinter den Agenturen hinaus. Sie muß leider heißen: Neben den üblichen Wissenschaftsfunktionären sind es Professoren und Professorinnen. Hochschullehrer betreiben diese Agenturen, die sich nach fachlicher oder regionaler Zuständigkeit organisiert haben. Zwar können diese privatwirtschaftlich oder als Verein betriebenen Einrichtungen nicht mit Persönlichkeiten aufwarten, die man als Spitzen ihrer Fächer kennt, die vielleicht am Wissenschaftskolleg oder anderen Centers of Excellence eingeladen waren oder selbst schon mal in Harvard gelehrt haben, das sie alle so sehr verehren. Aber dafür haben sie anderes aufzubieten. Perfektes Networking zum Beispiel. Schaut man sich die Zusammensetzung der Kommissionen und Ausschüsse an, so kann man sicher sein, immer wieder denselben Namen zu begegnen. Die Chefs dieser Agenturen helfen sich auch gerne gegenseitig in ihren Beiräten und Aufsichtsräten aus, und die neue Institution der Hochschulräte ist ein ideales Betätigungs- und Rekrutierungsfeld für alle Selbstfesselungsartisten – man muß vielleicht nicht soweit gehen wie die Universität Hamburg, deren neunköpfiger Hochschulrat einen Mann zum Vorsitzenden hat, der bis vor kurzem Vorsitzender des Aufsichtsrats der Agentur HIS (Hochschulinformationssystem) war und dessen Stellvertreterin beim Akkreditierungsrat in Berlin beschäftigt ist, der die Agenturen akkreditiert. Aber ungefähr so wird es bald überall zugehen. Die alten Mandarine in den Ministerien sondern jetzt ein müdes Lächeln ab: Ja, die „Kultur der Hörigkeit", von welcher der Ober-Mandarin Max Weber einst sprach, sie bekommt man so schnell aus dem Organismus Hochschule nicht heraus.

Und so gut, wie unsere neuen Inspektorenkader sich untereinander verstehen, so wenig werden sie heute von außen alleingelassen. Hier ist vor allem die Wirkung des von Bertelsmann finanzierten Centrums für Hochschulentwicklung zu würdigen, das durch Publikationen, Tagungen, Übernahme von Planungsaufträgen und Entsendung von Mitarbeitern in Hochschulgremien massiven Einfluß auf die wirtschaftsförmige Entwicklung des deutschen Hochschulwesens nimmt. Seine Leistung besteht vor allem darin, daß es den Randteilnehmern des Wissenschaftsprozesses eine organisatorische und ideologische Heimat bietet. Man könnte vielleicht so sagen: Die Qualitätssicherung der Lehre und Forschung liegt in Deutschland in der Verantwortung von Menschen, die solche nicht unbedingt selbst hervorgebracht haben müssen, aber sie nach dem Studium von Hunderten von Seiten ihnen zuliebe geschriebener Papiere zertifizieren. Nun höre ich den Einwand, das sei ja schon immer so gewesen. Immer schon habe es den Typus des forschungsfernen und an politischen und organisatorischen Dingen interessierten Hochschulangehörigen gegeben. Der große Unterschied ist nur, daß früher sich diese Kollegen sehr gut mit sich selbst beschäftigten und in ihrem jeweiligen Antagonismus und in der gemeinsamen Abwehrstellung gegen die Obrigkeit erschöpften. Jetzt aber haben sie den politischen Willen Europas hinter sich.

Was die Akkrediteure übrigens auch gut können, ist die Nachahmung ihres großen Vorbilds, des Wirtschaftsunternehmens. ACQUAS hat an der Spitze einen Vorstandsvorsitzenden, einen Vorstand, eine Akkreditierungskommission und einen Beirat. Und diese Räte setzen dann die Gutachtergruppen ein, die vor Ort die Begutachtung vornehmen. Diese tiefe und reiche Staffelung können sich die Agenturen auch leisten, denn die Universitäten, genauer die einzelnen Studiengänge bezahlen sie für ihre Dienste. Um es konkret zu machen: Das Institut, am dem ich noch unakkreditiert lehre und forsche, wird alle fünf Jahre 16 Prozent des Gesamtetats für die Akkreditierung aufbringen müssen. Und damit sind nur die Kosten für die Begutachtung des Studiengangs angesprochen. Wie in England müssen nun auch bei uns in jeder Berufungskommission zwei auswärtige Mitglieder mitwirken. Reise- und Übernachtungskosten, Tagegelder, das geht alles vom Institutsetat ab. Und was die Evaluierung von Forschungsaktivitäten betrifft, so haben wir schlicht noch keine Erfahrungswerte. Aber wir sehen ein, daß die neue Qualitätskultur ihren Preis hat. Er könnte darin bestehen, daß von fünf Stunden Hilfskraftunterstützung pro Woche und Hochschullehrer in Zukunft vielleicht noch drei übrigbleiben.

Ich will nicht ungerecht sein. Die schöne neue Hochschulwelt wird Qualitäten haben, von denen wir alle profitieren. Wenn wir also in Zukunft gehalten sind, die Lehrveranstaltungen bis auf den Stundentakt hinunter zu taylorisieren und für fünf Jahre festzuschreiben, dann bedeutet das auch, daß man sich nicht mehr von Semester zu Semester vorbereiten muß. Oder gar neue Themen und Veranstaltungsformen ausprobiert. An meinem Institut ist es seit langem guter Brauch, daß wir für jedes Semester einen anderen thematischen Schwerpunkt bilden, der auf Defizite, aber auch auf aktuelle Herausforderungen des Faches reagiert. Das wird man bei Beachtung der Fünfjahrespläne aufgeben müssen. Man serviert dann eben, wie unsere US-amerikanischen Kollegen das schon seit jeher tun, seine Module aus der Mikrowelle, man reproduziert sich skriptgetreu, denn ab sofort muß alles bis auf den letzten Credit-Point abprüfbar sein. Und noch ein Vorteil. Das staatsferne System aus externer Beratung und Kontrolle ermöglicht uns Hochschullehrern zumindest die aktive Nicht-Teilnahme. Die Agenturen müssen die Peer Reviews immer wieder neu auf freiwilliger Basis organisieren. Anders als in England und in anderen europäischen Ländern haben sie keine Handhabe, Gutachter zur Mitarbeit zu zwingen.

Wir versuchten mit den unablässig wuchernden Anleitungen der Regulatoren Schritt zu halten. Wir bereiteten uns an Hand ihrer Listen auf das Kommende vor, zum Beispiel auf unsere Lieblingsfrage im neunzigteiligen Peer-Leitfaden der Agentur HIS: „Haben die Absolventen das Lernen gelernt?“ Kommt das um 11.15 Uhr oder erst um 11.45 Uhr nach der Frage: „Reichen die finanziellen Mittel für Lehre und Studium?“ Gemeint ist sicher: nach Abzug der 12.500 Euro Akkreditierungsgebühr. Aber lange Zeit hatten wir das Gefühl, daß irgend etwas vergessen worden war, daß eine Art Schlußstein fehlte, eine Sanktion, die aus höchster Höhe erklärte, daß es gut wäre. Im November 2003 kam die (Er)Lösung: „Erster Studiengang Evaluation in Deutschland: Hochschulkooperation bestätigt das Saarland als Zentrum der Evaluation“. Damit hatten sie es erreicht: den Aufstieg in die Ebene des Meta und die Garantie der ewigen Selbstfortzeugung. Replikation also nicht nur in der paßgenauen Abbildung von System und Kontrollsystem, nein auch in the flesh, in Gestalt lebenswarmer, für den neuen Über-Purpose fitzumachender

Studierender (Evas?). Ab sofort kann man am „Centrum für Evaluation (CEval)" der Universität des Saarlandes den Master of Evaluation studieren. Nur um klarzumachen, wie ernsthaft wir uns in diese Materien hineingedacht haben, werfen wir eine letzte Frage auf: Wie wird man sich wohl die Evaluierung dieses Studiengangs vorzustellen haben?

Yale, Harvard & Co: Mythos oder Modell für Deutschland?

Karl Ulrich Mayer

Die Ausgangsfrage

Vor kurzem hat das Institute of Higher Education der Shanghai Jiao Tong University eine Rangliste aller Universitäten der Welt aufgestellt. Unter den ersten zehn Universitäten finden sich nur amerikanische Hochschulen mit Ausnahme von Oxford und Cambridge, nämlich nach der Rangfolge Harvard, Stanford, Cambridge, University of California, MIT, Cal-Tech, Princeton, Oxford, Columbia und Chicago. Zu den ersten 50 Universitäten gehören 35 amerikanische und nur eine einzige deutsche, nämlich die TU München. Die LMU München folgt auf Rang 51, Heidelberg auf Rang 64 und unter den ersten hundert Universitäten erscheint dann noch Göttingen (79), Freiburg (88), die Humboldt Universität (95) und die Universität Bonn (99). Und selbst unter den „besten“ 25 europäischen Universitäten erscheinen nur die beiden Münchner Universitäten, Heidelberg und Göttingen. Unter den 100 „besten“ europäischen Universitäten gibt es nur 26 deutsche Universitäten.

Im letzten Jahr hat das *Institute of Higher Education* der *Shanghai Jiao Tong University* eine Rangliste aller Universitäten der Welt aufgestellt. Die verwandten Kriterien sind nicht unplausibel:

- der Anteil an allen Nobelpreisen gewichtet nach der zeitlichen Aktualität der Preise;
- die Zitationshäufigkeit in 20 breit definierten Fachgebieten 1981-1999;
- Beiträge in Nature und Science 2000-2002;
- zitierte Artikel nach dem Science Citation Index und dem Social Science Citation Index;
- die Produktivität je Hochschullehrer.

Unter den ersten zehn Universitäten finden sich nur amerikanische Hochschulen mit Ausnahme von Oxford und Cambridge, nämlich nach der Rangfolge Harvard, Stanford, CalTech, Berkeley, Cambridge, MIT, Princeton, Yale, Oxford und Columbia. Zu den ersten 50 Universitäten gehören 36 amerikanische und nur eine einzige deutsche, nämlich die LMU München. Heidelberg folgt auf Rang 58, die TU München auf Rang 60 und unter den ersten hundert Universitäten erscheint dann noch Göttingen (91) und die FU Berlin (95). Und selbst unter den „besten" 25 europäischen Universitäten erscheinen nur die beiden Münchner Universitäten und Heidelberg. Unter den 100 „besten" europäischen Universitäten gibt es nur 20 deutsche Universitäten. Dies ist wohl nicht zuletzt darauf zurückzuführen, daß manche deutschen Hochschulen noch von dem Ruhm längst verstorbener Nobelpreisträger zehren können.

Das war einmal ganz anders. Am Ende des 19. Jahrhunderts war die deutsche Universität ein Exportschlager. Sie war *das* Modell für die Reform der US-amerikanischen Universität wie z.B. die Neugründungen von Johns Hopkins in Baltimore, der Reform von Harvard und der University of Chicago. Studienaufenthalte an deutschen Universitäten waren fast ein „Muß" für die Besten der akademischen Elite. So studierten W.E.B. Dubois in Berlin, William James bei Wundt in Leipzig und Talcott Parsons in Heidelberg. Bis vor noch gar nicht so langer Zeit war Deutsch Pflichtsprache für amerikanische Chemiker. Und viele Deutsche bzw. Österreicher lehrten in der ersten Hälfte des letzten Jahrhunderts als Professoren an führenden US-Universitäten – vor allem auf Grund der jüdischen Emigration, aber auch schon zuvor. Zur ersteren Gruppe zählen Albert Einstein, Kurt Heider, Kurt Lewin, Arthur Kaufmann und Carl Friedrichs, zur zweiten Gruppe gehören Alois Schumpeter, Adolf Gerschenkron und Theodor Haberler. Vor dem Ersten Weltkrieg erhielten Wissenschaftler aus Deutschland etwa ein Drittel der Nobelpreise.

Heute ist es genau umgekehrt. Das Modell der amerikanischen Studienorganisation mit Bachelor, Master und Graduiertenstudium wird nicht nur in Deutschland, sondern nach der Bologna Deklaration europaweit übernommen. Präsidialverfassungen, Alumni Assoziationen, *Career Placement Centers*, Kurs-Credit System, Graduiertenstudium, Fachbereiche/*Departments* statt Institute oder Lehrstühle, starke Dekane, Zeitschriftenartikel statt Bücher, Zitierhäufigkeit und Impactanalyse, *publish or perish*, Juniorprofessur, Studiengebühren, Privatuniversitäten, Dauerevaluation – fast alle der Reformideen für die deutschen Hochschulen entstammen dem amerikanischen Vorbild. In jüngster Zeit kommen noch die Eliteuniversität und die Nationalakademie dazu. Kaum jemand macht eine Hochschulkarriere ohne den obligaten US-Studien- oder Forschungsaufenthalt und kaum ein Max-Planck-Direktor ohne US-Hochschulerfahrungen wird berufen.

Etwa 15 Prozent der deutschen Doktoranden in den Natur- und Ingenieurwissenschaften gehen in die USA, ca. tausend pro Jahr davon mit deutschen Stipendien. Etwa ein Viertel bis ein Drittel bleibt auf Dauer. Die 6 000 deutschen Postdocs stellen nach den Chinesen und zusammen mit den Japanern die meisten Ausländer in diesen Fächern. Insgesamt arbeiten etwa 18.000 Deutsche in den Bereichen Hochschule und Forschung in den USA.

Seit dem Zweiten Weltkrieg wurden die meisten der Nobelpreise an US-amerikanische Wissenschaftler verliehen und einzelne US-Spitzenuniversitäten haben mehr Nobelpreisträger als die Max-Planck-Gesellschaft. In den letzten 20 Jahren erhielten nur 12 deutsche Wissenschaftler Nobelpreise, davon nur zwei Wissenschaftler einer deutschen Hochschule (nämlich Wolfgang Paul und Reinhard Selten in Bonn), der Rest waren alles Max-Planck-Kollegen.

US-Wissenschaftler sind gesuchte Gastwissenschaftler, so z.B. am Wissenschaftskolleg oder am Wissenschaftszentrum, beide in Berlin. Die *American Academy* in Berlin hat dieses System mit dem Kurzfrist-„Star"-Aufenthalt perfektioniert. Ein Stanford Professor wurde Rektor der Viadrina-Universität in Frankfurt/Oder und predigte die Vorzüge seiner Heimatuni. Unsere Bildungsministerin will, daß der Anteil der Studienanfänger eines Geburtsjahrgangs so hoch wird wie in den USA.

Ist diese *dependencia* gerechtfertigt? Entspricht das Idealbild der amerikanischen Hochschule der Wirklichkeit? Sind die deutschen Studenten, Professoren und Hochschulen so schlecht und die amerikanischen so viel besser? Sollen sich die deutschen Hochschulen nach dem amerikanischen Vorbild reformieren? Hat der Bachelor eine Zukunft? Und ist *tenure track* nicht besser als die Habilitation?

Mein Erfahrungshintergrund in deutschen und amerikanischen Universitäten

Bevor ich solche Fragen beantworte, will ich mich erstmal „outen" und offenlegen, was mich mit diesem Thema verbindet. Woher kenne ich persönlich amerikanische Hochschulen? Ich habe 1966 nach einem Jahr Fulbright-Stipendium einen B.A. an der Gonzaga University in Spokane, Washington, abgelegt und nach einem weiteren Jahr einen M.A. an der Fordham University in New York, d.h. an einer kleinen und mittleren Jesuitenuniversität. 1988 habe ich an der Harvard University ein Semester gelehrt und seit 2001 an Yale vier Semester, wo ich zur Zeit als *full professor* und *Director of Graduate Studies* am Soziologiedepartment tätig bin (mit einem *joint appointment* an der *Institution for Social and Policy Studies* und als Direktor des *Center for Research on Inequalities and the Life Course*). 1991/1992 verbrachte ich als Fellow am *Center for Advanced Studies* in Stanford.

Meine älteste Tochter studierte in Harvard und promovierte an der Columbia University Chemie und war als Biochemikerin Postdoktorandin an der Penn State University, meine jüngste Tochter ist zurzeit Studentin am Reed College, einem kleinen *Liberal Arts College* in Portland, Oregon.

Was verbindet mich mit deutschen Hochschulen? Ich habe in Tübingen und Konstanz studiert, an den Universitäten Konstanz, Frankfurt/Main, der FU Berlin und Zürich gelehrt, war 1993-1996 Mitglied des Wissenschaftsrates und 1997-99 stellvertretender Vorsitzender der Sächsischen Hochschulstrukturkommission. In den beiden letzten Funktionen habe ich viele der Reformen aktiv vertreten, die oben als Elemente des amerikanischen Modells aufgelistet wurden. In den vergangenen beiden Jahren war ich Mitglied einer Kommission, die sich mit der Zukunft des Faches Soziologie an der FU Berlin befaßt hat und Mitglied der sich daran anschließenden Berufungskommissionen. Schließlich habe ich eine größere Untersuchung zur Entwicklung des deutschen Hochschulwesens in den letzten 30 Jahren vorgelegt (Mayer 2003a), sowie einige weitere Traktate zur Hochschulpolitik (Mayer 2002, 2003b).

Meine persönlichen Erfahrungen haben also einen deutlichen *bias*. Zum einen, weil ich die meiste Zeit (nämlich 20 Jahre) an einer außeruniversitären Forschungseinrichtung, dem Max-Planck-Institut für Bildungsforschung in Berlin, gearbeitet habe. Zum andern, weil meine jüngeren amerikanischen Hochschulerfahrungen aus sogenannten Eliteuniversitäten stammen.

Thesen

Um meine Thesen gleich vorweg zu nehmen:
1) Die deutschen Hochschulen sind unterfinanziert und reformbedürftig, aber sie sind – auch im Vergleich zu den meisten amerikanischen Hochschulen – sehr viel besser als ihr Ruf.
2) Auch die amerikanischen Universitäten haben große Probleme: Es gibt vieles, was wir *nicht* nachahmen sollten!
3) Manche Unterschiede sind geringer als in der deutschen Debatte häufig unterstellt wird.
4) Vieles, was von amerikanischen Universitäten wirklich nachahmenswert ist, wird hierzulande gar nicht diskutiert.
5) Mehr Wettbewerb ist gut – aber in Grenzen.
6) Deutschland braucht Forschungsuniversitäten nach amerikanischem Modell – aber geht das?

Unterschiede im Bildungswesen

Will man deutsche und amerikanische Hochschulen miteinander vergleichen, so muß man aber zunächst die Größenordnungen und die Strukturen des tertiären Bildungssektors in den beiden Ländern verstehen. In Deutschland mit seinen über 82 Millionen Einwohnern gibt es etwa 350 staatlich anerkannte Hochschulen. Die knapp hundert deutschen staatlichen Universitäten betreuen etwa 70 Prozent aller Studenten. Die meisten anderen studieren an 150 ebenfalls staatlichen Fachhochschulen. Dazu kommen noch etwa ein Dutzend Berufsakademien, sowie pädagogische Hochschulen, theologische Hochschulen und einige private *business schools*. In den USA mit seinen fast 290 Millionen Einwohnern gibt es 3 600 Hochschulen, davon 765 Universitäten und darunter wiederum 230 mit Promotionsstudiengängen. 88 amerikanische Hochschulen gelten als herausragende Forschungsuniversitäten. D.h. die meisten amerikanischen Hochschulen, nämlich 2,180 sind Liberal Arts Colleges oder stärker auf praktische Fächer konzentrierte Community Colleges (1471). Unter den *Liberal Arts Colleges* gelten 166 als exzellent.

Die Gesamtanzahl der Studierenden liegt in den USA bei 14 Millionen, in Deutschland bei 2 Millionen. Dies entspricht 4,8% der Bevölkerung in den USA und 2,4% der Bevölkerung in Deutschland.

Wer in den USA einen qualifizierten Beruf ausüben will, muß nach mindestens vier Jahren Studium einen Collegeabschluß erwerben. Aber viele der *Community Colleges* bieten nur eine zweijährige, meist nicht einmal berufsqualifizierende Ausbildung an. Etwa 70 Prozent eines Jahrgangs erreicht einen High School Abschluß mit 17/18 Jahren. 10 bis 20% holen einen solchen Abschluß später nach. Etwa 40 Prozent aller *High School*-Absolventen beginnt ein College und etwa ein Fünftel eines Jahrgangs graduiert mit einem Collegeabschluß. Auch hier wird vermutet, daß im weiteren Leben jeweils 10-20 Prozent die entsprechenden Schritte nachholen. Etwa 6-8 Prozent der amerikanischen Studierenden schließen ein Langzeitstudium ab, also einen M.A. – etwa auf unserem Diplomniveau (aber meist enger, weil ohne Nebenfächer) oder bekommen ein *professional degree* wie Recht oder Medizin.

In Deutschland erreichen 37 Prozent eines Jahrgangs die Hochschulreife, also entweder das Abitur oder die Fachhochschulreife. Etwa dreißig Prozent beginnen ein Hochschulstudium und

16 Prozent machen (nach durchschnittlich 5-6 Jahren) einen Abschluß. Hinzu kommen noch 60-70 Prozent eines Jahrgangs, die eine Lehrausbildung erhalten.

Insgesamt ist daher der Qualifizierungseffekt des deutschen Bildungswesens nach wie vor sehr viel höher als der des amerikanischen. Dies schlägt sich auch darin nieder, daß junge Deutsche, vor allem die Hochschulabsolventen, später und qualifizierter in den Arbeitsmarkt eintreten.

Ein zweiter wesentlicher Unterschied zwischen den beiden Ländern besteht darin, daß fast alle Ausbildungen in Deutschland von vornherein berufsbezogen sind und mit dem Lehr- und dem Hochschulabschluß ein spezifisches Berufspatent erworben wird. Dies gilt nur für eine Minderheit der amerikanischen College-Abschlüsse, die nach einem breiter gefächerten Studium ein allgemeines Bildungspatent vermitteln, mit dem viele Berufswege offen stehen. Von unseren Soziologie-Collegeabsolventen an der Yale University gehen einige an die *Medical School*, einige an *Law Schools* und viele suchen sich Jobs in *finance*, der Sozialarbeit oder werden Lehrer.

Es ist daher meistens viel wichtiger, wo man studiert hat als was man studiert hat. Das bringt mich zu dem dritten wichtigen Unterschied in dem Hochschulwesen zwischen den beiden Ländern. Das Qualitätsgefälle zwischen den etwa 250 besten Hochschulen in den USA – der *Ivy League*, den besten Staatsuniversitäten und guten *Liberal Arts Colleges* – auf der einen Seite und den kleinen regionalen staatlichen und privaten *Colleges* und noch extremer den *Community Colleges* ist sehr viel größer als in Deutschland. Trotz erheblicher interner Qualitätsunterschiede – z.B. zwischen Vechta und Konstanz – sind sich die deutschen Universitäten, aber auch die deutschen Fachhochschulen untereinander sehr viel ähnlicher – nicht zuletzt in den Berufschancen, die sie eröffnen.

Der Motor dieser Qualitäts- und Chancendifferenzierung in den USA ist im Bereich der staatlichen Hochschulen ähnlich wie bei uns, nämlich die unterschiedliche Finanzausstattung in den Bundesstaaten (die aber sehr viel weniger durch einen Finanzausgleich wie bei uns im Hochschulbau abgemildert wird). Sehr viel gravierender ist aber der Wettbewerb um Studenten und Professoren. Amerikanische Schüler wissen, daß ihre Noten, ihr soziales Engagement, vor allem aber ihre Ergebnisse in standardisierten Tests (SAT – *Scholastic Aptitude Test* für die *undergraduates*; GRE – *Graduate Record Exam* für die *graduates*) entscheidend sind für ihre Chancen, an ein sehr gutes College zu kommen. Und sie glauben zumindest, daß davon das Erwerbseinkommen abhängt, das sie in ihrem Leben erwarten können.

Meine Universität Yale hat in diesem Jahr unter zehn Prozent der um 20 000 Bewerber für das College angenommen. Ich habe als *Director of Graduate Studies* für fünf Studienplätze in der Soziologie 156 Bewerbungen zu prüfen gehabt. An den Spitzencolleges und -universitäten ist das ein Wettbewerb, der nicht national ist, sondern international. So kamen allein etwa 50 Prozent der Bewerbungen in der Soziologie aus dem Ausland, vor allem aus Asien., In meinem *graduate seminar* in diesem Semester war einer von fünf ein Amerikaner.

10 Prozent der Yale *undergraduates* und 35 Prozent der Yale *graduate students* kommen aus dem Ausland. Übrigens haben die Frauen die Männer in ihrem Anteil unter den Studierenden bereits weit überflügelt.

Ein weiterer wichtiger Aspekt, der die beiden Hochschulsysteme voneinander unterscheidet, ist etwas, was die deutschen Hochschulen kaum oder noch nicht kennen, weil sie viel weniger selektiv sind: mangelnde Diversität. Es ist ein Dauerthema, wie Minderheiten besser unter den Studierenden repräsentiert werden könnten und ob die Verfassung eine positive Diskriminierung erlaubt. Der letzte Stand nach dem *Supreme Court* Urteil zur University of Michigan: Minderheiten dürfen besonders berücksichtigt werden, aber Quoten sind verboten. Am meisten beeindruckt hat die obersten Verfassungsrichter offenbar, daß die Vertreter der *Military Colleges* wie West Point auf einem angemessenen Anteil an Minderheiten-Offiziersanwärtern bestanden.

Ich will an dieser Stelle nochmals die wichtigsten institutionellen Unterscheide zwischen deutschen und amerikanischen Hochschulen auflisten:

Die US Hochschulen sind nachfragegesteuert. Sie bieten eine Leistung an, die etwas kostet, und von der man einen Ertrag im Lebenseinkommen erwartet. Die deutschen Hochschulen sind angebotsgesteuert. Obwohl es doppelt so viele Studenten wie Studienplätze gibt, bestimmt das Angebot an Hochschullehrern und Studienplätzen den Zugang. In den Fachhochschulen ist der *numerus clausus* flächendeckend.

Die US Hochschulen sind als hierarchische Sequenz mit Übergangschancen aufgebaut (*Community College*, *College*, *Graduate* oder *Professional School*) mit großen Qualitätsunterschieden innerhalb dieser Kategorien, die deutschen Hochschulen sind segmentiert (Universitäten, Fachhochschulen) und innerhalb dieser Kategorien relativ ähnlich.

Die deutschen Hochschulen sind ganz überwiegend staatlich kontrolliert und finanziert, die US Hochschulen bilden eine Mischung aus privater und öffentlicher Finanzierung und Kontrolle. Dabei sind auch die staatlichen Universitäten in den USA unabhängiger als die deutschen und auch die privaten erhalten erhebliche öffentliche Mittel, vor allem für die Forschung.

Schließlich ist hervorzuheben, daß fast die Hälfte der amerikanischen Studenten Teilzeitstudenten sind und auch die meisten Vollzeitstudenten relativ viel nebenher arbeiten. Entsprechend ist auch der Anteil der *adult students* viel höher. Aber 40 Prozent der US-Studierenden sind unter 21 Jahren. Das Altersprofil der deutschen Studierenden sieht total anders aus. Das Durchschnittsalter der Erstsemestrigen liegt bei über 22 Jahren und es gibt im Vergleich viel weniger neben- und nachberufliche Studierende.

Die deutschen Hochschulen sind reformbedürftig, aber sie sind besser als die meisten amerikanischen Hochschulen.

Der Großteil der amerikanischen Studierenden studiert an Hochschulen, die akademisch eher schlechter sind als das Mittel der deutschen Hochschulen. Die Professoren sind dort weniger qualifiziert (haben nämlich meist nicht mehr Forschungsleistungen als die Dissertation erbracht). Ein erheblicher Teil der Lehre wird von *adjunct professors* und studentischen Tutoren (*teaching assistants*) bestritten. Viele Veranstaltungen für *undergraduates* an den großen Staatsuniversitäten sind Massenveranstaltungen mit schematisierten Prüfungen und wenig Kontakt mit den Professoren.

Die etwa 20-30 Spitzenuniversitäten in den USA sind besser, weil sie über sehr viel mehr Finanzausstattung verfügen (Yale z.B. hat ein Vermögen von 11 Milliarden USD), weil sie international die besten Professoren anwerben können, diese weniger Stunden unterrichten müssen und weil sie ihre Studenten aus der ganzen Welt aussuchen können. Die Gehälter der (*full*) Professoren sind ein Ergebnis von intensiven Marktprozessen und jährlichen Leistungsbewertungen und können sich selbst innerhalb eines Departments im Verhältnis 1:2 unterscheiden.

Nach meinen eigenen Erfahrungen unterscheiden sich meine Berliner Soziologiestudenten im Hauptstudium und meine Yale *graduate students* gar nicht so gravierend. Die Berliner Studenten sind fachlich besser und breiter ausgebildet (und die Mannheimer noch viel mehr), aber von den Yale Studenten wird sehr viel mehr verlangt, und sie verlangen (und bekommen) sehr viel mehr Unterstützung von den Professoren. Deutsche Studenten haben hervorragende Chancen in der Auswahl für *Graduate Schools* in den besten amerikanischen Universitäten und es sollten sich mehr darum bewerben.

Auch die meisten unterscheiden Yale *undergraduates* in der Leistungs*fähigkeit* nicht so sehr von deutschen Studierenden, es gibt aber auch eine Teilgruppe, die deutlich herausragt. Sie haben freilich sehr viel mehr Selbstbewußtsein und sind leistungsorientierter.

Die amerikanischen Universitäten haben einige große Probleme, die wir nicht nachahmen sollten.

Studiengebühren. Ich bin für höhere Studiengebühren in Deutschland, weil die staatliche Finanzierung nicht ausreicht und nicht einzusehen ist, daß ausreichend verdienende Eltern nicht in die Qualität der Ausbildung ihrer Kinder investieren dürfen, bzw. über Kredite die Studierenden selbst. Es ist auch nicht einzusehen, daß die Masse der Nicht-Akademiker (Eltern und junge Erwachsene) die Hochschulstudenten subventioniert. Dies setzt allerdings ein funktionierendes und großzügiges Stipendiensystem voraus.

Die Studienkosten in den USA sind aber prohibitiv und gallopierten in den letzten Jahren davon. Ein College Jahr an einem privaten College oder Universitäten kostet fast 40 000 USD im Jahr und auch an einer staatlichen Universität kann dies leicht zwischen 10 000 und 20 000 USD kosten. Zwar gibt es *blind admission* und viele Stipendien, dennoch steigt der Anteil der Studenten mit dem Wohlstand der Eltern. Eine Eliteausbildung droht zum Privileg ökonomischer Eliten zu werden. Und für viele Mittelschichteltern bedeutet das Studium ihrer Kinder entweder eine massive Belastung und/oder jahrelange Schulden.

Neben dem amerikanischen *work ethos* sind die hohen Studienkosten auch einer der Gründe, warum amerikanische Studenten häufiger und länger erwerbstätig sind als deutsche Studierende; das ich ist auch in den USA ein wesentlicher Grund für verlängerte Studien- und Ausbildungszeiten.

Andererseits gibt es viele und gutdotierte Stipendien. Vierzig Prozent der undergraduates in Yale bekommen ein Stipendium, was durchschnittlich etwa die Hälfte der Kosten deckt. An der Yale University erhalten alle *graduate students* für Soziologie ungefähr 22 000 USD plus 2 000-3 000 USD per Sommer. Bestandteil der Stipendienregelung ist die Verpflichtung zwei Jahre als *teaching assistant* zu arbeiten, meist als Tutor für Diskussionsgruppen in großen Vorlesungen. Damit relativieren sich die Kostenunterschiede zwischen den beiden Systemen wieder. So habe ich z.B. für meine Tochter drei Jahre für Harvard bezahlt und danach hat sie von Stipendien gelebt, während ich in Deutschland für sie bis zum Doktor der Chemie fast zehn Jahre hätte aufkommen müssen.

Auswahldruck. Der Wettbewerb um die besten Studienplätze führt nicht nur zu einem sehr engen Erfolgsstreben in den High Schools und zu weitverbreiteten Mißerfolgserlebnissen, sondern auch zu wahren Exzessen. So gibt es inzwischen eine Reihe von Firmen, die sich darauf spezialisiert haben, für sehr teures Geld Schüler der *High School* auf die Bewerbungen und die SAT Tests vorzubereiten (ähnlich den Repetitoren im deutschen Jurastudium). Dies führt wiederum zu sozial selektiven Verzerrungen bei der Auslese.

Es ist zwar zu Recht umstritten, ob allein schulische oder Test-Leistungen den Zugang zum College bestimmen sollten (schon deshalb, weil sonst Studierende aus Asien oder asiatischer Herkunft fast alle Studienplätze erhalten würden). Aber die Vorzugsbehandlung für zum Teil akademisch schwache Kinder von Alumni (die sogenannten *legacies*) wie für Präsident Bush und seine Töchter sind ein Skandal für Institutionen, die sich dem Prinzip der Leistungsgerechtigkeit verpflichtet fühlen (14 Prozent der Yale *undergraduates* sind Kinder von Yale *graduates*).

Noch skandalöser ist die Rolle, die der College-Sport an vielen Hochschulen beansprucht, und die damit verbundene Abhängigkeit von den Alumni. Der Football-Coach verdient oft das Vielfache eines Uni-Präsidenten und gute Sportler werden nicht nur bei der Rekrutierung hereingeschummelt, sondern ihnen wird auch bei den Prüfungen nachgeholfen (wie gerade an der Duke University in *Political Science* geschehen).

Forschungsförderung. Die Finanzierung der Forschung ist in den USA sehr viel politischer bestimmt als in der Bundesrepublik. Die Fortschritte in der Medizinforschung in den USA liegen auch daran, daß der Kongress gerne Gesundheitsforschung über NIH und NIA fördert. Aber die USA unterscheidet sich von Deutschland nicht in der unguten Abhängigkeit der medizinischen Forschung von den Pharmafirmen. Zudem gibt es durchaus massive Versuche der US-Bundesregierung und einzelner Abgeordneter, über die Mittelvergabe bestimmte Themen zu fördern oder zu verhindern. So wurden dieses Jahr z.B. über eine Gesetzesvorlage Konferenzgelder gestrichen, weil eine Kollegin von mir herausgefunden hatte, daß Jugendliche, die sich öffentlich zu sexueller Keuschheit verpflichten – sogenannte *virginity pledgers*, (organisiert von einer staatlich geförderten Abstinenzbewegung) – ebenso häufig Geschlechtskrankheiten haben wie *non-pledgers*.

Deutsche Hochschulforscher sind sehr viel unabhängiger in den Themen, die sie beforschen wollen und die Mittel der Deutschen Forschungsgemeinschaft sind besser dotiert und leichter zu bekommen als die Mittel der *National Science Foundation*. In den USA wird dies z.T. wieder etwas ausgeglichen durch private Stiftungen.

Die Tatsache, daß über 50 Prozent der Absolventen der naturwissenschaftlichen und Ingenieur-Fakultäten Ausländer sind, und die Forschung in hohem Maße auf einem *brain import* beruht, spricht auch nicht gerade für den Erfolg des Grundstudiums in den USA. Daß seit der zweiten Hälfte der neunziger Jahre mehr ausländische Naturwissenschaftler und Ingenieure nach ihrem Abschluß die USA wieder verlassen, hat ebenso besorgte Stimmen ausgelöst wie die Tatsache, daß inzwischen die USA in der Anzahl der angemeldeten Patente nicht mehr führend ist (allerdings schrumpft diese Zahl auch für Deutschland) und von Westeuropa in der Anzahl der naturwissenschaftlichen Publikationen seit kurzem überflügelt wird (New York Times, 3.5.2004).

Manche Unterschiede sind geringer als in der deutschen Debatte unterstellt wird.

Vergleicht man nicht den Gesamtanteil von Hochschulanfängern an einem Jahrgang, sondern den Anteil mit Abschlüssen mit mindestens einem M.A., so verschwindet das häufig beschworene Defizit an Hochschulstudenten in Deutschland im Vergleich zu den USA. Stellt man zusätzlich in Rechnung, daß die USA so gut wie keine Berufsausbildung und auch keine Fortbildung zum Meister kennt, so verkehrt sich das vermeintliche deutsche Qualifikationsdefizit in einen komparativen Qualifikationsvorteil.

Was deutsche und amerikanische Studenten offenbar miteinander verbindet, ist auch, daß sie oft nicht direkt nach der *High School* oder dem Abitur anfangen zu studieren, daß sie die Regelstudienzeiten überschreiten und daß sie das Studium unterbrechen, um zu arbeiten. Der Anteil von College-Studenten, die länger als vier Jahre zum B.A. oder B.S. brauchen, ist deutlich angestiegen. Viele Amerikanerinnen und Amerikaner arbeiten bevor sie nach dem *College* eine *Professional School* oder die *Graduate School* besuchen. Diese verlängerten Phasen der Identitätsfindung werden den (viel jüngeren) Collegestudenten aber dadurch erleichtert, daß sie sich erst im dritten College-Jahr für ein Hauptfach entscheiden müssen und das College insgesamt starke Züge eines *studium generale* aufweist.

Insbesondere Professoren beklagen, daß die Lehrbelastung mit 16 Semesterwochenstunden pro Jahr in Deutschland viel höher ist als in den USA und ihnen daher viel weniger Zeit für die Forschung bleibt. *Prima facie* stimmt das auch. Meine formale Lehrverpflichtung sind acht Semesterwochenstunden (an der Princeton University sind es sechs) pro Jahr, d.h. zwei Kurse für *undergraduates* und zwei Kurse für *graduates*. Faktisch habe ich aber im letzten Semester noch zwei weitere Kurse für einzelne Studenten und einen wöchentlichen Forschungsworkshop betreut. Übrigens ist die Ausstattung von Professoren selbst an Spitzenuniversitäten viel karger als an den meisten deutschen Universitäten. Es gibt in der Regel keine oder kaum Sekretariatsunterstützung, keine studentischen Hilfskräfte und schon gar keine wissenschaftlichen Mitarbeiter (es sei denn, es werden dafür Drittmittel eingeworben, von denen aber amerikanische Universitäten 50 Prozent und mehr als *overhead* einbehalten). Allerdings gibt es persönliche Forschungsfonds, aus denen alle Ausgaben wie Reisen oder Bücher bestritten werden können. Auch hier kann man allerdings wieder die Unterschiede zwischen US-Universitäten dokumentieren. An der University of Indiana in Bloomington beträgt der jährliche Forschungsfond (in der Soziologie) zwischen 1 000 USD und 2 000 USD, an der Yale University kann dies leicht das zehnfache betragen.

Ich finde auch die Unterschiede in der Situation der amerikanischen *assistant professors* im Vergleich zu den deutschen wissenschaftlichen Assistenten sehr viel geringer als die Kampagne zur Einführung des Juniorprofessors vermuten läßt. Auch die amerikanischen *assistant professors* müssen sich (zumindest an den guten und besseren Universitäten) mit einem zweiten Buch oder äquivalenten Zeitschriftenpublikationen weiterqualifizieren, bevor sie eine Daueranstellung (*tenure*) bekommen können, ihre Mitbestimmungsrechte sind ähnlich gering und ihre Gehälter sind im Vergleich zu den *full professors* eher geringer. Und *teaching assistants* sind sehr viel schlechter bezahlt (und weniger in die Forschung integriert) als deutsche wissenschaftliche Mitarbeiter.

Überraschend gering sind auch die Unterschiede im durchschnittlichen Alter der Promotion. Amerikanische Studenten sind zwar nach dem Bachelor etwa zwei Jahre jünger als deutsche Studenten nach dem Vordiplom, sind aber häufig erst einmal erwerbstätig, bevor sie ein Graduiertenstudium aufnehmen, und müssen oft arbeiten, während sie ohne oder nach einem anfänglichen Stipendium ihre Dissertation abschließen.

Vieles, was von amerikanischen (Spitzen-) Universitäten wirklich nachahmenswert ist, wird hierzulande gar nicht diskutiert.

Der wichtigste Unterschied zwischen deutschen und amerikanischen Universitäten liegt in der Organisation und zum Teil auch der Qualität der Lehre. Der einzelne Kurs ist in den USA wichtiger, oft aber auch standardisierter. Der Kursplan (syllabus) ist sehr detailliert, was die Literatur und die Aufgaben angeht. Meist gibt es neben den vorgeschriebenen (Text-)Büchern noch eine umfangreiche Sammlung mit kopierten Zeitschriftenartikeln (im Copy-Shop teuer zu kaufen für die einzelnen Veranstaltungen für jeweils 50-80 USD). Es wird von den Studenten erwartet, daß sie mehrere hundert Seiten pro Woche lesen und oft mehrere Seminararbeiten pro Semester abliefern. Aber auch die Hochschullehrer (und bei größeren Veranstaltungen die *teaching asssistants*) sind mehr gefordert, Studenten kommen zur Vor- und Nachbereitung häufig in die Sprechstunde.

Ein zweiter wichtiger Unterschied scheint mir daran zu liegen, daß amerikanische Studenten (zumindest an den Spitzenuniversitäten) sehr viel rascher in die Forschung integriert werden. Meine Tochter arbeitete schon vor ihrem B.S., also schon vor dem Vordiplom, in der Chemie im Forschungslabor mit, während deutsche Chemiestudenten noch bis zum Diplom breit angelegte Standardexperimente einüben. Die *Senior Thesis* beim B.A. unserer Yale Soziologiestudenten sind häufig schon sehr respektable Forschungsarbeiten. Und von unseren *graduate students* wird erwartet, daß sie bereits vor der Dissertation Vorträge auf Konferenzen halten und Forschungsartikel zur Publikation einreichen. Ich will allerdings nicht verhehlen, daß es hierzu auch eine Kehrseite gibt. Amerikanische Studenten werden sehr viel rascher spezialisiert und das Studium ist weniger breit angelegt. Es gibt keine Nebenfächer und die eigentliche Anzahl von Kursen in einem Fach dürfte in den USA zwischen der Hälfte und zwei Drittel von dem liegen, was deutsche Studierende an Veranstaltungen durchlaufen.

Ein dritter wichtiger Vorteil amerikanischer Universitäten liegt im sozialen Kontext des Studiums. Die Tatsache, daß *undergraduates* in *dormitories* oder *residential colleges* leben, heißt nicht nur, daß sie sich um viele Alltagsprobleme nicht kümmern müssen, sondern auch, daß sie sich in einem engen sozialen Kontext entwickeln können. Aber auch *graduate students* haben oft feste Arbeitsplätze und verkehren sozial eng mit ihren *peers*. Die *Graduate School* organisert eine Vielzahl von *social events*. Und schließlich gibt es eine fast unendliche Serie von Veranstaltungen der jeweiligen *Departments*, so z.B. am Semesteranfang und am Semesterende und fast jedes Kolloquium ist mit einem kleinen Empfang verbunden.

Zumindest an der Yale University geht die selbstverständliche Fürsorge für die Studenten auch über die eigentliche Semesterzeit hinaus. Es gibt eine Vielzahl von Stipendien für Forschungsaufenthalte (meist im Ausland) im Sommer und von den Hochschullehrern wird selbstverständlich erwartet, daß sie sich auch um die Platzierung von Studenten in Praktika auf der ganzen Welt kümmern (und für alle diese Stipendienanträge Empfehlungsschreiben schreiben).

Das US Wettbewerbsmodell ist nachahmenswert, aber nur zum Teil.

Ich bin überzeugt davon, daß es für die deutschen Universitäten gut wäre, wenn sie in einem stärkeren Wettbewerb miteinander stehen würden. In Bezug auf Drittmittel für die Forschung funktioniert das schon jetzt sehr gut. Die Deutsche Forschungsgemeinschaft ist ein sehr effektives Instrument für die (ungleiche Verteilung) von Forschungsmitteln. In Bezug auf die Studierenden gibt es einen solchen Wettbewerb fast nicht, u.a. weil die Studienkosten die Studenten oft zwingen, nahe an ihrem Heimatort zu studieren. Und der Wettbewerb um Professoren ist sehr begrenzt, weil die Berufungsverfahren in Deutschland sehr schwerfällig sind, und weil die Gehälter durch Besoldungsrahmenordnungen reguliert werden und viel weniger als in den USA variieren. Es gibt aber auch Kosten des Wettbewerbs, zu diesen zählen z.B. die um sich greifende Dauerevaluation von Forschungseinrichtungen und Fachbereichen.

Deutschland braucht Forschungsuniversitäten nach amerikanischem Modell: aber geht das?

Die Frage, ob deutsche Universitäten das Modell der amerikanischen Universitäten nachahmen sollen, hat sich in den letzten Monaten auf die Frage zugespitzt, ob die Bundesregierung einige wenige Universitäten mit einem Sonderprogramm fördern soll. Ich finde diese Initiative sinnvoll, weil sie es ermöglicht, daß sich der Bund über seine Beteiligung an der Förderung des Hochschulbaus hinaus an der Finanzierung der Hochschulen beteiligt. Ich fände es auch erstaunlich und begrüßenswert, wenn der deutsche Föderalismus doch anpassungsfähig genug wäre, eine kleine Zahl von Forschungsuniversitäten zuzulassen. Denn dies hätte ja u.a. zur Folge, daß in einem bestimmten Bundesland, sagen wir einmal Hamburg oder Rheinland-Pfalz, keine einzige „Spitzen“universität angesiedelt wäre. Es wäre sicher auch gut, wenn die Forschung in Deutschland nicht immer mehr an außeruniversitäre Forschungseinrichtungen auswandern würde. Hier liegt das eigentliche Problem. Die Forschungsbedingungen an deutschen außeruniversitären Einrichtungen sind genau so gut oder sogar besser als amerikanischen Forschungsuniversitäten. Das bedeutet, daß Professoren an diese Einrichtungen abwandern und auch viele Doktoranden und junge Wissenschaftlerinnen und Wissenschaftler lieber dort arbeiten.

Im Klartext sollte die Einführung von Forschungsuniversitäten dazu führen, daß (größere) Teile dieser Universitäten mit Max-Planck-Instituten hinsichtlich der Forschungsressourcen und Forschungschancen, die sie eröffnen, konkurrieren könnten. Nicht, daß Max-Planck-Institute exzessiv teuer wären. Die gesamte Max-Planck-Gesellschaft mit ihren über 80 Instituten kostet nicht mehr als ein bis zwei Großuniversitäten.

Um sich zu Forschungsuniversitäten zu entwickeln, die mit Harvard, Yale, Stanford, MIT oder Caltech (California Institute of Technology) konkurrieren können, müßten Hochschulen sich in zweierlei Hinsicht grundlegend wandeln. Zum einen müßten sie sehr viel mehr Autonomie gegenüber den Landesregierungen erhalten. Das Modell der Stiftungsuniversitäten, wie bereits in Niedersachsen eingeführt, wäre dafür eine Möglichkeit. Zum andern müßten sie dann bereit sein, intern Hochschullehrer unterschiedlich zu behandeln – in den Ressourcen, die ihnen zur Verfügung stehen, in den Lehrverpflichtungen, die sie haben, und in den Gehältern, die sie bekommen.

Ich habe erhebliche Zweifel, ob bestehende Universitäten (und Landesgesetzgeber) zu solchen weitreichenden Reformen fähig sind. Will man in Deutschland wirklich Forschungsuniversitäten einführen, so muß man sie vermutlich neu gründen. Und das ist ja schon einmal, wenigstens halb gelungen – siehe die Universität Konstanz.

Vorsicht Mathematik!

Vom Umgang mit einem Fach im PISA-Zeitalter

Dietrich „Piano" Paul

In Deutschland gab es noch nie so viele Bildungskanons in Büchern und Zeitschriften und Bildungskanonen abends im Fernsehquiz. Im Spiegel fing's an mit Reich-Ranitzkis 100 Büchern, die man gelesen haben muß. (Oder haben sollte.) Sind zur Zeit auch alle wieder im Buchhandel im preiswerteren Sixpack-Schuber erhältlich, nach dem Motto: Was man schon nicht gelesen hat, sollte man wenigstens gekauft haben! Dann kam „Alles was man wissen muß" von Professor Schwanitz. War monatelang auf der Bestseller-Liste unter den Top-Ten. Das einzige Buch, das noch erfolgreicher war, ist der große RTL-Wissenstrainer für Günther Jauchs „Wer wird Millionär?". Und da sind allabendlich unsere deutschen Bildungskanonen zu bewundern.

Ist ja auch wirklich toll! Nach 40 Jahren geistig-sittlichen Verfalls im Deutschen Fernsehen – von Kuli über Rudi, Dalli-Dalli und Tutti-Frutti („Wir machen einen Länderpunkt!") bis Big Brother und „Deutschland sucht den Superstar" – stehen wieder allabendlich auf sämtlichen Kanälen ordentliche junge Männer im grauen Anzug vor der Kamera und fragen ordentliche bildungsbeflissene Kandidaten substantielle Dinge wie z.B.: Wie hieß Beethovens Dritte –

a) Eroica b) Erotika c) Erika d) Erich?

Fast wie bei Heinz Mägerlein. (Für Leser unter 50: Heinz Mägerlein war der Günther Jauch der 60er Jahre.) Nur mußte man damals noch in korrekten ganzen deutschen Sätzen antworten. Nix Menü! Und so.

Also: In Deutschland gab's noch nie so viele Bildungskanons und Bildungskanonen. Und trotzdem wissen wir seit einem guten Jahr: Wir Deutschen waren noch nie so doof wie heute. Ich frage nur: Wo steht der schiefe Turm? In: a) Peso b) Posa c) Prosa d) Pita? Richtig! In e) Pisa.

(Das sogenannte Menü ist eine evolutionäre Anpassung des modernen Menschen an seine veränderte Microsoft-Umgebung, führt allerdings zu einer gewissen Gedämpftheit der Sprechfertigkeit bei den programmierenden Ständen. Sie, erwartungsvoll: „Liebling, was machen wir heute abend?" Er: „c".)

PISA – diese notorische vergleichende Studie betreffs schulischer Leistung. Erster Platz: Finnland. Finnland? Wissen Sie was eins, zwei, drei Finnisch heißt? Na? Yksi, kaksi, kolme. Jawohl. Yksi, kaksi, kolme. Man fragt sich: wie gut wären diese Finnen erst, wenn sie noch eine vernünftige Sprache hätten? Yksi kaksi kolme, so kann man doch nicht rechnen! Elf heißt vermutlich Yksiyksi. Siebenter Platz Österreich. Ist für uns in Bayern natürlich besonders demütigend! Ausgerechnet die Ösis. Aber: Karl Moik war ausverkauft in Peking, Arnie Schwoznegger ist Landeshauptmann von Kalifornien und die Jelinek hat den Nobelpreis. Die Österreicher, die wissen, wie's geht! Achter Platz, immerhin, Oberbayern. Meine niederbayerische Heimat hat erst Platz 23. Aber erstens, was brauchen wir in Niederbayern gute Schulbildung, wenn wir einen Daniel Kübelböck haben? Und zweitens ist das immer noch ein Platz besser als die Bundesrepublik insgesamt. Und dann kommen irgendwann Nordrhein-Westfalen, Niedersachsen und, ich glaub auf Platz 52, irgendwo zwischen Turkmenistan und Tadschikistan: Bremen. Oder auch Gesamtschulistan. Wie wir im bayerischen Kultusministerium immer scherzhaft sagen.

Übrigens: Nach einer Emnid-Umfrage halten sich 72 Prozent aller Deutschen für gebildet, glauben aber, daß auf einen mit Bildung mindestens vier ohne Bildung kommen. Das macht, Moment, Prozentrechnung mach ich natürlich nur noch mit meinem Taschenrechner, das macht: ... 72 Prozent aller Deutschen sind gebildet und 288 Prozent sind doof!

PISA, die Presse und die sogenannten härteren Disziplinen

Wenn man wissen will, was bei uns unter dem Stichwort Pisa eigentlich alles so schief lief, lohnt sich ein Blick in die Presse hinsichtlich der sogenannten härteren Disziplinen. Das ist das, wo Gymnasiasten vorm Abitur gerne abwählen, und nach dem Abitur dann auch entsprechend ungern studieren: z.B. Mathematik, Physik, Chemie, Astronomie. Nein, Medizin nicht. Medizin ist eine edle Kunst, aber keine harte Disziplin. Nichtmal bei den Orthopäden. Ja – und dann vor allem die ganzen Ingenieurwissenschaften. Als sich z.B. nach dem Terroranschlag in New York herausstellte, daß einige der Attentäter in Hamburg Ingenieurwissenschaften studiert hatten, schrieb etwa die gute alte FAZ über einen dieser Studenten ziemlich erstaunt: „Seine Fächer waren technische Mechanik, Mathematik und Maschinenbau – also nichts von gesellschaftlicher Relevanz!" Da haben Sie's. Aber das leicht gespannte Verhältnis der FAZ zu den härteren Disziplinen kündigte sich schon einen Monat vorher an. Die FAZ vom 17. August 2001: „Der große französische Mathematiker Fermat kam am 17. August 1601 – heute vor dreihundert Jahren – zur Welt." Also wenigstens bei einem Mathematiker sollte man sicherheitshalber mal kurz nachrechnen. (Und im Wirtschaftsteil, also nicht im Feuilleton, da hätte das ja irgendwie Charme, nein, im Allerheiligsten, im Wirtschaftsteil der FAZ stand mal die Überschrift: „Dollar wieder über 0,95 Dollar." Was ist los? Soll man jetzt kaufen oder verkaufen? Muß man sich nicht wundern, daß die Börse so volatil geworden ist. (Volatil ist ein börsentechnischer Euphemismus für im A...)

Falls Sie aber eine andere Zeitung lesen, brauchen Sie jetzt nicht zu grinsen: Ja ja, die gute alte FAZ. Z.B. hat die Süddeutsche ein echtes Problem mit der Prozentrechnung und macht aus der Agenturmeldung: „6 Prozent aller Münchner Theaterkarten sind Freikarten" kurz, kühn und falsch: „Jede 6. Karte eine Freikarte."

Also einige haben gemerkt, daß da ein Fehler drin steckt; bei anderen merke ich, daß es im Kopf noch arbeitet. Aber bevor ich das jetzt mühsam am Overheadprojektor vorrechne: nach dieser Logik bedeutet 100 Prozent jeder Hundertste, und das kann's ja wohl nicht sein. Und als die Bundesbahnneubaustrecke Köln – Frankfurt eröffnet wurde, schrieb die SZ begeistert: „Der neue ICE schafft Steigungen bis zu 40 Prozent." Vierzig Prozent! Vielleicht haben Sie als Autofahrer schon mal das Schild gesehen: Achtung 14 Prozent Steigung – bitte ersten Gang einlegen. Wenn Sie einen Geländewagen haben (Wozu auch immer. Geländewagen in Deutschland! Aber es soll solche Idioten geben.), also wenn Sie einen Geländewagen haben, schafft der, wenn er gut ist, 30 Prozent, und der 800 Meter lange und 600 Tonnen schwere ICE düst fröhlich mit 300 Sachen eine 40 Prozent-Steigung bergauf! Dafür schreibt der FOCUS dann wieder: „Statt 7 registrierten die Forscher 14 Todesfälle, ein Anstieg um 50 Prozent". Ja ja, der Teil und das Ganze, wie der große Prozentrechner Werner Heisenberg immer zu sagen pflegte. Und daß sogar größer und kleiner eine echte intellektuelle Herausforderung sein kann, merkt man, wenn man in seiner Zeitung liest: „Statt alle vier Wochen muß man nur noch alle 14 Tage zur Kontrolluntersuchung. Eine deutliche Verbesserung für die Patienten." Na das ist doch prima, wenn die Patienten bißchen mehr Bewegung haben.

Aber solche Highlights der exakten Wissenschaften finden sich wahrlich nicht nur in der Presse. Bei einer rührigen Volkshochschule fand ich unter der Überschrift Naturwissenschaften und Technik das Kursangebot 1) Feng Shui 2) Wünschelrutengehen 3) Pannenkurs für Frauen. Feng Shui, nicht Chop Sui. Feng Shui ... das ist zum Beispiel: damit beim multikulturellen Kochen ihre Wan Tan Nudeln auch wirklich al dente werden, müssen Sie ihren Barbecue-Grill nicht von Ost nach West, sondern von Ying nach Yang ausrichten, so daß ihr Wok parallel mit den Erdstrahlen ... also Feng Shui und Wünschelrutengehen stehen ganz klar für die Naturwissenschaften. Und der Pannenkurs für Frauen deckt in Deutschland offensichtlich den Bereich Technik ab. An der Münchner Volkshochschule gibt's den Kurs „Computer für Frauen". Müssen irgendwie extra gebaute Computer mit großen dicken bunten Knöpfen sein. Aber Volkshochschulen sind überhaupt etwas eigen. An der Volkshochschule Reutlingen gab's mal den Kurs „Wir basteln unsern Grabschmuck". Aber diese beglückende Synthese aus Esoterik und Sparsamkeit ist auch nur im Raume südlich Stuttgart möglich.

Und in einer Frontal-Sendung zu PISA wurden zur Abwechslung mal statt Schüler Lehrer befragt. Und ein Realschullehrer, also nicht humanistisches Gymnasium oder Walldorfschule, sondern ein wackerer Realschullehrer antwortete auf die Frage: „Was ist ein Hektar?" völlig unbedarft: „Keine Ahnung, aber in Mathe war ich schon immer schlecht. Hä hä hä." Erstens: die Frage, was ein Hektar ist, ist noch nicht unbedingt Mathematik, Herr Lehrer! Sondern vielleicht so was wie Allgemeinbildung, da auch Nichtmathematiker mal im Stande sein sollten, ein Grundstück zu kaufen. Und zweitens war Deutschland leider schon immer das einzige Land der Welt, in dem man ungestraft damit kokettieren kann, daß man in Mathe schon immer schlecht war. Und dafür auch noch bewundert wird und, je nach sozialem Umfeld, als besonders sensibel, metaphysisch oder engagiert gilt. Wenn Sie das mit „Ach in Mathe war ich schon immer schlecht" z.B. in England, Amerika, Rußland oder in Frankreich vom Stapel ließen – gerade in Frankreich!

– das wäre, wie wenn Sie bei uns in Deutschland bei einem Premieren-Empfang nach Bellinis Norma vor lauter wichtigen Menschen sagen würden: „Norma? Norma? War das nicht die Schwester vom Aldi?" So peinlich wäre das in Frankreich.

Ja und in einer sehr großen Volkshochschule im Landkreis München gab's unter der Überschrift Naturwissenschaften nur die drei Kurse: Astrologie I, Astrologie II, Astrologie III. Naturwissenschaften – Astrologie! Aber man macht Horoskope heutzutage ja auch mit Computer. A propos Astrologie: Es heißt: Hegel, der Schöpfer der Dialektik (und via Marx und Adorno der Erzvater unserer bundesdeutschen Intelligenzja) habe bewiesen, daß es genau 6 Planeten geben muß. Als dann der siebente Planet entdeckt wurde und Hegel auf seinen sechsen beharrte, wagte einer seiner Assistenten zu bemerken: „Aber Herr Professor, das widerspricht doch den Tatsachen!" Darauf Hegel, grimmig: „Um so schlimmer für die Tatsachen!" Ob diese Anekdote wahr oder nur gut erfunden ist, weiß ich nicht. Aber Hegels berühmte Definition der Elektrizität, die gibt es wirklich!

[Das folgende Zitat habe ich übrigens aus dem Internet. Nur damit Sie sehen, daß ich der modernen Medien mächtig bin. Und daß das aus dem Internet sein muß, erkennt man auch gleich an der fortschrittlichen Rechtschreibung: Z.B. „Hegel's". Der sächsische Genitiv scheint ja im Deutschen mittlerweile obligat zu sein. In der Frühstückskarte eines Münchner Cafés entdeckte ich neulich: „Rühreier mit Toast's". Toast's! So weit geht nicht mal der Angelsachse. Und auf der Münchner Auer Dult wirbt ein Stand, der Kräuterbonbons verkauft, mit dem Schild: „Stet's frische Ware". Stet's! So wie ein pawlowscher Hund auf ein Klingelzeichen mit dem Absondern von Speichel reagiert, reagieren wir auf ein s am Schluß eines Wortes mit dem Absondern von Apostrophen. Im übrigen ist es mir etwas rätselhaft, wie man gerade bei Kräuterbonbons die Frische der Ware überprüfen will, aber …] Also, frisch aus dem Internet:

> Hegel's Definition der Elektrizität:
> Die Elektrizität ist der reine Zweck der Gestalt, die sich von ihr befreit; die ihre Gleichgültigkeit aufzuheben anfängt, denn die Elektrizität ist das unmittelbare Hervortreten oder das noch nicht von der Gestalt hervorkommende, noch durch sie bedingte Dasein, oder noch nicht die Auflösung der Gestalt selbst, sondern der oberflächliche Prozeß, worin die Differenzen ihre Gestalt verlassen, aber sie zu ihrer Bedingung haben und noch nicht an ihr selbständig sind.

Alles klar? Wie gesagt: „Um so schlimmer für die Tatsachen!" Ein Grundmuster des bundesdeutschen Geisteslebens. Und dementsprechend findet man im Feuilleton einer der großen deutschen Tageszeitungen: „Die Naturwissenschaften sind ein Fremdkörper unserer Gesellschaft". So isses. Es hat sich bei uns seit Hegel nichts geändert. Oder in einem anderen großen deutschen Feuilleton: „Der Grund, sich mit den Naturwissenschaften zu beschäftigen, liegt nicht in irgendeinem Versprechen Spaß zu machen, sondern nur darin, daß sie nützlich sind." Haben Sie gemerkt? Nur nützlich! Natürlich muß sich auch in unserer Gesellschaft irgend jemand um den Müll, die Software oder komplizierte Maschinen kümmern. Aber für solche traurigen Dinge opfern wir doch keine deutschen Arbeitskräfte oder gar Abiturienten. Da importieren wir lieber Türken, Inder und für den Maschinenbau Japaner und Koreaner. Die sind auch bißchen kleiner, wenn man mal mit dem Schraubenschlüssel untendrunter kriechen muß. Und aus dem Feuilleton einer dritten großen deutschen Tageszeitung: „Der Bildungswert der Mathematik ist genauso wenig plausibel wie der der deutschen Rechtschreibung". Ich meine, die deutsche Rechtschreibung haben wir ja schon erfolgreich reformiert. Obwohl – ist Ihnen eigentlich schon mal aufgefallen, wie man im Englischen zum Beispiel to laugh schreibt? Lachen, to laugh: T-O-L-A-U-G-H. Also o für u, au für a und gh für f. GH für F! Dieses ganze Englisch gehört doch schon längst mal von einer deutschen Expertenkommission gründlich überarbeitet!

Und vorm nächsten PISA-Test reformieren wir dann auch gleich noch die Mathematik $(a+b)^2 = a^2+2ab+b^2$? Quatsch $(a+b)^2 = a^2+b^2$ reicht vollkommen. Kann man sich auch leichter merken. Und ? = 3,14 ....? ? ist künftig gleich 3,0! Unendliche Dezimalbrüche sind für deutsche Schüler einfach zu lang. Und transzendente Zahlen für deutsche Intellektuelle (nach Hegel die Speerspitze des Fortschritts) einfach zu hoch. Denn wie urteilt das deutsche Feuilleton abschließend? „Der Bildungswert der Mathematik ist genauso wenig plausibel wie der der deutschen Rechtschreibung. Je sinnloser, desto anstrengender und furchterregender".

Und wenn das schon in der Zeitung steht, darf man sich nicht wundern, wenn sich unsere Schüler sagen: „Mathematik, Physik, Ingenieurwissenschaften? Ii – das ist ja anstrengend!" Und sich fürs Abi stattdessen frohen Herzens und leichten Sinnes auf Erdkunde, Sozialkunde und Religion werfen. Bzw. Ethik. Ethik, das ist „Religion light". Und diese systematische Ermutigung, sich seines eigenen Verstandes nicht zu bedienen, wird dann auch noch von der Softwareindustrie unterstützt, wenn man etwa die Werbung liest:

> Excel-Tipp:
> Aktuelles Alter kalkulieren lassen. Das Lebensalter einer Person läßt sich mit Microsofts Tabellenkalkulation Excel recht einfach aus dem Geburtsdatum bestimmen. Dazu springt man mit dem Cursor an die Position, wo .....

Und den Schluß und Höhepunkt dieser Auffassung von Bildung liefert dann wieder mal die deutsche Volkshochschule etwa mit dem Kursangebot

> Wochenendseminar:
> SICHERES AUFTRETEN BEI VOLLKOMMENER AHNUNGSLOSIGKEIT.

Wenn das das Bildungsparadigma unserer politischen und wirtschaftlichen Elite ist, dann wundert einen nix mehr.

Aber jetzt habe ich so viel Böses über die Presse gesagt, daß ich zum Schluß auch etwas Nettes erzählen muß. Einmal im Jahr, so zuverlässig wie die Benzinpreiserhöhung in den Osterferien, taucht nämlich in allen deutschen Zeitungen tatsächlich die Mathematik auf. Und dann nicht die gemeine, sondern gleich die höhere Mathematik. Nämlich immer ungefähr vier Wochen vor'm Ende der Bundesligasaison. Da steht dann regelmäßig in der Zeitung: die Frage, wer denn jetzt Meister wird oder absteigt, sei wieder mal die pure höhere Mathematik. Oder – einige Journalisten erinnern sich, daß sie mal gelernt haben, man solle abstrakte Dinge verdinglichen – und die schreiben dann z.B.: „Jetzt werden wieder die Rechenschieber gezückt!". Hier etwa ist so eine typische Meldung: *Rechenschieber-Finale in Leverkusen-Gruppe*. „Das wird ein echtes Endspiel." Trainer Klaus Toppmöller über Leverkusens Gruppen-Finale bei Deportiva La Coruña (Hinspiel 3 : 0 für Bayer) am kommenden Mittwoch. Bayer-Manager Calmund kann schon mal den Rechenschieber auspacken. Gewinnt der Bundesliga-Spitzenreiter, heißt das sogar Gruppen-Sieg.

Haben Sie's gelesen? „Bayernmanager Calmund kann schon mal den Rechenschieber auspakken". Also, ich vermute mal: Leverkusen ist deswegen immer nur Zweiter geworden, weil Calmund mit dem Rechenschieber ausgerechnet hat, wie viel Tore seine Jungs noch schießen müssen. Aber – die Journalisten haben recht! Der Rechenschieber ist höhere Mathematik zum Anfassen. Wenn Sie etwa – ich hab hier einen Rechenschieber aus dem vorigen Jahrhundert mitgebracht – wenn Sie etwa die Strecken zwei und zwei hintereinander schieben, dann können Sie hier tatsächlich eine vier ablesen.

Also Heureka, wie der alte Grieche sagt, wenn er sich freut, der Rechenschieber ist eine phantastische Addiermaschine! Aber wenn Sie jetzt z.B. mal, na, drei plus drei hintereinander schieben, dann merken Sie mit Bestürzung: Holla, da kommt ja 9 heraus. Und ein schrecklicher Verdacht keimt in Ihnen auf. Sollte etwa die Zahl 2 die einzige Zahl x sein, für die gilt $X + X = X \times X$?!?

Offensichtlich sitzt kein Mathematiker im Publikum, sonst käme jetzt garantiert der Zwischenruf: „Mit Null ging's auch". (Mathematiker sind oft sehr kleinliche Menschen, die sich mit Vorliebe auf blöde Randfälle stürzen.) Jedenfalls: Daß vorhin $2 + 2 = 4$ herauskam, war vielleicht nur ein grausamer Zufall. Und wir stellen enttäuscht fest: der Rechenschieber taugt absolut nicht zum Addieren. Er zeigt penetrant falsch $3 + 3 = 9$ an und wurde deswegen völlig zu Recht vom Taschenrechner verdrängt. Und tragischerweise ist die ganze Mathematik, die man beim Fußball braucht, das Addieren von Toren und Punkten. Tore und Punkte werden nicht miteinander multipliziert. Nur addiert. Insofern ist ein Rechenschieber bei der Berechnung des aktuellen Tabellenstandes nicht nur nicht besonders hilfreich, sondern geradezu grottenfalsch.

Aber, ich merke gerade, in einigen von Ihnen nagt jetzt doch noch die Frage: ja wozu wurde er dann eigentlich erfunden, dieser blöde Rechenschieber, wenn er nicht mal drei und drei rechnen kann? Also zugegeben, drei und drei kann er nicht, der Rechenschieber. Aber drei mal drei rechnet er, ich würde sagen, geradezu brillant! Der Rechenschieber führt nämlich die Multiplikation von Zahlen auf die Addition von Strecken zurück. Und das geht, weil die Striche beim Rechenschieber nicht wie beim Zollstock gleichmäßig angeordnet sind: (Zeigefinger malt in der Luft Bögelchen und dazu sprechen) ding ding ding ding ding ding ding, sondern logarithmisch: D-I-N-G DING ding ding ding …

Tut mir leid! Das muß man jetzt nicht verstanden haben. Aber einfacher kann man's auf die Schnelle nicht erklären. Nur, wenn Sie in Ihrer Wohnung mal was ausmessen müssen: Bitte nicht mit Ihrem Rechenschieber! Nicht mit dem Rechenschieber!! Ist gaaaanz falsch!!!

Neugier, Spiel und Lernen

Verhaltensbiologische Anmerkungen zur Kindheit

Norbert Sachser

1. Lernen durch Neugier und Spiel

Die etwa 4250 Säugetierarten, die auf unserem Planeten leben, haben völlig unterschiedliche ökologische Nischen besetzt und unterscheiden sich entsprechend gravierend in vielen Aspekten ihres Lebens. Dennoch haben vermutlich alle Säugetiere eines gemeinsam: In ihrer Jugend sind sie ausgesprochene „Neugierwesen", die ohne unmittelbare Notwendigkeit aktiv neue Situationen und Objekte aufsuchen und erkunden. Es scheint eine autonome Motivation, eine „Neugierappetenz" zu bestehen, die bei einigen Tiergruppen, wie den Affen oder Delphinen sogar zeitlebens erhalten bleibt. Interessanterweise ist dieses Neugierverhalten nicht ein generelles Merkmal aller Tiere. Vielmehr entwickelte es sich erst relativ spät im Laufe der Stammesgeschichte und tritt in der aufsteigenden Wirbeltierreihe von den Fischen bis hin zu den Säugetieren immer stärker in Erscheinung. Das Neugierverhalten bietet dem Tier die Möglichkeit zum Sammeln und Verfeinern von Objekt- und Raumkenntnissen. So lernt es seine Umwelt genauer kennen und vergrößert durch die erworbenen Lernerfahrungen seine Überlebensaussichten. Es entdeckt neue Nahrungsquellen, lernt neue Gefahren kennen, merkt sich Versteckplätze oder einen günstigen Ort für den Bau des Nests.

Das Neugierverhalten zeigt viele Übereinstimmungen mit dem Spielverhalten, und beide Verhaltenssysteme lassen sich häufig nicht klar voneinander trennen. Auch das Spielverhalten kommt vor allem bei den höchstentwickelten Wirbeltieren, den Säugetieren und einigen Vogelarten, vor. Es ist in der Regel auf Jungtiere beschränkt, doch kann es in einzelnen Fällen bis zu einem gewissen Grad auch im Alter erhalten bleiben, wie bei den Primaten, zu denen biologisch gesehen auch der Mensch zählt. Dem Spielverhalten fehlt per Definition der spezifische Ernstbezug. Bei Tieren kann zwischen den Bewegungsspielen eines einzelnen Individuums, den Objektspielen mit unbelebten Gegenständen und dem Sozialspiel mit Artgenossen unterschieden werden. Spielverhalten ist mit erhöhtem Energieaufwand und im natürlichen Lebensraum der Tiere oftmals mit verstärkter Gefährdung verbunden. Dennoch nimmt es in der Entwicklung aller Säugetierkinder einen breiten Raum ein. Deshalb muß es nach Darwinscher Logik mit einer wichtigen biologischen Funktion und deutlichem Nutzen für das Individuum verbunden sein: Das Kind lernt! Dabei kann es sich um so unterschiedliche Aspekte wie das Einüben von Muskelfunktionen, die Verbesserung der Wahrnehmungsfähigkeiten oder das Erproben sozialer Rollen handeln.

Säugetiere sind durch das Wirken der natürlichen Selektion im Laufe von Jahrmillionen demnach so konstruiert, daß sie nicht nur passiv an stattfindenden Ereignissen lernen, sondern aktiv – neugierig – Unbekanntes erkunden. Zusätzlich wird durch ihr Spiel ein Experimentierfeld geschaffen, in dem nicht nur wichtige Lernerfahrungen mit unbekannten Objekten und Situationen gemacht werden, sondern in dem es auch zu Innovationen kommen kann. Werden diese „Erfindungen" dann von Artgenossen nachgeahmt, können bereits bei Tieren Änderungen des Gruppenverhaltens durch Tradition entstehen. Das „Kartoffelwaschen" der japanischen Rotgesichtsmakaken stellt hierfür eines der bekanntesten Beispiele dar. Wie es zu dieser Tradition kam, beschreibt der japanische Kollege Izawa so:

„Eines Tages im Herbst 1953 nahm ein anderthalb Jahre altes Weibchen, genannt <Imo>, eine sandverschmutzte Süßkartoffel (Batate) am Futterplatz auf. Sie tauchte die Kartoffel in Wasser und wischte den Sand mit den Händen ab. Durch diese Tat hat <Imo> Affenkultur in ihre Gruppe auf Koshima eingeführt. Einen Monat später fing einer von <Imos> Spielgefährten an, Kartoffeln zu waschen, und nach vier Monaten machte <Imos> Mutter dasselbe. Durch die täglichen Begegnungen zwischen Müttern und Jungtieren, Schwestern und Brüdern, Gleichaltrigen und Spielkameraden breitete sich dieses Verhalten allmählich aus. 1957 waren 15 Affen Kartoffelwäscher. Ein- dreijährige Tiere lernten es am häufigsten. Drei fünf- bis siebenjährige und zwei erwachsene Weibchen lernten es ebenfalls. Kein Männchen jedoch, das zu der Zeit mehr als vier Jahre alt war, übernahm die neue Verhaltensweise ... Später, als das Kartoffelwaschen weiter verbreitet war, gaben es die Mütter an ihre Kinder weiter ... Nach zehn Jahren war Kartoffelwaschen Teil der normalen Tischsitten des Trupps.".

Mittlerweile kennt die Verhaltensbiologie zahlreiche Beispiele für Innovation und Traditionsbildung. Charakteristisch erscheint dabei Folgendes: Auf der Grundlage von Neugier und Spiel wird Neues in der Regel von den Jungtieren erfunden. Die Weitergabe bekannten Wissens erfolgt dann aber häufig von der älteren Generation an die jüngere, vor allem von den Müttern an ihre Kinder.

2. *Neugier, Spiel und Lernen erfordern ein „entspanntes Feld"*

Neugier und Spiel sind charakteristische Merkmale im Verhalten der Säugetierkinder. Allerdings werden diese Verhaltenssysteme nicht automatisch in jeder beliebigen Situation aktiviert. Hierfür bedarf es eines „entspannten Feldes", das sowohl Anregung als auch Sicherheit bietet.

Fehlt eine der beiden Komponenten, so kommt es zu einer deutlichen Reduktion von Neugierverhalten und Spiel. Ein zu geringes Maß an Anregung findet sich in reizarmen und deprivierenden Lebenswelten, wie sie häufig in der Labortier- und landwirtschaftlichen Intensivhaltung sowie schlecht geführten Zoos anzutreffen sind. Entsprechend spielen die Tiere unter solchen Bedingungen kaum; statt dessen kommt es häufig zur Ausbildung von Bewegungsstereotypien, die deutliches Anzeichen für ein beeinträchtigtes Wohlergehen sind. Ein weiteres Beispiel bei sozial lebenden Spezies ist die fehlende Anregung durch einen Sozialpartner: Wachsen die Jungtiere solcher Arten allein auf, ist das Neugier- und Spielverhalten deutlich reduziert. Ein zu geringes Maß an Sicherheit resultiert häufig daraus, daß die zum Überleben notwendigen Grundbedürfnisse nicht oder nur mit großem Aufwand gedeckt werden können. So stellt bei einer ostafrikanischen Meerkatzenart das Spiel der Jungtiere normalerweise ein auffälliges Verhaltensmerkmal im natürlichen Lebensraum dar. In Zeiten starker Dürre tritt es aber kaum auf, da die Affen unter diesen ungünstigen Bedingungen fast ihre gesamte Zeit und Energie für die Nahrungssuche verwenden. Auch bei Gefährdung durch Raubfeinde wird kaum Spielverhalten zu beobachten sein, ebenso in Zeiten, in denen die erwachsenen Tiere der Gruppe in eskalierte Auseinandersetzungen verwickelt sind. Leben die Tierkinder jedoch in einer Umwelt, die ihnen ein genügendes Maß an Anregung und Sicherheit gibt, so ist das Auftreten von Neugierverhalten und Spiel sehr wahrscheinlich – woraus sich Lernen dann automatisch ergibt.

3. Die Rolle der Umwelt während der Verhaltensentwicklung

Bzgl. der Ausprägung des Verhaltens bestehen große Unterschiede zwischen den verschiedenen Individuen derselben Art. Dies trifft auch auf das Neugier-, Spiel- und Lernverhalten zu. Eine Analyse, welche Faktoren für diese Differenzen verantwortlich sind, weist der Umwelt während der Verhaltensentwicklung bereits bei den nicht-menschlichen Säugetieren eine Schlüsselrolle zu.

Untersuchungen an Rhesusaffen machten in den fünfziger Jahren des letzten Jahrhunderts erstmals deutlich, welchen Einfluß frühe soziale Erfahrungen auf das spätere Verhalten der Tiere haben können: Im Gegensatz zu Affen, die im Sozialverband aufwuchsen, verhalten sich einzeln groß gewordene Tiere in neuen Situationen furchtsam und depressiv, gegenüber fremden Artgenossen jedoch hyperaggressiv. Sie können keine „normalen" innerartlichen Sozialbeziehungen mehr aufbauen und sind zur sozialen Kommunikation unfähig. Diese Befunde beschränken sich nicht nur auf Primaten. Wahrscheinlich bedürfen alle Säugetiere adäquater Sozialisationsbedingungen, um als Erwachsene den Anforderungen ihrer Lebenswelt gerecht zu werden.

Ein wesentliches Prinzip, das in solchen Untersuchungen erkannt wurde, ist folgendes: Um ihre Umwelt in einer angstfreien und nicht-belastenden Art und Weise zu erkunden, bedürfen Säugetierkinder in der frühen postnatalen Phase „Sicherheit gebende Strukturen". Diese Funktion kommt bei vielen Spezies der Mutter zu; als Sicherheitsbasis können bei anderen Arten aber auch Vater und Mutter, ein größerer Familienverband oder die gesamte soziale Gruppe dienen. Wird beispielsweise in das Gehege eines isoliert aufgewachsenen Affenkindes ein fremdes Objekt eingebracht, so wird dieses Jungtier mit großer Angst auf die Veränderung der gewohnten Situation reagieren und sich für lange Zeit regungslos in eine Ecke zurückziehen. Ist in der gleichen Situation jedoch ein geeigneter Sozialpartner vorhanden, so wird sich das Jungtier dem Objekt vorsichtig nähern. Kurz vor Erreichen des Ziels wird die Angst jedoch größer sein als die Neugier, und es wird zum Sozialpartner zurücklaufen und sich an ihn klammern. Wenn das Jungtier so genügend Sicherheit „getankt" hat, wird es einen erneuten Versuch wagen, das fremde Objekt zu erreichen. Nach einigen Anläufen wird ihm dies auch gelingen. Das neue Objekt wird dann inspiziert, es wird mit ihm gespielt, und es werden so dessen charakteristischen Merkmale und Eigenschaften erlernt. In der frühen postnatalen Phase sind demnach „Sicherheit gebende Strukturen" von fundamentaler Bedeutung, damit es beim Kind zum Lernen durch Neugier und Spiel kommen kann.

Nicht nur der soziale Raum, sondern auch die Strukturierung des Raumes hat deutliche Auswirkungen auf das Verhalten der Säugetiere. So berichtete der kanadische Psychologe Hebb bereits 1947, daß Ratten, die er als Haustiere hielt, und die die meiste Zeit außerhalb des Käfigs verbrachten, deutlich bessere Ergebnisse in Lernexperimenten erzielten als Artgenossen, die immer in einer Standardlaborhaltung gelebt hatten. Dieser Befund lenkte das Forschungsinteresse auf ein bis heute hoch aktuelles Thema, das in der internationalen Literatur als „Environmental Enrichment" bezeichnet wird. Tiere, die in einer reichstrukturierten („enriched") Umwelt aufwachsen, unterscheiden sich deutlich in ihrem Lernverhalten von Artgenossen, die in einer kaum oder gar nicht strukturierten Umgebung („impoverished") groß wurden. So machen „Enriched-Tiere" weniger Fehler bei Problemlösungsaufgaben und sind in unbekannten Situationen und gegenüber neuen Objekten explorationsfreudiger. In ihrem Heimatgehege spielen sie deutlich mehr und entwickeln keine Bewegungsstereotypien. Diese Unterschiede im Verhalten korrespondieren mit morphometrischen, neuroanatomischen und neurochemischen Unterschieden im Zentralnervensystem. So weisen in einer reich strukturierten Umwelt aufgewachsene Tiere im Vergleich zu „Impoverished-Artgenossen" beispielsweise einen größeren Cortex, eine stärkere Verzweigung der Dendriten und eine höhere Anzahl an Synapsen im occipitalen und temporalen Cortex auf. Die positiven Auswirkungen einer reich strukturierten Umwelt auf Gehirn und Verhalten werden vor allem damit erklärt, daß „Enriched-Tiere" weitaus mehr Möglichkeiten haben, Informationen aus ihrer Umwelt zu verarbeiten und zu speichern. Diese Erfahrung soll in zentralnervösen Veränderungen resultieren, wie der Ausbildung neuer Synapsen, die dann langfristig das Verhalten der Tiere beeinflussen.

Bei der Analyse der Verhaltensontogenese konzentrierte sich die Forschung über viele Jahrzehnte fast ausschließlich auf die frühe postnatale Phase. Doch bereits pränatale Einflüsse können die Verhaltensentwicklung tiefgreifend modulieren. Leben Hausmeerschweinchen während der Trächtigkeit in einer instabilen sozialen Umwelt, in der die Sozialpartner häufig wechseln, so verhalten sich ihre Töchter im späteren Leben wie Männchen. Diese Maskulinisierung des Verhaltens geht mit männchentypischen Differenzierungen in Teilen des limbischen Systems einher, die für die Steuerung des geschlechtstypischen Verhaltens bei dieser Art verantwortlich sind. Interessanterweise kommt es auch zur Beeinflussung von Gehirnarealen (Hippocampus), die für Lernen und Gedächtnis von Bedeutung sind sowie physiologischen Systemen (Sympathikus-Nebennierenmark-System), die das Neugierverhalten vermitteln. Zu erklären ist diese pränatale Beeinflussung des Verhaltens so: Die trächtigen Weibchen reagieren auf Veränderungen ihrer sozialen Umwelt mit der Ausschüttung bestimmter Hormone, die durch die Plazenta in den embryonalen Blutkreislauf gelangen und die Gehirndifferenzierung der Embryonen beeinflussen. Zweifellos wird die zukünftige Forschung noch vielfältige Zusammenhänge zwischen der pränatalen Umwelt und der Gehirnentwicklung sowie dem Verhalten der Nachkommen aufzeigen.

Das Zentralnervensystem ist in den frühen Phasen seiner Entwicklung durch externe Reize besonders leicht zu modifizieren. So erklärt sich auch, warum die prä- und frühe postnatale kindliche Umwelt besonders nachhaltige Auswirkungen auf die Verhaltensentwicklung hat. Neuere Forschung zeigt jedoch: Auch spätere Phasen können von entscheidender Bedeutung sein: So ist bei sozial lebenden Säugetieren die Pubertät ein entscheidender Lebensabschnitt, in dem in Interaktionen mit Artgenossen wesentliche soziale Fähigkeiten für das weitere Zusammenleben erworben werden. Letztlich bleibt bei hochentwickelten Säugetieren – wie beispielsweise Menschenaffen, Delfinen oder Elefanten – das Verhalten bis ins hohe Alter plastisch: Lebenslanges Lernen ist möglich.

Vergleichen wir die Verhaltensentwicklung von Säugetieren und Vögeln, so ergibt sich ein bemerkenswerter Unterschied, der gerade mit Blick auf den Menschen von großer Bedeutung erscheint: Bei vielen Vogelarten erfolgen wichtige Aspekte der Verhaltensentwicklung so, daß bestimmte Ereignisse innerhalb einer sensiblen Phase stattfinden müssen, quasi nach dem Alles-oder-Nichts-Prinzip verlaufen und zu irreversiblen Resultaten führen. Wir sprechen in diesen Fällen von Prägung. Diese Beispiele sind in der Vergangenheit oft vorschnell auf den Menschen übertragen worden. Auch in der Säugetierentwicklung lassen sich Phasen erkennen, in der bestimmte Erfahrungen besonders wichtig sind, und wenn diese Erfahrungen nicht gemacht werden, kann dies schwerwiegende Folgen haben, wie beispielsweise die Harlowschen Untersuchungen an Rhesusaffen zeigen. In der Regel können solch sensible Phasen bei Säugetieren aber nicht so genau umrissen werden wie bei den daraufhin untersuchten Vogelarten, vielmehr hat es den Anschein, daß sich die sensible Phase über den größten Teil der Kindheits- und Jugendentwicklung erstreckt. Auch scheint das Ergebnis dieser prägungsähnlichen Vorgänge nicht zu ganz so dauerhaften Ergebnissen zu führen. Umlernen scheint bei vielen Säugetieren zwar schwierig, aber immerhin möglich zu sein. Erfahrungen haben auf allen Entwicklungsstufen Einfluß, manche vorübergehend, aber kaum irreversibel, da viel Zeit für spätere Erfahrungen bleibt, die die Entwicklungsrichtung verändern können. Säugetiere bleiben zeitlebens für Erfahrungen „offene Systeme", und Verhaltensentwicklung ist bei ihnen eher ein kontinuierlicher Prozeß. Diese Erkenntnis auf der Ebene des Verhaltens korrespondiert sehr gut mit den jüngsten Erkenntnissen der Neurowissenschaften: Das Säugetiergehirn ist offensichtlich wesentlich plastischer als noch vor wenigen Jahren angenommen wurde!

4. Die Rolle der Gene

Die Verhaltenssteuerung der Säugetiere ist multifaktoriell. Ob ein bestimmtes Verhalten ausgelöst und wie es gesteuert wird, hängt in der Regel sowohl von Reizen aus der Umwelt ab, als auch von inneren Faktoren, wie Geschlecht, Alter, sozialem Status, Erfahrungen, kognitiven Fähigkeiten, genetischer Veranlagung oder hormonellem Zustand. Es gelingt entsprechend nicht, komplexes Verhalten auf einzelne dieser Faktoren zu reduzieren – auch nicht im Fall von Neugier, Spiel und Lernen.

Durch die Entwicklung neuer molekularbiologischer Techniken können seit einigen Jahren gentechnisch veränderte Nagetiere erzeugt werden, die überaus vielversprechende Modellsysteme darstellen, um den Weg vom Gen zum komplexen Verhalten zu analysieren. So wurden in den letzten Jahren einzelne Gene identifiziert, die beispielsweise an der Steuerung des Tagesrhythmus und Sexualverhaltens aber auch des Lernverhaltens beteiligt sind: Es besteht daher die berechtigte Hoffnung, die dem Verhalten zugrunde liegenden neuronalen und hormonellen Mechanismen bis auf ihre molekulare Basis hin zu entschlüsseln. Doch selbst diese Gene bestimmen das Verhalten keinesfalls. Dies ist auch nicht verwunderlich, denn Verhalten entsteht immer aus einer Gen-Umwelt-Interaktion, dessen Wechselwirkungsmechanismus allerdings nicht einmal in Ansätzen verstanden ist.

Illustrieren läßt sich dieses Prinzip folgendermaßen: Jede natürliche Population von Tieren zeigt bzgl. nahezu allen Verhaltens eine große Variabilität. Werden Ratten beispielsweise auf ihre Lernleistung in einem Labyrinth getestet, so gibt es einige wenige „sehr intelligente" Tiere, die nur wenige Fehler machen und einige wenige „sehr dumme" Tiere, die sehr viele Fehler machen. Die meisten Tiere sind durch eine mittlere Anzahl an Fehlern charakterisiert. Nun wird auf ausgesuchte Merkmale hin selektiv gezüchtet: Die „intelligentesten" Männchen werden mit den „intelligentesten" Weibchen verpaart und die „dümmsten" Männchen mit den „dümmsten" Weibchen. Der resultierende Nachwuchs wird wieder auf seine Lernleistung getestet, und es wird nach dem gleichen Schema wie in der Elterngeneration weiterverpaart. Nach weniger als zehn Generationen entstehen so zwei Populationen von Ratten, die nicht mehr bzgl. des Merkmals „Lernleistung in einem Labyrinth" überlappen: Es wurden Populationen von „genetisch intelligenten" und „genetisch dummen" Ratten erzeugt. Dieses Beispiel zeigt: Es gibt eine genetische Disposition für bestimmte Lernleistungen. Es zeigt aber nicht, daß Gene die Intelligenz der Ratten determinieren. Denn wuchsen die „genetisch dummen" Ratten in einer reichhaltigen Umwelt auf, so waren sie den „genetisch intelligenten" Ratten in Lerntests überlegen, wenn diese in einer reizarmen Umwelt groß geworden waren.

5. Mögliche Implikationen für die Praktische Pädagogik und die Erziehungswissenschaft

Durch das Wirken der natürlichen Selektion wurden alle nicht-menschlichen Säugetiere im Laufe von Jahrmillionen so „programmiert", daß sie ihre Umgebung durch Neugier und Spiel erkunden. Hierbei machen sie automatisch Erfahrungen, die benötigt werden, um den Herausforderungen einer komplexen Lebenswelt gewachsen zu sein. Auch der Mensch gehört biologisch gesehen zu den Säugetieren und teilt mit seinen tierlichen Verwandten aufgrund gemeinsamer Abstammung viele Aspekten der „Hard- und Software", die für die Verhaltenssteuerung verantwortlich ist. Deshalb würde es sehr überraschen, wäre der Mensch bzgl. Neugier, Spiel und Lernen einen evolutionären Sonderweg gegangen und wären seine Kinder keine ausgesprochenen Neugierwesen, die ohne unmittelbare Notwendigkeit aktiv neue Situationen und Objekte aufsuchen und erkunden. Vielmehr stellen Neugier und Spiel sowie deren Verwobenheit mit dem Lernen ein altes Säugetiererbe dar und gehören aus neuro-, verhaltens- und evolutionsbiologischer Sicht zweifellos zur „Natur des menschlichen Kindes". Dieser Verweis auf eine genetische Veranlagung bedeutet jedoch keinesfalls, daß Neugier, Spiel und Lernen automatisch auftreten müßten. Bereits bei den nicht-menschlichen Säugetieren lassen sich Voraussetzungen benennen, damit es zur Aktivierung dieser Verhaltenssysteme kommen kann. Diese Voraussetzungen dürften in gleicher Weise auf das menschliche Kind zutreffen und damit auch für die Praktische Pädagogik und die Erziehungswissenschaft von Interesse sein.

Eine wesentliche situative Voraussetzung für das Auftreten von Neugierverhalten und Spiel ist das „entspannte Feld“, das sowohl durch Sicherheit als auch Anregung gekennzeichnet ist. Hier treten Neugierverhalten und Spiel nahezu unerschöpflich auf, weil zumindest das Spiel eine sich selbst belohnende Verhaltensaktivität darstellt und zwar durch die positiven Emotionen, die es selbst erzeugt. Damit bedürfen aber auch die Lernvorgänge, die im Kontext des Spielverhaltens ablaufen, keiner weiteren positiven oder negativen Verstärkung zum Beispiel durch erwachsene Sozialpartner. Solche Lernvorgänge sind intrinsisch motiviert und nahezu unermüdbar. Wenn es also gelingt, möglichst viele „entspannte Felder“ während der Verhaltensentwicklung für menschlichen Kinder zu erzeugen, so würden viele Lernprozesse aus eigenem Antrieb erfolgen und bedürften nicht der externen Motivierung durch Erziehende. „Entspannte Felder“ könnten in allen Phasen und Räumen der Entwicklung bereit gestellt werden. Ich sehe keinen Grund, sie auf spezifische Lebensabschnitte und Situationen zu beschränken.

Im „entspannten Feld“ wird nicht nur erkundet, gespielt und das gelernt, was eh schon jeder weiß, sondern hier wird auch bereits bei den nicht-menschlichen Säugetieren experimentiert und Neues erfunden. Bei den mit weit größeren kognitiven Fähigkeiten und manuellen Fertigkeiten ausgestatteten menschlichen Kindern ist dieses Prinzip sicherlich in noch weit größerem Ausmaß verwirklicht. Deshalb dürfte das Agieren im „entspannten Feld“ wesentlich dazu beitragen, generelle Problemlösungsstrategien eigenständig zu entwickeln. Ich vermute sogar: Die Zahl der nobelpreisverdächtigen deutschen Forscherinnen und Forscher würde deutlich steigen, wenn bereits von frühester Kindheit an „entspannte Experimentierfelder“ zur Verfügung ständen.

Aus biologischer Sicht läßt sich also argumentieren, daß während der Verhaltensentwicklung in „entspannten Feldern“ Neues erfunden wird und wesentliche Bewältigungsstrategien erlernt werden, die das Individuum benötigt, um sich in seiner sozialen und nicht-sozialen Lebenswelt zu verorten. Aber bereits bei den Tieren sieht das „entspannte Feld“ für den Schimpansen anders aus als für die Maus und für den Hund anders als für die Katze. Die Gretchen Frage für den Menschen lautet daher: Was genau beinhaltet das „entspannte Feld“ für das menschliche Kind? Wie sieht es für den dreijährigen Jungen und wie für das zehnjährige Mädchen aus? Wie kann es auf das individuelle Temperament zugeschnitten werden? Wie sind „entspannte Felder“ in der Schule, im Kindergarten, in der Familie beschaffen? Erschöpfende Antworten auf diese Fragen sollte die Erziehungswissenschaft allerdings nicht von der Neuro-, Verhaltens- oder Evolutionsbiologie erwarten. Hierfür bedarf es meines Erachtens vor allem ihres eigenen fachspezifischen Wissens. Die Aufgabe der Biowissenschaften sehe ich eher darin, den allgemeinen Rahmen vorzugeben, wie eine im Einklang mit der „Biologie des Menschen“ aussehende Entwicklung von Kindern und Jugendlichen aussehen könnte und hierüber in den interdisziplinären Diskurs mit anderen Disziplinen zu treten.

So kann die moderne Streßforschung beispielsweise wichtige Anregungen zum Verständnis von „entspannten Feldern“ beim Menschen geben: Das Gefühl der Sicherheit, eine von zwei Grundvoraussetzungen für das „entspannte Feld“, geht mit niedrigen Serumkonzentrationen des Hormons Kortisol einher, Unsicherheit mit erhöhten Werten. Diese „Stresshormonkonzentrationen“ sind niedrig, wenn Ereignisse und Situationen vertraut, vorhersag- und kontrollierbar sind, wenn sich das Individuum in einem sozialen Netz befindet oder soziale Unterstützung durch einen Bindungspartner erhält. Eines oder mehrere dieser Merkmale sollten deshalb auch

Bestandteil des „entspannten Feldes“ für den Menschen sein. Das zweite wesentliche Merkmal „entspannter Felder“ ist die Anregung des Individuums durch externe Stimuli. Physiologisch gesehen geht diese mit einer moderaten Aktivierung des Sympathikus-Nebennierenmark-Systems einher, was sich in einer nicht zu niedrigen aber auch nicht zu hohen Ausschüttung des Hormons Adrenalin äußert. Interessanterweise kennt die Verhaltensendokrinologie bereits seit vielen Jahren den umgekehrt U-förmigen Zusammenhang zwischen Lern- und Gedächtnisleistung auf der einen und den Adrenalinkonzentrationen auf der anderen Seite: Bei zu niedrigen und zu hohen Konzentrationen dieses Hormons wird schlecht, bei mittleren Konzentrationen am besten gelernt. Dies erklärt, warum das „entspannte Feld“ Lernprozesse fördert. Es sollte demnach auch für den Menschen so beschaffen sein, daß Anregung gegeben und Langeweile sowie Übererregung vermieden werden.

Vor diesem Hintergrund könnte wahrhaft interdisziplinäre Forschung so aussehen: „Entspannte Felder“ werden entsprechend des theoretischen und Erfahrungswissens der Erziehungswissenschaft und der Praktischen Pädagogik für Kinder und Jugendliche alters- und situationsgerecht konstruiert, Hormonkonzentrationen durch endokrinologische Methoden (nicht-invasiv) ermittelt und das Verhalten mit Hilfe pädagogischer, psychologischer und ethologischer Methoden erfaßt und analysiert. Die interdisziplinäre Zusammenschau der so ermittelten Befunde könnte zu einem Durchbruch im Verständnis des „entspannten Feldes“ beim Menschen führen.

In meinem Beitrag habe ich vor allem auf den Zusammenhang von Neugier, Spiel und Lernen aus biologischer Sicht fokussiert und dabei die immense Bedeutung von intrinsisch motivierten Lernvorgängen im „entspannten Feld“ hervorgehoben. Es soll aber eine andere Erkenntnis der Verhaltensbiologie nicht verschwiegen werden: Längst nicht alle wichtigen Lernerfahrungen werden im Kontext von Neugier- und Spielverhalten, d.h. im „entspannten Feld“, gemacht. Beispielsweise sind Sozialisationsprozesse während der Pubertät, in denen wichtige soziale Regeln erlernt werden, oftmals mit deutlichen Belastungen verbunden, die aus der Interaktion von Adult- und Jungtieren resultieren. Für die nicht-menschlichen Säugetiere scheint jedoch generell zu gelten, daß die erfolgreiche Bewältigung von sozialen wie nicht-sozialen Herausforderungen einschließlich der dabei stattfindenden Lernprozesse positive Auswirkungen für die weitere Entwicklung hat – auch wenn sie mit deutlichem Stress verbunden sind. Die Frage, wieviel Herausforderung und wieviel „entspanntes Feld“ es in der Entwicklung von Kindern und Jugendlichen bedarf, dürfte ebenfalls ein lohnendes Thema für den interdisziplinären Diskurs zwischen Erziehungswissenschaft und Biowissenschaften sein.

Bereits bei den nicht-menschlichen Säugetieren entwickelt sich das Verhalten nicht starr. Vielmehr entscheiden Umwelteinflüsse sowie Lern- und Sozialisationsprozesse zunehmend den Verlauf der Verhaltensontogenese. Sind also bereits die nächsten Verwandten des Menschen während des gesamten Lebens für Umwelteinflüsse und Lernprozesse „offene Systeme“, so trifft dies für den Menschen in noch weit größerem Maße zu. Hieraus folgt: Erziehende müssen nicht permanent Angst haben, daß ihre Kinder in bestimmten sensiblen Phasen der Verhaltensentwicklung „falsche“ Lernerfahrungen machen, die dann zu irreversiblen Schäden für das weitere Leben führen. Dies trifft so nicht einmal für die nicht-menschlichen Säugetiere zu. Erziehende müssen sicher auch nicht befürchten, daß eine „ungünstige Genkombination“ ihre Kinder zwangsläufig zu „Außenseitern“ der Gesellschaft macht. Denn das, was den Menschen charakterisiert, ist nicht durch seine Gene vorherbestimmt, sondern es entsteht aus der Interaktion seiner biologischen

Natur mit der Umwelt, in der er lebt. Andererseits gibt es aber Bedingungen in der frühen Ontogenese aller Säugetiere, die ganz sicher positiv für die weitere Entwicklung der Kinder sind. Hierzu gehört an vorderster Stelle: das Vorhandensein von Bindungspartnern, die Sicherheit vermitteln. Nach neueren Vorstellungen der evolutionären Anthropologie fungierte beim „frühen Menschen" jedoch nicht die Mutter allein als Bezugsperson für ihr Kind, sondern diese Aufgabe erfüllte sie gemeinsam mit einem Netz von Helferinnen und Helfern.

Aus verhaltensbiologischer Sicht ist das charakteristische Merkmal der Entwicklung des menschlichen Kindes dieses: die Wechselwirkung zwischen seiner biologischen Natur und der Umwelt, die wesentlich durch die menschliche Kultur geprägt ist. Um ein Verständnis dieser Wechselwirkung zu erzielen, bedarf es neben weiterer Forschung auf der je fachspezifischen Ebene auch der verstärkten Kommunikation zwischen den Bio- und Kulturwissenschaften.

Wider die Gleichgültigkeit

Elite und Untergang: Die Manieren des Geistes können nie besser sein als die der Gesellschaft

Gustav Seibt

Als einst im preußischen Abgeordnetenhaus – wir befinden uns in der wilhelminischen Zeit – ein hochadeliger Protokollführer gewählt wurde, da rief ein Deputierter von den hinteren Bänken: „Kann er schreiben?“ Das Gelächter, das ihm antwortete, bewies, daß die Frage als berechtigt empfunden wurde. Ostelbische Junker waren selten Leuchten der Intellektualität, noch zeichneten sie sich durch verfeinerte Umgangsformen aus. Feldmarschall Hindenburg las bekanntlich neben Luthers kleinem Katechismus nur eine Jagdzeitschrift.

Trotzdem war der preußische, vor allem der ostpreußische Adelige ohne Frage Elite: zum Kommandieren geboren, sofern er, wie meistens, die militärische Laufbahn einschlug, oder zur Vertretung seines Staates berufen, wenn er in den diplomatischen Dienst ging. Wer es noch erleben durfte, wie Marion Gräfin Dönhoff, die große Journalistin aus Ostpreußen, Menschen musterte, die „amerikanische Nietenhosen“ trugen, der weiß, was einmal elitär war.

Die zweite Hauptfigur der Elite in Deutschland war der ordentliche Universitätsprofessor, der in höheren Jahren noch mit dem Titel „Geheimer Regierungsrat“ verziert wurde. Der Geheimrat verschwand nach dem Zweiten Weltkrieg, doch der Ordinarius erlebte in der frühen Bundesrepublik noch eine letzte Blüte. Auch ihn konnte man bis vor wenigen Jahren noch in letzten Exemplaren kennenlernen, am wuchtigsten in dem Historiker Hermann Heimpel (1901 bis 1988); ein Mann von raumgreifender Präsenz, unerbittlich beredt, gnadenlos ironisch, oft autoritär, im übrigen aus künstlerischer Veranlagung deutlich unsteifer als viele seiner sich unsteif nur vergeblich gebenden Kollegen.

Beide Figuren des Elitären in Deutschland – der befehlsgewohnte adelige Offizier und der professorale Mandarin – sind inzwischen verschwunden, weitgehend unbetrauert und ohne nachhaltige Spuren in den Verhaltenskodizes zu hinterlassen.

Der norddeutsche Adel, in der Zeit von Hardenberg und der Humboldts eine auch geistige Elite, die Preußen durchgreifend erneuerte, hat in seiner Spätphase viel zum deutschen Unheil beigetragen; die Junker-Entourage des Reichspräsidenten Hindenburg trägt entscheidende Mitschuld an Hitlers Machtergreifung. Die Widerständler vom 20. Juli waren zu wenige (Gräfin Dönhoff hatte Verbindung zu ihnen), um das Andenken ihres Standes retten zu können.

Zwiespältiger bleibt die Erinnerung an die deutsche (überwiegend protestantische) Professorenschaft. Ihr Bildungs- und Standesdünkel war beträchtlich, ihre politischen Irrtümer vor allem seit 1870 sind kaum zu zählen. Für jede geistige und politische Barbarei läßt sich im Zweifelsfall ein berühmter deutscher Professor zitieren, für Großmachtwahn, Antisemitismus oder ethnische Säuberungen, von Heinrich von Treitschke bis Theodor Schieder. Klassische Philologen feierten im Krieg Homers „Ilias“ als Inbild des Heldentums und verlegten sich nach dem Krieg auf die Odyssee als Heimkehrerbuch. Erst vergötzten sie den Staat, dann das Volk; daß sie in noch aufgeklärteren Zeiten die Gesellschaft in den Mittelpunkt rückten, vermag das Mißtrauen nicht zu mildern.

Andererseits sind die Leistungen deutscher Gelehrter (und hier handelte es sich überwiegend um Professoren) in jeder Hinsicht so überwältigend, daß man ohne Übertreibung sagen kann: Zwischen Kant und Max Weber, zwischen Gauß und Max Planck, zwischen Ranke und Justi sprachen die Wissenschaften wesentlich deutsch, und zwar oft ein sehr schönes, bei aller Herbheit reiches Deutsch, das man heute nur noch mit Wehmut lesen kann.

In den Adel wurde man hineingeboren, die Universitäten suchten sich ihren Nachwuchs selber aus. Kennzeichnend für Deutschland ist die relative Abgeschlossenheit dieser ständischen Eliten. Der Adel grenzte sich nicht nur in Preußen von den unter ihm liegenden Schichten viel stärker ab als in England oder Frankreich; vor allem vermochte er kein klassenübergreifendes Verhaltensideal zu entwickeln, das der Gesellschaft ein Modell selbstbewußter, freier Umgangsform vor Augen gerückt hätte. Noch das jüngste, allseits gefeierte und schöne Buch über „Manieren“, das der äthiopische Prinz Asfa-Wossen Asserate uns Deutschen geschrieben hat, kämpft mit diesem, dem Blick von außen absonderlich anmutenden Umstand.

Deutscher Adel war sehr vornehm, dabei oft erstaunlich ungehobelt; das Bürgertum blieb weithin spießig, unsicher wechselnd zwischen Steifheit und Formlosigkeit, es sprach oft übergangslos von sozialer Verklemmtheit in eine revolutionäre Expressivität.

Die ständische Zerklüftung und profunde gesellschaftliche Formlosigkeit mündete nach dem alle verschlingenden Zweiten Weltkrieg, nach Zerstörungen und Vertreibungen ungeheuren Ausmaßes, in einen historisch fast vergleichlosen Grad sozialer Einebnung: in die zunehmend vom Konsum geprägte sogenannte „nivellierte Mittelstandsgesellschaft“ der Wirtschaftswunderzeit.

Dieser von Helmut Schelsky entwickelte Begriff war zustimmend gemeint (wenn auch mit einem unüberhörbaren kulturellen Restekel!) und richtete sich gegen den kommunistischen Vorwurf, die Marktwirtschaft erneuere die Klassengesellschaft. Leitfiguren dieser westdeutsch-kapitalistischen Form der Klassenlosigkeit waren der gut ausgebildete, auf sein Können stolze Facharbeiter und der quicke, aufstiegsbereite Angestellte. Höhere, sei es aristokratische, sei es bildungsbürgerliche Leitbilder lehnte diese Gesellschaft ab – mit guten Gründen, bedenkt man die Erfahrungen in der ersten Hälfte des 20. Jahrhunderts.

Das Deutschland der Wiederaufbauzeit war erstaunlich tüchtig und im Habitus einzigartig elitefrei: eine Arbeitnehmergesellschaft, dynamisch wechselnd zwischen Maloche und Urlaub. Nur kulturkritische Nörgler vermißten die Eliten. Der egalitäre Grundton hat der deutschen Gesellschaft zweifelsohne gut getan; aus Untertanen wurden Staatsbürger, nicht durch Übernahme adeliger Herrenideale in breiteren Schichten wie einst in England, sondern durch den Aufstieg der vielen, denen weder Offiziere noch Professoren mehr sagten, wo es langgehen solle. Die Verbreitung des Abiturs, die Öffnung der Universitäten, die Auflösung der autoritären Ordinarienrolle in den akademischen Institutionen machte aus dem Bildungssystem eine enorme soziale Aufstiegsmaschinerie. In der DDR wurden ähnliche Entwicklungen staatlich gelenkt – von einer Funktionärskaste, die eine Elite ganz eigener Art darstellte und deren Abtreten 1989 ein planiertes Feld zurückließ.

Das alte Erbe deutsch-bürgerlicher Formenarmut mündete nach dem Abräumen der erratischen Reste altständischer Steifheit in eine umfassende, so nur in Deutschland und in den postsozialistischen Gesellschaften anzutreffende Formlosigkeit. Heutige Deutsche merken es in Amerika. Die Gesellschaft der Vereinigten Staaten galt dem traditionellen europäischen Kulturdünkel vielfach als Inbild egalitärer Vulgarität. Inzwischen haben sich, so muß man sagen, die Verhältnisse umgekehrt: Die Feinheit und rücksichtsvolle Zartheit mittelständischer amerikanischer Lebensformen steht in peinlichem Kontrast zu dem rüden Ton, wie er zumal in Deutschland alltäglich geworden ist, sei es auf der Straße, sei es in den Familien.

Das Bürgersein hat in Amerika eine mitmenschliche Seite, eine wohlwollende Großzügigkeit, dem Fremden gegenüber eine Gastfreundlichkeit, von denen uns Deutsche Welten trennen! Der Apostel Paulus hat im Brief an die Philipper das Ideal demokratischer Höflichkeit entwickelt: Immer im Nächsten den Höheren sehen, damit die ganze Gesellschaft vornehm wird. Wenn es heute eine Gesellschaft gibt, die diesem Ideal nahe kommt, dann ist es die amerikanische.

Das harmoniert durchaus mit der in ihr herrschenden ungebrochenen Leistungsbereitschaft. Denn natürlich gibt es nur eine Möglichkeit, die Idee demokratischer Gleichheit mit dem Ideal einer Elite zu verbinden, und das ist der Kultus der Leistung. Leistung aber ist nichts rein Individuelles. Sie hat sehr viel mit Ehrgeiz, Förderung, Stolz und eben auch Herkunft zu tun. Leistung ist das genaue Gegenteil der Wurschtigkeit und Formlosigkeit, wie sie vor allem in den Universitäten nach ihrer Reformierung in den 60er und 70er Jahren Platz griffen.

Mit dem autoritären deutschen Professor verschwand auch eine Form der Nachwuchsrekrutierung, die oft grausam war, aber in der Regel doch einen scharfen Blick für die individuelle Begabung voraussetzte. In den besten Fällen wurden daraus Lehrer-Schüler-Gemeinschaften, die ganze Generationen prägten. Man ging nach Tübingen, um einen bestimmten Professor zu hören. Wenn man Glück hatte, durfte man sein Schüler werden.

Heute hat sich das Verhältnis vielfach umgekehrt. In überfüllten Seminaren werden Lehrende am ehesten auf die aufmerksam, die sich vordrängeln. Zielbewußten Studenten ein Gutachten für ein Stipendium oder ein Praktikum abzuschlagen, ist fast unmöglich. Die besten Förderungsmöglichkeiten bieten die Generalstäbe der Sonderforschungsbereiche, in denen reiche Mittel gesteuert werden. Um Schüler kümmern sich auf ihre geschäftsmäßige Weise eher die Manager unter den Wissenschaftlern, eher die Betriebsnudeln, als die Kreativen. Ein Darwinismus eigener Art hat sich so seit den 70er Jahren entwickelt: Wer der überwältigenden Atmosphäre von Gleichgültigkeit zu widerstehen vermag, die dem Anfänger entgegenschlägt – in Baulichkeiten, deren äußere Häßlichkeit in der Weltgeschichte der Architektur vergleichslos dasteht –, der hatte Chancen durchzukommen, am Ende sogar die Aussicht auf freundliche Förderung.

Ein Ring aus Menschenverachtung, die eine Potenzierung gesamtgesellschaftlicher Gleichgültigkeit ist, umgibt die deutschen Universitäten, und die neuen unter ihnen fast mehr als die alten.

Hier hat das Akademische aufgehört, eine bessere, gar geistige Welt oder eine Lebensform zu repräsentieren. Das Ständische ist verschwunden, unguter Dünkel, schlechte Tradition; aber damit vielfach eben auch jegliche Form von höherem Streben. Das Verschwinden des Elitären führte in eine bedrückende Indifferenz. Es ist heute nichts Besonderes mehr, Professor zu sein; und darum bedeutet auch das Studentsein keine Auszeichnung mehr. So brauchen beide Seiten keinen Respekt voreinander haben.

Elite? Elite-Universitäten? Wenn man überhaupt etwas wie Eliten haben will, dann werden die Universitäten natürlich eine Schlüsselrolle spielen müssen. Es kann in einer demokratischen Gesellschaft, die Eliten von Geburt verabschiedet hat, nicht anders sein. Nun wird die deutsche Politik weder den Willen noch die Möglichkeit haben, staatliche Kaderschmieden nach französischem Vorbild aufzubauen, wo die Netzwerke der Zukunft in strengem Drill aufgebaut werden; noch werden hierzulande freie Hochschulen nach amerikanischem Vorbild wachsen, die sich ihre Studenten selber aussuchen, diese teuer bezahlen lassen und dafür exzellente Einzelbetreuung, durchgehend geöffnete Bibliotheken, luxuriöse Labors und den Stallgeruch von Führungsschicht anbieten.

Auch ohne Harvard und ohne écoles normales haben deutsche Universitäten einst mühelos wissenschaftliche Exzellenz produziert. Vor hundert Jahren pilgerten amerikanische und französische Studenten nach Deutschland, um zu sehen, wie das geht. Vieles von diesem alten Modell – mit seinen laxen Prüfungsordnungen, seiner Nähe von Schülern und Lehrern, dem ernsthaften Geist von Forschung und Diskussion, der hohen Sprachkultur – ließe sich wohl auch unter demokratischen Bedingungen (oder gerade unter ihnen) erneuern. Die Voraussetzungen sind einfach: Weniger Studenten auf einen Professor; Bibliotheken, die für alle ausreichen; verbesserte, vor allem gleichmäßige Schulbildung vor dem Studium; Entbürokratisierung; Überzeugtheit vom eigenen Tun.

Die Bundesregierung plant eine Elite-Universität. Das kann doch nur heißen, daß dort materielle Bedingungen herrschen, wie sie 1930 zwischen Freiburg und Königsberg, zwischen Marburg und Greifswald selbstverständlich waren. Der Andrang wird gewaltig sein. Er wird eine Sehnsucht zum Ausdruck bringen, die mehr sucht als brillantes Wissen und Standortvorteile.

Reif für die Insel der Ruhe

Hermann Simon

„Das Bekannte ist nicht
das Erkannte."
Friedrich Hegel

Verweilen Sie bitte einen Augenblick, um über diesen Satz nachzudenken. Angesichts der stetig steigenden Flut aus Informationen, Daten und Eindrücken, bekommt das Hegel'sche Zitat einen mahnenden Unterton. Je mehr Information in uns hineinströmt, desto weniger Erkenntnisse werden wir produzieren. Diese Problematik verschlimmert sich und führt manche Manager zu der abendlichen, resignativen Einsicht: „Zu viel gelesen, zu viel geredet, zu wenig nachgedacht." Henning Schulte-Noelle, der Aufsichtsratsvorsitzende der Allianz, beschrieb mit diesem Satz ein Phänomen, das gerade in Managementfunktionen gefährliche Konsequenzen haben kann.

Die wachsende Informationsflut läßt nicht nur immer weniger Freiraum für bewußtes Nachdenken. Der Mangel an Denkzeit lenkt die Aufmerksamkeit von Führungskräften häufig in die falsche Richtung, hin zu zweifelhaften Wunderrezepten, den Versprechungen von Managementgurus. Beide Probleme lassen sich lösen, allerdings mit unmodernen und unpopulären Methoden. Das Hintergrundrauschen aus Daten, Nachrichten und persönlichen Mitteilungen verstärkt sich mit dem technologischen Fortschritt. Wir werden inzwischen überall mit Informationen versorgt, sieben Tage die Woche, rund um die Uhr. Über E-Mails, das ubiquitäre Mobiltelefon, Radio und Fernsehen und die Flut von Zeitungen und Zeitschriften, die wir auf keinen Fall auslassen wollen. Mit UMTS wird das Handy auch noch zum visuellen Kanal. In Japan erlebt man bereits sehr plastisch, wie die Menschen ständig auf das Mobiltelefon starren. Wer sich diesem Datenstrom entziehen will, stellt fest: Das Kappen von Kommunikationslinien wird immer schwieriger und riskanter. Nicht nur bei Kunden und Mitarbeitern, auch bei Familie und Freunden nimmt das Verständnis für gelegentliche Nichterreichbarkeit und Nichtinformiertheit rapide ab. Wer am frühen Nachmittag einen Kunden besucht und nicht die brandaktuellen Börsenkurse kennt, erntet ein Stirnrunzeln. Über die wesentlichen Vorgänge in Europa und Amerika auf dem Laufenden zu sein wird als selbstverständlich vorausgesetzt. Neuerdings gehört auch Asien, insbesondere China, zum geforderten Wissenskanon. Die Globalisierung erweitert nicht nur den Horizont, sondern auch die Informationsflut.

Zeit gewinnen

Sumantra Ghoshal und Heike Bruch benannten 2002 in einem Beitrag für den Harvard Businessmanager Konzentration und Energie als entscheidende Eigenschaften eines erfolgreichen Managers. Energie hat mit Wille, Willensstärke, auch körperlichem Durchhaltevermögen zu tun. Konzentration hängt davon ab, in welchem Maß sich jemand auf das Wesentliche beschränken und Ablenkungen ausblenden kann. Wie in dem eingangs zitierten Satz von Henning Schulte-Noelle angedeutet, leiden das Denken und die Konzentration massiv unter der Fülle von Eindrücken und Medien, die um die Aufmerksamkeit des Managers buhlen. Dabei dringen die vielfältigen Stimuli keineswegs nur aus der Außenwelt auf den Betroffenen ein, sondern auch die Mitarbeiter machen kräftigst Gebrauch von der Möglichkeit, Informationen zu multiplizieren und an Vorgesetzte sowie Kollegen zu schicken – und sei es nur, um sich aufzuplustern oder abzusichern. Sind nicht viele Fehlentwicklungen der vergangenen Jahre auf gravierende Denk- und Konzentrationsmängel zurückzuführen? Ist es nicht so, daß wir kaum noch nachvollziehen können, was sich Manager und Analysten bei manchen Börsenträumen, Unternehmensbewertungen, Übernahmen und anderen Abenteuern gedacht haben? Die Antwort scheint mir so einfach wie überzeugend: Sie haben nicht gedacht, sondern sind den auf sie einstürmenden Daten und Eindrücken erlegen. Sie hatten nicht den notwendigen Abstand, um aus dem Dickicht von Informationen herauszutreten und, statt nur einer Vielfalt von Bäumen, den wirklichen Wald und seine Struktur zu erkennen. Es fehlte ihnen an Erkenntnis und Verständnis. Kein Mensch gewinnt Erkenntnis durch mehr Daten, sondern nur durch deren richtige Interpretation und tiefere Durchdringung. Eine Überfülle von Daten sowie die mit ihrer Aufnahme und Verarbeitung verbundene Hektik sind Feinde der klaren und nüchternen Analyse. Das ist nicht nur ein Problem der geistigen Kapazität, sondern vor allem der Zeit. Sitzungen und Meetings dauern unendlich lang, verschlingen den Tag; das Studium von Akten, Memos und Dateien zieht sich bis in die Nacht hinein. Zwangsläufig kommt dabei das Wichtigste zu kurz, nämlich das Denken. Denn diese Tätigkeit braucht Zeit, Ruhe und Konzentration. Die Minuten auf dem Weg zum Konferenzraum reichen nicht aus, um ein Problem zu durchdenken. Wann sieht man schon einen Manager, der nachdenklich und nachdenkend am Schreibtisch sitzt oder sinnend zum Fenster hinausschaut? Solche Tätigkeiten stehen eher im Verdacht des Nichtstuns als im Rufe geistiger Arbeit. Denken findet im Kopf statt und seine Effektivität läßt sich nicht von außen messen.

Um genügend Zeit zu finden, muß ein Manager lernen, sich vor ablenkenden Informationen und Medien zu schützen und sie auszublenden. Nur so entsteht genügend Zeit, Muße und Energie zum erkennenden Denken. Führungskräfte, die von den modernen Medien und Kommunikationsmitteln getrieben sind, zeigen häufig reaktive Verhaltensmuster. Sie antworten auf E-Mails stets spontan oder nehmen immer und überall Anrufe auf ihrem Handy entgegen. Je größer die Masse an Informationen, desto wichtiger wird deren Bewertung. Nur wenige Dinge sind wirklich wichtig, noch weniger sind gleichzeitig eilig. Was eilig, aber nicht wichtig ist, kann notfalls warten. Auf wichtige, jedoch nicht eilige Sachen sollte man viel Denkzeit verwenden, sie müssen nicht subito erledigt werden. Diese einfachen Maximen erfordern Disziplin, Konzentration und Organisation. Insbesondere das Zurückdrängen visueller Eindrücke schaufelt Kapazitäten für das Denken frei. Ich habe die Zahl der Zeitschriften, die ich regelmäßig lese, radikal beschnitten. Als extrem effektive Informationsfilter lassen sich die Mitarbeiter einsetzen. Allerdings setzt eine derartige Delegation ein hohes Maß an Vertrauen und hohe Kompetenz bei den Betroffenen voraus. Auch der Mut, gelegentlich für Kunden oder Mitarbeiter nicht erreichbar zu sein, gehört dazu.

Mehr denken erfordert also massive Reduktion: weniger tagen, weniger reden, weniger telefonieren, weniger lesen, weniger sehen und fernsehen sowie weniger reisen. Radikale Einschnitte dieser Art kollidieren mit Managementtrends wie Efficient Consumer Response oder dem Traum der Übermittlung von Daten in Echtzeit. Diese Trends bieten ständig mehr Information und fordern Aufmerksamkeit – zulasten des Denkens.

Denken lernen

Doch die Defizite im Managementdenken sind keineswegs nur quantitativer Art – im Sinne des „Es wird zu wenig gedacht". Noch gefährlicher ist falsches Denken, oder besser gesagt „Pseudodenken". Es tritt vor allem in der Form von Managementmoden auf. In den vergangenen zwei oder drei Jahrzehnten hat es eine ungeheure Expansion an Bestsellern der Managementliteratur, neuen Zeitschriften und wundersamen Erfolgsrezepten gegeben. Der 1982 erschienene Bestseller der McKinsey-Berater Thomas Peters und Robert Waterman, „In Search of Excellence", markierte den ersten Höhepunkt dieses Management by Fad.

Ein durchgängiges Merkmal dieser langjährigen Entwicklung bestand darin, daß die jeweiligen Autoren und Gurus ständig neue Moden, Schlagwörter und Patentrezepte als allein richtige Problemlösung offerierten: Reengineering, Total Quality Management, Zeitwettbewerb, Outsourcing, Benchmarking, Kernkompetenz, Balanced Scorecard, Customer Relationship Management oder ähnliche Konzepte wurden jeweils als der Weisheit letzter und einziger Schluss mit großem Getöse präsentiert und durch aktuelle Erfolgsbeispiele untermauert – scheinbar über jeden empirischen Zweifel erhaben.

Enthalten die Managementmoden nur verbalakrobatische Übungen oder hatten sie praktische Konsequenzen? In erheblichem Umfang trifft Letzteres zu, wobei viele dieser Folgen sich als desaströs erwiesen. In einem amerikanischen Unternehmen, dessen Aufsichtsrat ich mehrere Jahre angehörte, folgten die Manager solchen Konzepten minutiös. Der Prozeß begann dabei typischerweise etwa drei bis sechs Monate nach der Publikation der neuen Managementidee. Keine der größeren Moden ging an diesem Unternehmen vorbei: Es definierte sein Geschäft neu, um fünf Jahre später wieder zur alten Geschäftsbasis zurückzukehren. Es diversifizierte in die Gentechnologie, um das Abenteuer nach drei Jahren wieder einzustellen. Die Führungskräfte folgten jeder neuen Organisationsidee. 20 Jahre später, im Jahr 2003, stand dieses Unternehmen in einem amerikanischen Magazin auf der Liste der „einst großen, heute verblichenen Marken" weit oben. Auch deutsche Unternehmen waren gegen die Modewellen nicht gefeit. Allerdings erwiesen sich deutsche Manager tendenziell als nüchterner und moderesistenter als die Amerikaner. Von vielen wurde das in den Boomzeiten als Rückständigkeit interpretiert. In Wirklichkeit war es gesunder Menschenverstand.

Viele Führungskräfte spürten erst spät die Folgen mangelnden Denkens: Stichwort Kernkompetenz. Zu extreme Beschränkung auf das Kerngeschäft vernachlässigt die Risikoverteilung, siehe die Telekom-Ausrüster Lucent und Nortel, die anders als die stärker diversifizierte Siemens AG an den Rand des Ruins gerieten. Stichwort Outsourcing. Für viele Unternehmen erweist sich dieser Trend als Bumerang. Ein Hersteller von Lebensmitteltechnik lagerte Teile seines Geschäfts an einen Zulieferer aus. Das ging eine Weile gut, inzwischen ist der frühere Zulieferer ein mächtiger Konkurrent. Und werden sich die Hersteller von Handys, Laptops und all der anderen modernen Technikspielzeuge nicht noch wundern, wenn die chinesischen Contract Manufacturers eines Tages ihre Produkte selbst vermarkten? Das Argument, denen fehlten Marketing und Distribution, zählt immer weniger. Die Aldis, Wal-Marts und Media Märkte dieser Welt bieten sich gern als Erfüllungsgehilfen des Marketings an. Über die Qualität der vielfältigen Managementmoden habe ich häufig mit dem Managementdenker Peter Drucker diskutiert. Er war stets der Meinung, daß die weitaus meisten unsinnig und irreführend sind, insbesondere bei einseitiger und übertriebener Anwendung, die aber typisch ist. Jeder noch so gute Ansatz bewirkt, ins Extrem getrieben, Negatives. Es gibt also neben der Erfordernis, sich Zeit zu verschaffen, noch ein weiteres Element langfristig wirkenden Managements: das Abwägen, das sorgfältige Bedenken von Auswirkungen, von Kosten und Erlösen, das Finden des „mittleren Weges", das schon die Philosophen seit jeher beschäftigt.

Immer wieder und zwangsläufig verblassten die angeführten Paradebeispiele nach wenigen Jahren, erwiesen sich längerfristig als untaugliche Rezepte. Schaut man in die Literatur der 80er Jahre, so war IBM das allseits bewunderte und als Kronzeuge angeführte Superunternehmen (etwa für Kundennähe). Wenige Jahre später rutschte IBM in eine große Krise und mußte die Mitarbeiterzahl halbieren, mittlerweile hat sich die Firma wieder erholt. Dieses Prinzip zieht sich durch die Jahrzehnte. In der Internet- und Mobiltelefon-Euphorie schienen Amazon, Yahoo, Worldcom, Nokia oder Cisco den Stein der Weisen gefunden zu haben. Kurze Zeit nach dem Sonderlob gerieten die meisten dieser Superfirmen mehr oder minder tief in die Krise.

Generell kommt das zweifelnde Denken in der Rezeption und Beurteilung von Managementmoden zu kurz. Stattdessen dominieren das Nachplappern von Banalitäten, Modeblindheiten und historisches Nacherzählen (wie war es?) – statt historischen Verstehens (warum war es so und nicht anders?). Wie in der Mode ist der soziale Druck enorm, intern wie extern; der Druck von Analysten, von Aktionären, Beratern und Business Schools. Nur starke und denkende Persönlichkeiten können sich diesem sozialen Druck entziehen.

Prinzipien erkennen

Gutes Management beruht nie auf kurzfristigen Erfolgen und Moden. Doch zu einer solch banalen Einsicht gelangt nur, wer historisch-längerfristige Maßstäbe anlegt und nicht das jeweilige Quartal als Urteilsbasis verwendet. Nur ein tiefgründigeres und längerfristiges Verständnis schützt vor der Blendung durch kurzfristig-spektakuläre Erfolge. Nicht das momentane Wie ist entscheidend, sondern das dauerhaft wirkende Warum. Das gilt in positiver wie negativer Hinsicht. So relativiert eine historische Perspektive sowohl die Börseneuphorie der vergangenen Jahre als auch die Untergangsstimmung an den Kapitalmärkten, die ab 2001 um sich griff. Nur ein historischer Maßstab und ein Verständnis des Warum leiten uns zum Erkennen dauerhaft erfolgreicher Managementprinzipien. Die Feststellung, daß sich grundlegende Managementprinzipien über die Zeit nur wenig ändern, besagt keinesfalls, daß Wandel und Innovation eine untergeordnete Rolle spielten. Das Gegenteil ist der Fall. Nicht die Organisation von Routineprozessen, sondern die Bewältigung von Veränderungen, Turbulenzen und neuen Entwicklungen bildet die Kernherausforderung für Manager. Der kluge Umgang mit Neuem trennt die Spreu vom Weizen. Mit Revolution, einem der populärsten Schlagwörter in der modernen Managementliteratur, hat dies jedoch nur selten zu tun. Revolutionen sind ein effektives Mittel der Zerstörung überkommener Systeme. Für den Aufbau von Neuem eignen sie sich genauso wenig wie Moden. Auch Joseph Schumpeter spricht ja nicht von „Zerstörung", sondern von „kreativer Zerstörung". Und Kreation sowie Dauerhaftigkeit – nicht Zerstörung und Moden – sind die tragenden Pfeiler guten Managements. Es kommt darauf an, die Welt als einen Prozeß ständigen Wandels und nie endender Veränderung zu verstehen. Es geht dabei nicht um fantasievolles Vorhersagen oder gar das Lesen von Kristallkugeln, sondern um die intelligente Interpretation bereits vorhandener Signale. Ein aktuelles Beispiel ist die Bevölkerungsentwicklung. Sie besitzt letztendlich und langfristig allergrößte Bedeutung für die Entwicklung von Gesellschaft und Unternehmen. Die Zeichen stehen längst an der Wand. Wir müssen sie nur lesen und richtig interpretieren.

Doch solche langfristig-historischen Herangehensweisen sind für moderne Managementautoren äußerst untypisch. Diese laben sich, wie erläutert, entweder an den Erfolgen von gestern oder verfallen in fantastische Trendvorhersagen (à la New Economy, China oder Tourismus im Weltraum), die von einer breiten Leserschaft begierig aufgenommen werden. Doch wer die Zusammenhänge geschichtlicher und aktueller Ereignisse nüchtern und intensiv interpretiert, kann künftige Entwicklungen präzise vorhersagen. Peter Drucker ist ein Meister dieser Disziplin. Zwei Beispiele mögen dies belegen. Eines der heißesten Probleme unserer Zeit betrifft die Legitimation des Managements in der modernen Publikumsaktiengesellschaft. Diese Frage, die bis heute nicht zufrieden stellend beantwortet ist, hat Drucker bereits 1942 in seinem Buch „The Future of Industrial Man" aufgeworfen. Ihre ungebrochene Aktualität zeigt sich an der laufenden Diskussion um die Corporate Governance. Als ein zweiter Beleg diene das Phänomen des „Knowledge Worker" (des Wissensarbeiters), den Drucker im Jahre 1966 in seinem Buch „The Effective Executive" als den Arbeitstrend der Zukunft identifizierte. Heute sind wir nahezu alle Wissensarbeiter. Es kommt darauf an, solche grundlegenden Trends und Wirkprinzipien zu verstehen und sich nicht von kurzlebigen Moden in die Irre leiten zu lassen. Management muß über den Tag hinaus denken und handeln. Voraussetzung dafür sind wirksame Mechanismen, um die Informationsflut zu filtern. Wer die gewonnene Zeit zum Nachdenken nutzt, wird erkennen: Gute Managementprinzipien sind zeitlos, Managementmoden kommen und gehen.

Wirtschaftssprache

Burkhard Spinnen

Los, Jungs!", sagt der Steuermann auf dem Großsegler. „Jetzt zieht mal die beiden unteren Ecken des von unten gezählt zweiten trapezförmigen Tuches am von vorne gezählt ersten Mast unseres Schiffes so weit nach oben, daß sie das Querholz erreichen, an dem das besagte Tuch befestigt ist! Aber dalli!" Doch bevor dem armen Mann dieses Monstrum vollständig über die Zunge gekommen und allgemein verstanden worden ist, hat der Wind das Segel weggerissen, oder das Schiff ist in eine Hafenkneipe gesegelt. Daher sagt der Mann demnächst wieder: „Gei auf das Vormarssegel!", damit ist viel Zeit gespart und die Gefahr gebannt.

Fachsprachen! Mit etwa 500 Wörtern kommt man bequem durch den Tag, selbst für eine gehobene Konversation braucht es nur wenige Tausend. Doch daneben existieren etliche Zehntausend Fachbegriffe, die an ihrem Platz ganz unverzichtbar sind. Täglich kommen neue dazu, was erfunden oder neu konstruiert worden ist, muß ja einen Namen bekommen, damit man es anreden kann. Natürlich sind Fachbegriffe und Fachsprachen nicht besonders schön, manchmal klingen sie sogar grauslich, besonders für den Nichtfachmann – aber es will ja auch niemand in ihnen dichten.

Wie aber ist es, wenn Fach-Begriffe und -Wendungen kühne Ausbruchsversuche aus ihren Reservaten wagen und sich unters allgemeine Sprachvolk mischen. Dann kommt schnell, und meistens sehr berechtigt, der Verdacht auf, daß sie sich hier dicke machen oder die Leute einnebeln wollen. Ein klassischer Fall ist das Jägerlatein. Kaum dröhnen allerlei waidmännische Vokabeln aus dem grünen Mann am Tresen, beschleicht einen die Vermutung, hier wolle einer imponieren, und zwar auf Kosten der Wahrheit.

Und jetzt wird es ernst! Denn Jägerlatein und Seemannsgarn sind reizende, beinahe schon antiquierte Redefolklore. Zu einem wirklichen Problem wird das Überborden der Fachsprachen in den Alltagsduktus, wenn hinter ihnen Kräfte stehen, die anders als Jäger oder Matrosen imstande sind, über ihr Sprechen das Denken und damit das Leben anderer Menschen wesentlich zu beeinflussen.

Mehrere Fach- oder Sondersprachen haben in den letzten Jahrzehnten solch nicht ganz freundliche Versuche zur Übernahme von Alltagsrede und Alltagsbewußtsein unternommen. Allen voran die Sprache der politischen Ideologie, die insbesondere in Osteuropa einen Großteil des öffentlichen Sprechens beherrschte. Hier verwandelte der einschlägige Politjargon alles Reden in das stereotype Geknarre der immergleichen Formeln – bis aus diesen endlich Leerformeln geworden waren, weil das gelebte Leben aus ihnen flüchtete wie die Menschen aus dem Land.

Andere Sprach-Invasoren waren Psychologie oder Pädagogik. Leichtere Fälle zwar – aber auch die allmähliche Sinnentleerung von Stereotypen wie „Betroffenheit", „Sich-Einbringen" und „Selbstverwirklichung" führt zu gefährlichen weißen Flecken oder tauben Stellen auf der Oberfläche des Alltagsbewußtseins. Wo solche Begriffe fallen, besteht längst die Gefahr, daß gar nichts mehr gedacht wird.

Und damit bin ich bei meinem Thema, der Wirtschaftssprache. Die befindet sich nämlich seit einiger Zeit auf einem vergleichsweise stillen, aber kraftvollen Eroberungsfeldzug. Gegen wenig Widerstand hat sich die Terminologie des internationalen Wirtschaftens, des Managements und des Börsenwesens ins allgemeine Sprechen ausgebreitet. Leicht fällt das diesen Vokabeln, weil man mit ihnen keine bösen, intriganten Politiker oder ebenso böse, verschrobene Wissenschaftler verbindet, sondern überwiegend Manager in teuren Anzügen, die zwar auch nicht besonders sympathisch sind, aber dafür 12 Stunden täglich an der so dringend erhofften Steigerung des Bruttosozialprodukts arbeiten.

Zudem liegt die Wirtschaftssprache auf der Bewußtseinslinie der letzten Jahrzehnte. Schon die alte Bundesrepublik war nach dem Ende des Nazi-Staates und seiner gewalttätigen Demagogie in ihrem öffentlichen Sprechen weg vom Abstrakten und Pathetischen hin zum Sachlich-Ökonomischen gegangen. Nach 1989 verschwanden dann rasch die letzten Reste des ideologischen Sprechens, die bis dahin in Gruppen und Nischen gepflegt worden waren. Schließlich erleben wir jetzt angesichts der Wirtschaftskrise den beinahe totalen Primat des Ökonomischen über das Politische. Die Parteiprogramme gleichen sich an und bringen sich als politische Visionen zum Verschwinden. Nur zu verständlich also, daß man auch als Alltagssprecher gerne in dem einzigen Sprachanzug umhergeht, der noch als up to date gilt: in dem von Wirtschaft und Management.

Ich rate allerdings auch dieser neuen Sprachmode gegenüber zur Skepsis. Und das zunächst einmal aus einer grundlegenden Sprach-Erfahrung: Wenn Fachsprachen ihren Geltungsbereich überschreiten, tendieren sie darauf, zum bloßen Jargon zu werden. Der Jargon aber ist nicht nur die Ausdrucksform von Angeberei und Dünkel! Der Jargon ist auch häufig das Sprechen der Verschleierung, der Blendung und der Lüge. Sprachlich „Neues", das wirklich taugt, wird nur sehr selten stante pede erfunden und setzt sich dann gleich durch. Philosophen haben das gelegentlich durch Begriffsbildung getan und Dichter durch poetische Neologismen; aber das sind letztlich doch nur kleine und etwas randständige Bereiche. Im Inneren der lebendigen Alltagssprache wird hingegen weniger erfunden, stattdessen mendeln sich in langen und schwer kontrollierbaren Verfahren die tauglichen Neuerungen heraus, während viel modisches Gerede schnell und völlig zu Recht wieder in Vergessenheit gerät.

Soviel quasi Theoretisches vorweg. Und nun zur Praxis. Wer an die zeitgenössische Wirtschaftssprache denkt, der ist rasch bei ihrer nach außen hin deutlichsten Tendenz, nämlich der:

fremd zu gehen: „benchmarking", „cash flow", „best practices", „label", „upgrading" und „performance" – nicht zu Unrecht nennt man die Wirtschaftssprache gerne Denglisch, eine deutsch-englische Mischung, in der mittlerweile nicht nur viele Nomina und Attribute, sondern auch etliche Verben aus dem Englischen stammen, während das Deutsche allmählich nur mehr grammatische Hilfs- und Stützdienste versieht.

Die Gründe dafür liegen nun auf der Hand. Wenn es globales Wirtschaften gibt, dann wird sich das in der Weltsprache Nummer Eins vollziehen. Daß aber das Englische die Lingua franca der globalen Ökonomie ist und nicht etwa das Deutsche, das ist eine historisch entstandene Tatsache, an der man gar nichts wird ändern können. Zudem gehen heute von den USA die mit Abstand wichtigsten wirtschaftlichen Impulse aus. Gedeckt durch die mittlerweile offenbar alternativlose Vormachtstellung der Vereinigten Staaten, kann auch deren Wirtschaft hegemoniale Ansprüche realisieren, im ökonomischen wie dann auch im sprachlichen Bereich.

Es ist daher ganz logisch, daß die Rede des Vorstandsvorsitzenden bei der Aktionärsversammlung einer hiesigen Kapitalgesellschaft klingt, als sei sie nur teilweise aus dem Englischen ins Deutsche übersetzt. Und logisch ist auch, daß selbst diejenigen, die wenig oder gar nicht in international agierenden Unternehmen zu tun haben, deren globales Vokabular übernehmen, um sich damit das Odeur des Erfolgs zu erschleichen. Auch der lokale Bauunternehmer redet dann von „benchmarking", wenn er seine Konkurrenten einschätzt, und von „best practices", wenn er seine Arbeitsweisen beschreibt.

Das alles ist, wie gesagt, völlig normal und wahrscheinlich nicht wesentlich zu beeinflussen. Einfluß und Geltung realisieren sich nun einmal übers Sprachliche: „Wes Brot ich ess', des' Lied ich sing'." Ich verstehe die Kommunikationschefs großer Unternehmen, die sagen, daß sie nicht nur die reibungslose Verständigung mit Kunden und Mitarbeitern gefährden, sondern sich auch lächerlich machen, wenn sie nicht einen gewissen Grundbestand der englischen Terminologie übernehmen.

Andererseits aber glaube ich, daß die Tendenz aufs Denglische nicht so groß wäre, gäbe es im Sprachbewußtsein unserer hiesigen Gegenwart nicht eine gewisse Grundstimmung vorwegeilenden Gehorsams. Sie kennen dessen bestes Beispiel, das „Handy". In Italien und Frankreich hat man es geschafft, dieser gravierenden Innovation unserer Alltagskommunikation einen Namen im jeweils spracheigenen Tonfall zu geben. In Italien heißen die Dinger „Telefonino", also Telefönchen; in Frankreich „mobile" – in Deutschland aber mußten die nützlichen Quälgeister partout englisch klingen, ohne daß der Name wirklich sinnvolles Englisch wäre; dort nennt man sie ja auch ganz anders.

Nun ist es immer sehr heikel, gegen Übernahmen aus den Fremdsprachen zu protestieren – schon weil man sich damit im Handumdrehen ganz falsche Freunde macht. Der Einspruch gegen die sogenannte „Überfremdung" des Deutschen ist eine Art Lieblingssteckenpferd von Leuten, die Konservativismus mit Dumpfheit verwechseln und das, was sie eine „saubere" Sprache nennen, mit einer, der man die Haut heruntergeschmirgelt hat.

Nein, der Austausch zwischen den Sprachen ist Teil des lebendigen Sprachprozesses! – Aber bei diesem Austausch sollte es ähnlich zugehen wie beim Tausch von Sammelbildern auf dem Schulhof. Man tauscht miteinander, was der eine hat, der andere aber nicht. Das heißt: Die Sprache und die Sprechergemeinschaft können, ja müssen erdulden, daß Neues von außen mit fremdem Namen Einzug hält. Es besteht aber keine Veranlassung, Dinge, die bereits einen eigenen Namen haben, aus modischen Gründen oder als Unterwerfungsgeste umzubenennen.

Ich weiß, das läuft im Alltag auf eine permanente Gratwanderei hinaus. Es bedarf des persönlichen Engagements aller Sprecher und ihrer Bereitschaft zum Selbstdenken. Wahrscheinlich bleibt es dann bei „update" für eine verbesserte Programmversion auf dem PC, das ist einfach knapp und präzise. Aber warum ein Autor in einem deutschen Text, der sich ja logischerweise nur an deutsche Leser wendet, von „Merger" spricht, obwohl es mit „Fusion" einen im Deutschen seit langem heimischen Fachbegriff gibt, das kann ich nur mit einer Mischung aus Dünkel und Unsicherheit erklären. Und ich befürchte, daß im Laufe der Zeit solcher Kastendünkel einigen Schaden anrichten wird. Das Management ist und bleibt nicht der im wesentlichen produktive Teil der Wirtschaft. Ohne Erfindungen und ohne Herstellung gibt es nichts zu verwalten und nichts zu verkaufen. Schlecht wäre es da, wenn die Sprache der Organisatoren sich mehr und mehr von der Sprache der Produzenten entfernen würde. Es könnte das nämlich auch die Entfernung des Bewußtseins vom Sein der Wirtschaft bedeuten; und das wäre nun wirklich nicht zu wünschen.

Dennoch bleibe ich dabei: Viel Englisches wird man zu übernehmen und zu ertragen haben. Je schneller es sich einbürgert, desto besser.

Viel interessanter aber finde ich, was und wie in den deutschen Abteilungen der Wirtschaftssprache produziert wird. Hier kann man nämlich das Sprachbewußtsein unserer Gegenwart bei der Arbeit beobachten. Lassen Sie mich daher im folgenden einmal ein paar der schönen neuen deutschen Wörter aus der Ökonomie einem strengen Jargon-Test unterziehen.

Sie kennen vielleicht den Ausdruck „Kernkompetenz". Davon reden die mittleren bis größeren Unternehmen momentan besonders gern und mit ihnen die gesamte Wirtschaftspresse. Um meinen Test zu beginnen, gehe ich aber nicht zum XY-Konzern, sondern in den Bäckerladen meines Vertrauens. Dort frage ich den Bäcker, was denn eigentlich seine „Kernkompetenz" sei. Zum Glück bin ich als Stammkunde bekannt, und der Bäcker hört mir geduldig zu, bis ich ihm erschöpfend erklärt habe, daß es sich bei „Kernkompetenz" nicht um die Fähigkeit zur zahnfreundlichen Aufbereitung von Zierkirschen handelt, sondern quasi um das Zentrum oder die Quintessenz der eigenen unternehmerischen und technischen Fähigkeiten.

„Aha", sagt der Bäcker. Und dann sagt er: „Brot backen." Aber er sagt es mit einem Unterton, der Zweifel an meiner Geistesverfassung signalisiert.

Nun, selbstverständlich ist die Kernkompetenz des Bäckers das Backen. Anderswo aber herrscht solche Selbstverständlichkeit nicht mehr. Die Lego Gruppe hat unlängst einen Rückgang des Jahresumsatzes um 25 Prozent erlitten. Kurz darauf wurde der Vorstand entlassen, der vor fünf Jahren eigens berufen worden war, um die sich damals zart andeutenden Probleme des Klötzchen-Riesens in den Griff zu bekommen. In diesen fünf Jahren aber durften Millionen Kinder und Eltern zusehen, wie man das Image eines Unternehmens ruinieren kann, das doch einmal so etwas wie das Steinchen der Weisen erfunden hatte. Statt nämlich ihre Klötzchen-Welt zu pflegen, versuchte die Lego-Führung, alles und jedes und schließlich auch die am wenigsten rechtwinkligen Gegenstände und Welten der Lego-Produktpalette einzuverleiben. Getrieben von der Angst, die ausgesprochen dreidimensionale und heftig anfaßbare Lego-Welt werde von den virtuellen Konkurrenten im PC bedroht, mußten schließlich auch Harry Potter, Fußball oder Basketball ihre Legoisierung ertragen. Weltweit ist daraufhin eins von vier Kindern aus dem Lego-Kosmos ausgestiegen.

Und was hört man jetzt aus der Lego-Zentrale in Dänemark? Richtig! Man wolle sich, so heißt es, in Zukunft wieder mehr auf die Kernkompetenz des Unternehmens besinnen.

Besser als an diesem Beispiel kann der Wirtschafts-Laie wohl kaum erfahren, was es bedeutet, a) die eigene Kernkompetenz zu vergessen, und b) wie überflüssig das Wort Kernkompetenz im Grunde ist. Denn mein Test beim Bäcker beweist ja, daß das Reden von der Kernkompetenz identisch mit einer Krise des Selbstbewußtseins ist. Knapp und kantig gesagt: wer über seine Kernkompetenz nachdenkt, dem ist sie schon abhanden gekommen. Und wer sie noch besitzt, der kennt nicht einmal den Begriff. Wie mein Bäcker.

Kernkompetenz ist also vielleicht bloß ein anderes, wenngleich gravitätischeres und schillernderes Wort für das „Selbstverständliche". Die Steinchen waren dem Unternehmen Lego einmal so selbstverständlich wie das Brot dem Bäcker. Doch in den Lego-Katalogen der letzten Jahre wurde das Selbstverständliche erschlagen. Und auf seinem Grabstein steht jetzt nur ein Wort: Kernkompetenz. –

Ich nehme ein anderes Beispiel, den ebenfalls sehr verbreiteten und gern verwendeten Ausdruck „etwas herunterbrechen". Man verwendet ihn heute, wenn man sagen will, daß komplexe Aufgaben oder Sachverhalte zerlegt oder aufgeteilt werden müssen, bevor sie an untergeordnete und spezialisierte Abteilungen oder Fachleute weitergegeben werden können. Das ist ein verständlicher, wahrscheinlich sogar ein selbstverständlicher Vorgang: Auf den obersten Etagen werden die ökonomischen Utopien formuliert; auf den mittleren bemüht man sich, sie auf handliches Format herunterzubrechen; ganz unten setzt man sie dann in die Tat um.

So weit, so gut. Doch ich frage mich, warum für solche Vorgänge ausgerechnet ein Wort wie „herunterbrechen" ge- bzw. erfunden worden ist? Das „herunter" leuchtet mir noch am ehesten ein. Es gibt eben auch in der Wirtschaft Hierarchien. Wenn also in „herunterbrechen" das Unabänderliche des Umstandes mitschwingt, daß einer regiert und viele gehorchen, dann ist das vielleicht traurig, aber auch ziemlich ehrlich.

Hingegen: „brechen"! Muß das wirklich so sein? Müssen Utopien oder Zielvorstellungen oder komplexe Sachverhalte gebrochen werden, damit sie weiter unten heil ankommen? Oder muß eine Last, die man auf viele Schultern verteilt, dazu erst in Stücke gebrochen werden?

Nein: das Gewaltsame und das Destruktive in „herunterbrechen" will mir einfach nicht gefallen. Ich höre hier weniger die kommunikative Kompetenz des mittleren Managements heraus, eher schon die Verzweiflung der Chefdenker darüber, daß sie doch nie imstande sein werden, etwas Ganzes nach unten zu vermitteln. Nichts Heiles, nichts Integres, erst recht nichts Vollkommenes wird da jemals als solches ankommen. Sondern immer nur: Teile, Splitter, Bruchstükke. Das ist traurig.

Und wenn ich ganz ehrlich sein soll: Je länger ich mir dieses Wort „herunterbrechen" vorsage, desto trister, ja unappetitlicher werden mir die Ränder seines Bedeutungshofes. Und schließlich bin ich fast versucht zu glauben, es meint im Grunde das, was man mit dem ganzen Ärger machen muß, der einem über die Unmöglichkeit der Vermittlung des Großen Ganzen täglich aus dem Magen aufsteigt: ihn nämlich wieder „herunterbrechen."

Meine Lieblingswendung aber ist momentan: „gut aufgestellt"! Als „gut aufgestellt" bezeichnen in einem wirklich verblüffenden Unisono alle Vorstandssprecher ihre Unternehmen. Und neuerdings zeigen sich auch die Vertreter von Regierungen, Parteien oder Verbänden auf diesen Terminus eingeschworen, wenn sie vor die Mikrofone treten.

Nun kann man natürlich „gut aufgestellt" ebenso wie „Zeitfenster" und „Zielvereinbarung" ein Modewort nennen und nicht weiter nach seinem Zustandekommen fragen. Aber ich bin der festen Überzeugung: Nichts in der Sprache ist sinnloser Zufall, alles, und auch das dünnste

Modewort, ist vielmehr Ausdruck einer Stimmung oder einer Haltung. Von denen will der Modewort-Benutzer vielleicht gar nicht reden; mehr noch: gerade durch das Modewort schleicht etwas in den Mund des Sprechers, das sein Kopf sich sogar zu denken hütet!

Wie im Falle von „gut aufgestellt". Zuerst dachte ich hier in Richtung Sport. Das hätte ja einigen Sinn, dann sähe der Vorstandsvorsitzende die Herausforderungen des Wettbewerbs halt von der sportlichen Seite. Tatsächlich gibt es auch die „Mannschaftsaufstellung". Allerdings habe ich in 40 Jahren Fußballversessenheit niemals jemanden sagen hören, eine Mannschaft sei „gut aufgestellt".

Nein, der Ausdruck scheint mir älter und aus einem anderen, wenngleich auch, ja besonders kämpferischen Bereich zu stammen: aus dem der Kriegsführung. Truppen und Schlachtordnungen stellt man auf, lateinisch: phalanx instruere; und es klingt ganz geläufig, wenn man sagt, daß die zur Verteidigung eines Terrains kommandierten Divisionen „gut aufgestellt" seien.

Nicht Sport also, sondern Krieg schwebt dem Vorstandssprecher vor. Das ist nicht schön, aber ich will hier nicht auf eine pazifistische Kritik hinaus. Etwas anderes scheint mir wichtiger: Kriege sind seit Beginn des letzten Jahrhunderts keine Stellungskriege mehr. Da stehen längst keine Reihen von steifen Zinnsoldaten einander mehr gegenüber; im Gegenteil, die Kriege sind Bewegungskriege, als Luftkriege sogar Kriege in absoluter Bewegung, Kriege, die keinen Stillstand, also keinerlei Stellung mehr kennen.

Man kann also „gut aufgestellt" als politisch etwas inkorrekte Metapher rügen – viel gravierender aber scheint mir, daß die meisten, die diese Wendung gebrauchen, damit das genaue Gegenteil dessen zum Ausdruck bringen, was sie eigentlich vermitteln wollen. Der Wunsch, „gut aufgestellt" zu sein, ist der Wirtschaft nämlich von der momentanen Krise diktiert worden. Er drückt Sorge, ja Angst und Lähmung aus. Wenn es einem an den Kragen geht, dann reagiert man eben schnell mit altmodischen Gesten. Statt aufzubrechen, zieht man sich zurück, macht sich klein, gräbt sich ein und bewegt sich so wenig wie möglich. Natürlich will man das nicht zugeben. Kommt einer und fragt, wie es so geht, dann redet man sich heraus. Und sagt: wir sind „gut aufgestellt". Immerhin.

„Je näher man ein Wort ansieht", sagt der Sprachphilosoph und Kritiker Karl Kraus, „desto ferner sieht es zurück." Wer die Sprachmoden mitmacht, mag in der Öffentlichkeit kurzfristig als up to date gelten. Aber ich kann nur zur Vorsicht mit den Jargon- und Modewörtern raten! Und das nicht nur, weil ihre Verfallszeiten so kurz sind. Der Fall liegt schlimmer: In vielen spiegelt sich nämlich nicht die Souveränität derer, die sie benutzen, sondern ihre Hilflosigkeit. Und in manchen erscheint dann sogar genau das Schlimme, das man mit ihnen eigentlich wegreden wollte. –

Und damit, nach denglischem und deutschem Modesprechen in der Wirtschaft, zu einem weiteren Punkt. Eines der wichtigsten, vielleicht sogar das wichtigste Basislager, von dem aus das Sprechen der Wirtschaft in den letzten Jahren seinen Aufbruch in die Alltagssprache unternommen hat, ist die Börse. Deren Versprechen, ein jeder könne durch Aktienkauf am Gewinn der großen Unternehmen teilhaben, war und ist nicht ganz falsch, es wird nur in zyklischen Abständen entschieden zu goldig ausgemalt und entschieden zu sehr geglaubt. Mitte der Neunziger Jahre war es wieder einmal soweit; diesmal sollte insbesondere die sogenannte New oder Net Economy jene sagenhaften Renditen erbringen, die auch den Kleinanleger zu einem reichen Mann machen.

Sie wissen, daß die Blase geplatzt ist und viel Geld verloren ging. Aber diesmal ist es nach der Baisse keineswegs ruhig um die Börse geworden. Normal war bei dem letzten Höhenflug der Kurse, daß sich plötzlich viele Kleinanleger fürs Börsenwesen begeisterten; neu hingegen ist bei dem folgenden Kurstief, in dem wir uns immer noch befinden, daß die Börse selbst und mit ihr das Börsensprechen einen hohen Stellenwert im öffentlichen Diskurs behalten haben. Das sprechendste Beispiel dafür: im Ersten Deutschen Fernsehen werden jetzt die täglichen Börsennachrichten am prominentesten Sendeplatz präsentiert, den man sich überhaupt nur denken kann, unmittelbar vor der Acht-Uhr-Tagesschau.

Ich frage mich daher seit geraumer Zeit: Ging und geht es bei dem Börsenwahn der letzten Jahre eigentlich nur ums Geld? – Natürlich geht es um Geld, aber ich glaube, es geht auch um mehr. Seit dem Boom der New Economy, insbesondere aber seit Beginn der Wirtschaftskrisen, ist das Sprechen der Börse nicht nur für die Insider, sondern auch für jene überwältigende Mehrheit der Nicht-Aktienbesitzer eine Art Vernehmlichwerden des Weltgeistes. Es fungiert als ein letztes vollkommen universelles Sprechen. Die Börsenkurse scheinen eine zwingende Allgemeinverbindlichkeit zu besitzen. Außerdem verbinden sie die Exaktheit der mathematischen Faktensprache mit der mystischen Kraft der prophetischen Rede. Der Kurs zeigt wie ein sensibles Meßgerät auch die Stellen hinter dem Komma an. Er registriert die feinsten Schwankungen: wenn in China der Sack Reis umfällt, weiß es Sekunden später der Nikkei. Doch ebensosehr wie die Reaktion auf Fakten sind die Bewegungen der Kurse eine Vorausschau auf die Zukunft. Wie es übermorgen um General Electrics steht, weiß jetzt schon der Dow Jones.

So gedacht, ist das enorm! Ein solch universelles Sprechen wie das der Börse jetzt gab es zwar schon einmal, doch das ist lange her. Damals sprach Gott, und er sprach heilige Worte, die alle Menschen gleichermaßen betrafen, auch wenn seine Offenbarungen sehr allgemein oder sehr rätselhaft ausfielen. Jahrhundertelang las man sehr intensiv die Bibel als das einzig verbindliche Buch; bisweilen gab es sogar Kriege über die richtige Auslegung einzelner Sätze.

Dann aber endete das lange Zeitalter des allgemeinverbindlichen, des göttlichen Sprechens. Es folgten die politischen Ideologien. Die gaben sich zwar religionsähnlich, erlebten aber nur eine kurze Blüte von 100 Jahren, dann wollte sich keiner mehr gemeint fühlen. Alles wurde privat. Und schließlich blieb vom allgemeingültigen Sprechen nur der Wetterbericht als wenigstens einigermaßen universelle Verlautbarung und somit als Lieferant für den täglichen Gesprächsstoff.

Bis endlich die Börse eine neue Verbindlichkeit ins öffentliche Sprechen brachte! Denn an den internationalen und überallhin verbreiteten Börsenkursen kann unsere mittlerweile weitgehend aufs Ökonomische fixierte Weltgemeinschaft täglich ihre hochverbindliche Realität ablesen – und mehr noch: sie kann aus den Zick-Zack-Linien der Kurse die Prophezeiungen für ihre Zukunft ziehen wie früher die Propheten aus dem Flug der Vögel oder aus dem Eingeweide geschlachteter Tiere.

Wenn man sich vor großen Worten nicht scheut, kann man sagen: Die Börsenkurse sind unmittelbar zum Weltgeist! Es gibt an der Börse keine menschlichen Veranlasser oder Sprecher mehr; es gibt nur Beobachter und Analysten. Sicher liegen den Kursbewegungen noch etliche reale Vorgänge aus dem Leben der Unternehmen zugrunde. Aber die Tendenz aufs Große-Ganze des Index läßt solche Kleinigkeiten aus dem Blick geraten. Tausende namenloser Börsencomputer zwischen New York und Tokio sind vielmehr miteinander vernetzt wie die Ganglienknoten in einem riesigen Gehirn, und die verarbeiten Tag und Nacht gewaltige Datenmengen, bis ein vollkommen selbstgenügsames System in einem eigenständigen Sprachraum entsteht.

Als es nun zu dem legendären Börsenhoch kam, da wollten Hunderttausende von Kleinanlegern in dieses universelle Sprechen der Börse einstimmen. Es drängte sie danach, in eine Sprachgemeinschaft aufgenommen zu werden, in der es endlich wieder um das wirklich Allgemeine, um das vollkommen Große-Ganze zu gehen schien. Dabei hätte, wer an dieser neuen und letzten großen Wahrheit der Börse teilhaben wollte, gar nicht unbedingt selbst Aktien besitzen müssen. Er hätte sogar arm sein können, er hätte nur das Börsianische beherrschen müssen, das Esperanto des demokratischen Kapitalismus, so wie früher selbst der analphabetische Katholik das Meßlatein beherrschte. Nicht der Besitz, sondern der Sprachgebrauch hätte ihn zum mitredenden Jünger der neuen Weltreligion Börse gemacht.

Das aber haben die armen Kleinanleger nicht verstanden; sie sind stattdessen hingegangen und haben Aktien gekauft wie Ablässe. So als müßten sie Berechtigungsscheine erwerben, um am heiligen Parkettgespräch zwei Minuten vor der Tagesschau teilnehmen zu dürfen. Als müßte man eine T-Aktie besitzen, um noch richtig telefonieren zu können. Heute wundern sie sich ganz zu Unrecht darüber, daß ihr schwerverdientes Geld einstweilen – und vielleicht auf immer – so virtuell geworden ist wie die Börse selbst.

Und damit komme ich langsam zum Schluß. Ich will nicht übertreiben. Aber in der momentanen Dominanz der Wirtschaftssprache liegt eine Gefahr, die über den von Sprachpuristen befürchteten Identitätsverlust alles Nicht-Englischen hinausgeht. Ich sehe nämlich einen entscheidenden Unterschied zu früheren Jargon-Dominanzen. So war etwa die Sprache politischer Machthaber immer erkennbar als die einer gesellschaftlich einigermaßen klar zu definierenden Gruppe, meistens als Partei organisiert und deutlich gegen Andere und Andersdenkende abgeschottet. Wo aber Parteien sind, da sind Oppositionen zwar nicht immer erlaubt, aber immer denkbar. Die Wirtschaft hingegen ist keine gesellschaftliche Gruppe, sondern ein Bestandteil, besser: eine Funktion unserer Gesellschaft, die unmöglich aus allen Zusammenhängen zu trennen und gegen die nicht wirklich zu opponieren ist. Wir alle sind Teil der Wirtschaft, wir sind die Wirtschaft. Und die Wirtschaft ist unser Schicksal.

Man tut sich daher schwer, dem Wirtschaftsjargon entschlossen zu begegnen. Zunächst einmal fehlt dem Sprachkritiker ganz einfach der erkennbare und auch angreifbare Gegner. Wirtschaftsführer und Wirtschaftssprecher bekleiden keine öffentlichen Ämter; sie sind nicht abwählbar; verglichen mit Politikern stehen sie zudem nur unter sehr geringer medialer Beobachtung. Vergißt der Lokalpolitiker die weibliche Anredeform, dann formieren sich die Leserbriefschreiber, und bei der nächsten Wahl bekommt der Mann die Quittung. Aber es gibt kein Forum, in dem man wirksam Einspruch gegen den Sprachgebrauch der Manager anmelden könnte. Der berühmte „peanuts"-Lapsus des Bankenchefs bleibt die Ausnahme, die die Regel bestätigt.

Außerdem, und das ist noch gravierender: jemand aus dem oberen Management kann so jargonlastig und sprachvergessen reden wie er mag. Man möchte sich die Ohren zuhalten. Aber letztlich müssen wir im Interesse der Wirtschaft, die wir ja selbst sind, von ganzem Herzen hoffen und wünschen, daß der Mann sich in den globalen Spielregeln so gut auskennt, wie es seine vollmundigen Formulierungen signalisieren. Schließlich soll er ja an vorderster Stelle für eine Steigerung des Bruttosozialprodukts sorgen. Letztlich also reagiert man noch auf sein wüstestes Kauderwelsch wie der Fußballfan auf eine Blutgrätsche des Verteidigers seiner Mannschaft: Schlimm. Aber wenn es der Sache dient.

Shareholder value, benchmarking, collaborative business, best practices: solche Begriffe gehen mit weit ausgefahrenen und übel angespitzten Ellenbogen durch unseren Sprachalltag. Aber man vermag ihnen nicht recht entschlossen zu begegnen. Man geht ihnen aus dem Weg – unangenehme Zeitgenossen, das schon, aber schließlich heißt es nur wieder: Einer muß den Job ja machen! Laß sie, die wissen schon Bescheid! Oder gar: Sei still! Stör die Leute nicht bei der Arbeit!

So wirkt der zeitgenössische Wirtschaftsjargon mehr und mehr alternativlos. Er klingt, als rede jetzt der globale oder selbstverständliche Kapitalismus in seiner ihm ursprünglichen und vollkommen angemessenen Sprache. Die klingt nicht gut, man hört das nicht gerne. – Aber man möchte ja auch seinen Zweitwagen behalten.

Der standardisierte Schüler

Kaspar H. Spinner

In der gegenwärtigen Bildungsdiskussion findet ein Paradigmenwechsel statt, der in Stichworten wie Qualitätssicherung, Schulentwicklung, Evaluation, Orientierung am Output oder Outcome begrifflich faßbar ist. Bis in die einzelnen Fächer und Fachdidaktiken hinein ist die Frage, was beim Unterricht herauskommt, leitendes Kriterium für Schulorganisation und didaktische Konzeptionen geworden. Im folgenden möchte ich Beobachtungen darüber anstellen, welche Veränderungen sich im Fach Deutsch auszuwirken beginnen. Meine These ist, daß sich *neue didaktische Denk- und Verhaltensstrukturen* entwickeln, die von vielen Lehrerinnen und Lehrern bereits als eine massive Veränderung ihres Handelns im Unterricht und ihrer Einstellung gegenüber dem Lernprozeß der Schülerinnen und Schüler empfunden werden. Ich werde drei Mechanismen aufzeigen, die mir für das neue Bildungsdenken und seine Auswirkung auf Deutschdidaktik und Deutschunterricht charakteristisch erscheinen.

I.

Die auffälligste und sicher mittel- und langfristig wirkungsmächtigste schulpolitische Konsequenz der neuen Bildungsdiskussion ist zweifellos die Erstellung von bundesweit verbindlichen *Standards*. Laut KMK-Beschluß sollen sich die Standards auf den *Kernbereich* des jeweiligen Faches beziehen und den Schulen Gestaltungsräume für ihre pädagogische Arbeit geben.

Was ist nun der Kernbereich im Fach Deutsch? Für den Hauptschulabschluß im Fach Deutsch besteht er laut Beschluß der KMK in 112 Standards. Das ist irritierend – man fragt sich bei einer solchen Zahl, wo noch der geforderte und versprochene Freiraum bestehen soll. Darüber hinaus sind die einzelnen Standards wiederum in sich ausgesprochen komplex. Einer von den 112 Standards lautet z.B. „sich in unterschiedlichen Sprechsituationen sach- und situationsgerecht verhalten: Vorstellungsgespräch/Bewerbungsgespräch, Antragstellung, Bitte, Aufforderung, Beschwerde, Entschuldigung, Dank." Wie gesagt, das ist ein Standard von 112 für den Hauptschulabschluß. Ein weiterer, nun aus dem Lernbereich „Lesen – mit Texten und Medien umgehen", lautet: „epische, lyrische, dramatische Texte unterscheiden und wesentliche Merkmale kennen, insbesondere epische Kleinformen, Erzählung, Kurzgeschichte, Gedichte". Auch dies ist ein Standard von 112, die nur als Kern vorgesehen sind und die sich laut Beschluß der KMK durch Verzicht auf Detailfülle auszeichnen sollen, damit die Lehrkräfte mehr inhaltliche und methodische Freiräume erhalten: Idee und Realisierung von Standards scheinen einander in geradezu absurder Weise zu widersprechen.

Aber Vorsicht! So leicht darf man es sich mit der Kritik doch nicht machen. Es gehört zu den Verdiensten der Standarderstellung, daß es nicht bei einer aufzählenden Nennung bleibt, sondern daß an konkreten Aufgabenbeispielen die Möglichkeit der Überprüfung gezeigt wird. Und siehe da: Mit einer einzigen Aufgabe können in der Regel gleich etwa ein Dutzend Standards abgedeckt werden. Sind die Standards also doch ein praktikables Instrumentarium? Genau hier jedoch, im Verhältnis von Standardformulierung und Umsetzung in Aufgaben, liegt m.E. das eigentliche Problem. Ich wähle, um dies zu zeigen, ein Beispiel aus den Standards des mittleren Schulabschlusses, und zwar die Aufgabe „Gestaltung einer Szene auf der Grundlage eines literarischen Textes". Es geht hier darum, daß die Schülerinnen und Schüler zu Frischs Tagebucheintrag „Vorkommnis" eine Szene gestalten (der Text handelt von Menschen, die für mehrere Stunden in einem Aufzug eingesperrt sind); zusätzlich ist eine Inhaltszusammenfassung gefordert und fakultativ eine Begründung für Wahl und Gestaltung der Figuren in der selbst verfassten Szene. Diese Aufgabe bezieht sich, so liest man, auf zwölf Standards; ich nenne drei davon:

„– epische, lyrische und dramatische Texte unterscheiden
– wesentliche Fachbegriffe zur Erschließung von Literatur kennen und anwenden
– sprachliche Gestaltungsmittel in ihren Wirkungszusammenhängen und in ihrer historischen Bedingtheit erkennen."

Man staunt, was da alles aus den Schülerarbeiten zur gestellten Aufgabe herausgelesen werden soll – schließlich verfassen die Schüler nur eine Inhaltsangabe und eine Szene, evtl. mit Begründung der Figurengestaltung. Was durch die Aufgabenkonstruktion hier geschieht, ist eine massive Reduktion, wenn nicht Trivialisierung dessen, was in den Standards formuliert ist. Man wird ja nicht ernsthaft behaupten können, daß mit der gestellten Aufgabe die Fähigkeit, „sprachliche Gestaltungsmittel in ihren Wirkungszusammenhängen und in ihrer historischen Bedingtheit" zu erkennen, ernsthaft beurteilt werden kann.

Nun mag man darauf hinweisen, daß unter dem Zeitdruck, unter dem die Standards erstellt worden sind, die Aufgabenbeispiele noch nicht optimal sein können. Aber was sich hier zeigt, ist auch in anderen Zusammenhängen heute festzustellen. Bei PISA oder IGLU ist man auch immer wieder erstaunt, wie reduziert die Testaufgaben im Vergleich zu den Kompetenzbeschreibungen sind. Neu ist das Problem übrigens nicht; schon zu Zeiten der lernzielorientierten Unterrichtsplanung fand man bescheidenen Unterrichtsmodellen mächtig ausgreifende Lernzielbeschreibungen vorangestellt. Der Mechanismus der Reduktion und Trivialisierung erhält allerdings bei den Standards neue Brisanz. Mit ihnen wird der Anspruch einer verlässlichen Überprüfung des Leistungsstandes erhoben; es geht nicht nur um die Ergebniskontrolle zu einer lernzielorientiert geplanten einzelnen Unterrichtseinheit.

Noch ein zweiter Aspekt ist bei dem angeführten Beispiel interessant. Die Aufgabe, die gestellt wird, ist für sich genommen ja keineswegs trivial und einfach, sondern durchaus voller Tücken Der Text von Frisch handelt, wie gesagt, von Menschen, die mehr als drei Stunden ohne Licht in einem Lift eingesperrt sind, eine Situation, in der es nach einer Viertelstunde, wie es im Text heißt, „zum Verzagen langweilig“ wird. So etwas in Szene zu setzen, erfordert nun schon eine ziemlich elaborierte Fähigkeit dramatischen Gestaltens. Diese spezifischen Schwierigkeiten spiegeln sich aber in den Standardbeschreibungen nicht. Dafür steht da „epische, lyrische und dramatische Texte unterscheiden“; das wird wohl erfüllt, wenn die Schüler tatsächlich eine Szene und kein Gedicht schreiben und wenn sich ihre Szene durch Merkmale des Dramatischen vom Tagebucheintrag unterscheidet. Auch hier erfolgt also eine Trivialisierung, und zwar in umgekehrter Richtung. Der Bezug auf die Standards blendet die Komplexität der Aufgabe aus. Das verschärft sich noch dadurch, daß die Standardbeschreibung mit dem Bezug auf epische, lyrische und dramatische Texte hier nicht wirklich passt: Ein Tagebuchtext von Frisch läßt sich so kaum verorten. Ihn gattungsmäßig angemessen zu beschreiben, ginge weit über die Fähigkeit, „epische, lyrische und dramatische Texte zu unterscheiden“, hinaus.

Es zeigt sich also, daß in der Anwendung der Standards auf Aufgabenbeispiele ein doppelter Reduktionsprozeß stattfindet: Nicht nur werden die Standards im Beispiel auf eine Schwundform gebracht, auch die Komplexität der Aufgabenstellung schnurrt, wenn sie durch den Filter der Standards interpretiert wird, zusammen. Ich spreche deshalb von einer *wechselseitigen Reduktion*.

Im Grunde kennen wir diesen Mechanismus aus dem lernzielorientierten Unterricht um 1970, den die Deutschdidaktik zu Recht hinter sich gelassen hat. Unter dem Namen der Standardisierung erfährt, ich habe das schon angedeutet, die Lernzielorientierung heute eine machtvolle Renaissance. Das – etwas überspitzt formuliert – hinterhältig Teuflische an dem Mechanismus der Reduktion von Komplexität besteht darin, daß die Betrachtung von Standards auf der einen und von konkreten Aufgabenbeispielen auf der anderen Seite je für sich den Reduktions- und Trivialisierungsprozeß noch nicht erkennbar werden läßt. Die Standards sind durchaus anspruchsvoll (und fachkompetent erstellt) und die Aufgaben sind aspektreich. Erst in ihrem Zusammenwirken, das dann bei der Beurteilung durchschlägt, ergibt sich der problematische Effekt – oft ohne daß man ihn wahrnimmt.

Für das Verhalten von Schülerinnen und Schülern kann sich der beschriebene Mechanismus dahingehend auswirken, daß nur noch das bei der Beschäftigung mit einem Text interessiert, was sich als Kompetenzbeschreibung in den Standards wiederfindet. Deshalb kann man sagen, daß auch der Schüler standardisiert wird. Und bei Lehrkräften droht entsprechend die Gefahr, daß sie einen Text in seiner Widerständigkeit und ambigen Mehrdeutigkeit (als solchen kann man den Frisch-Text durchaus betrachten) nur noch durch die Brille der Kompetenzen, die an ihm erworben werden können, wahrnehmen und daß sie umgekehrt die Kompetenzen auf das in einer Aufgabenstellung Nachweisbare zurechtstutzen.

II.

Zur Erläuterung meines zweiten Punktes greife ich ein Beispiel aus den Standards für die Grundschule auf. Es geht um das Verstehen einer vorgelegten Sage; ich zitiere dazu Frage 8:

„Wie findest du die Sage? Verwende ein Adjektiv (z.B. lehrreich, spannend, grausam, lustig, unterhaltsam, unheimlich usw.). Begründe deine Meinung.

Ich finde die Sage ________________,

weil ____“

Das ist eine Aufgabe, die unseren geläufigen Vorstellungen von Arbeit mit einem Text durchaus entspricht. Interessant erscheint mir nun aber der Hinweis zu den Lösungsmöglichkeiten (auch in dieser Hinsicht drückt sich der Entwurf zu den Standards – verdienstvollerweise – nicht um Konkretisierung). Es heißt da:

„Die Aufgabe erfordert zunächst eine allgemeine Einschätzung des Charakters des Sagentextes und verlangt in der Begründung ein Eingehen auf wesentliche Merkmale der wiedergegebenen Ereignisse.“

Es geht mir hier wieder um den Mechanismus in einer wechselseitigen Beziehung, diesmal zwischen Frage und Antworterwartung. Gefragt ist in der Aufgabe, wie das Kind die Fabel findet. Es soll also, um mit Kant zu sprechen, ein Geschmacksurteil abgegeben werden, das bekanntlich nicht einfach am Gegenstand festgemacht werden kann. Genau dies wird laut Lösungsangabe jedoch erwartet, denn nach ihr soll auf wesentliche Merkmale der wiedergegebenen Ereignisse eingegangen werden. In der Frage wird so getan, als interessiere die subjektive Rezeption, tatsächlich will man aber eine Erkenntnis am Objekt. Ich nenne das das *Umkippen von Subjektivität in Objektivität.*

Was hier geschieht, spiegelt ein grundlegendes Problem von Literaturunterricht, so wie wir ihn heute verstehen. Literarisches Verstehen gelingt dann auf angemessene Weise, wenn subjektives Angesprochensein und genaue Textwahrnehmung in einer Balance sind. Immer wieder wird solche Balance verfehlt, etwa im beliebigen subjektiven Assoziieren oder in der trockenen Analyse, die den Bezug zum ästhetischen Erleben verliert, oder eben in Form des Umkippens, wie wir es im Verhältnis von Aufgabe und Antworterwartung finden. Ein solches Umkippen stellt sich bei Verfahren der Leistungsmessung besonders leicht ein, weil man dem Anspruch auf Objektivität gerecht werden will. Ein Unterricht, der sich zunehmend einer Überprüfung des Outputs stellen soll, wird immer mehr mit diesem Problem zu tun haben. Auch hier ist wichtig zu sehen, daß nicht die Frage für sich problematisch ist und auch nicht die Antworterwartung (auf eine anders gestellte Frage könnte sie angemessen sein), sondern ihr Zusammenspiel, durch das dem Schüler und der Schülerin einerseits suggeriert wird, persönliches Empfinden sei gefragt, andererseits aber nur der objektbezogene Teil der Antwort akzeptiert wird. Hier bleibt Subjektivität nicht einfach ausgeschlossen (das wäre weniger problematisch), sie wird vielmehr aufgerufen und dann dem Diktat von Objektivität unterworfen.

In diesem Sinne verstehe ich den Titel meines Vortrages „Der standardisierte Schüler“: Der Schüler wird im standardisierten Unterrichtsprozeß zurechtgestutzt. Entfaltung von Individualität und das Ernstnehmen von Subjektivität werden – z.T. ohne daß man das will und sich dessen bewußt ist – durch die Standardisierungsprozeße zurückgedrängt. Deshalb habe ich den Singular und auch nur die männliche Form verwendet. Es geht nicht um Schülerinnen und Schüler in ihrer individuellen Vielfalt, sondern es interessieren die einheitlichen Standards.

Nun mag man einwenden, daß im neuen Bildungsdiskurs doch die Heterogenität der Schülerpopulation ein zentrales Thema sei. Und in der Tat gehört es zu den ganz wesentlichen Impulsen, die jetzt unsere Unterrichtspraxis verändern, daß wir Wege suchen, wie man der Heterogenität Rechnung tragen kann. Aber hier gilt es aufzupassen: Der Begriff der Heterogenität ist doppelgesichtig. Er wird im gegenwärtigen Bildungsdiskurs vor allem als etwas gesehen, was es zu überwinden gilt: Alle Schüler sollen die gleichen Standards erreichen. Förderprogramme, z.B. Sprachlernklassen für Kinder mit fremder Erstsprache, dienen dazu, die unterschiedlichen Eingangsvoraussetzungen auszugleichen. Heterogenität wird also nicht gesehen als etwas, das erwünscht ist. Zunehmend gerät aus dem Blick, daß Vielfalt auch positiv gesehen werden kann, daß es auch ein Recht auf Heterogenität geben könnte, daß es auch Aufgabe von Schule sein könnte, Schülerinnen und Schüler in unterschiedlichen Leistungsprofilen zu unterstützen, und daß auch die Gesellschaft durchaus nicht den Einheitsmenschen braucht, sondern angesichts der komplexen modernen Welt gerade unterschiedlich gewichtete Kompetenzen.

Es sei in diesem Zusammenhang mit Nachdruck darauf hingewiesen – man muß das immer wieder tun – daß Leistungsstudien wie PISA, IGLU, DESI nicht dafür gemacht sind, Leistungsdiagnosen für einzelne Schüler zu erstellen. Eckhard Klieme, der Leiter der DESI-Studie, betont das nachdrücklich in seinen Publikationen: „Für den einzelnen Schüler sind die Messungen [bei PISA, DESI und anderen Studien] zu schmal und zu ungenau angelegt, um verlässlich individuelle Profile ermitteln und Prognosen stellen zu können". Vergleichsstudien müssen, um wissenschaftlich haltbar zu sein, alles eliminieren, was abhängig ist von speziellen individuellen Voraussetzungen. Fragen, die z.B. nur aufgrund spezifischer kultureller Voraussetzungen, über die die Mehrheit der Schülerinnen und Schüler nicht verfügt, gut beantwortet werden können, fallen, wenn sie überhaupt konzipiert werden, bei der Erprobung durch (das können z.B. Fragen sein, bei denen ausländische Schüler und Schülerinnen aufgrund ihres Vorwissens einen besonderen Vorteil haben). Schulleistungstests wollen nur überprüfen, was man bei allen erwarten kann oder sollte. Die fragwürdigen Effekte, von denen ich spreche, entstehen dann, wenn die Verfahren der Vergleichsstudien unreflektiert auf die Beurteilung einzelner Schülerinnen und Schüler angewendet werden. Genau dies geschieht jedoch in unseren Schulen zusehends.

III.

Ein weiterer problematischer Effekt der gegenwärtigen Entwicklungen zeigt sich in den Unterrichtsmaterialien, die in der Folge von PISA und der Kompetenzdiskussion publiziert werden. Hier hat eine neue Terminologie überhandgenommen; das zeigt sich schon in den Titeln. Einige Beispiele:

- „Arbeitstechniken Deutsch"
- „Lesetraining"
- „Lern dich fit!-Lesetraining"
- „Lesetraining Sinnentnahme"
- „Strategisches Lesetraining"
- „Wir werden Textdetektive"
- „Die Leselernmaschine"

Mit solchen Angeboten reagiert der Schulbuchmarkt auf die neuen Bedürfnisse, die durch die Diskussion der vergangenen drei Jahre entstanden sind. In unseren Fachpublikationen ist insbesondere das Wort der Lesestrategien und der Rechtschreibstrategien zu einem neuen Lieblingswort avanciert (ich kann das an meinen eigenen Aufsätzen feststellen). Buchmarkt und Deutschdidaktik reagieren damit auf die Vernachlässigung basaler Lesefähigkeiten, die durch die PISA-

Studie zu Tage getreten ist. Interessant ist, daß sich in kurzer Zeit die Begriffsoppositionen, in denen die Fachdiskussion verläuft, verschoben haben. Lange Zeit hat der Gegensatz von lehrerzentriertem, kopflastigem Unterricht auf der einen, Öffnung hin zum Schüler im Sinne eines ganzheitlichen, erlebnisorientierten Lernbegriffs auf der anderen Seite die Kontroversen geprägt. Jetzt etabliert sich ein neues Bild vom intendierten Schüler, das sich weder dem einen noch dem anderen Pol zuordnen läßt: Es ist der *planende, seine Verhaltensweise kontrollierende, metakognitiv sich steuernde, sich seiner Zielsetzungen bewußte und über einsetzbare Strategien verfügende Mensch.* Daß ein solches Menschenbild zunehmend die Bildungsvorstellungen bestimmt, wird kaum diskutiert, ja, es hat sich sozusagen unauffällig eingeschlichen. Denn unsere Bildungsdiskussion bezieht sich ja nicht auf eine explizite, einheitliche Vorstellung des gebildeten oder emanzipierten Menschen. Heute steht die pragmatische Effektivität einzelner Kompetenzen im Vordergrund. Da braucht man kein ausdrückliches Leitbild. In sehr unterschiedlichen Teilbereichen des erziehungswissenschaftlichen und didaktischen Diskurses hat sich, z.T. seit Jahren vorbereitet, die neue, unausgesprochene Vorstellung vom intendierten Schüler herausgebildet. Wir finden das Ideal des planenden, sich kontrollierenden Menschen z.B. in der prozeßorientierten Schreibdidaktik, für die Prozeße des Planens, des Niederschreibens und des Überarbeitens (als der verbessernden Kontrolle des Geschriebenen) wichtig sind. Wir finden es im neuen Aufschwung der Rhetorik in der Schule, mit dem Schwerpunkt des Präsentierens, wo es darum geht, die eigene Körpersprache, die Stimme, die Medien gezielt und wirkungsvoll einzusetzen. Wir finden es in einem Rechtschreib- und Leseunterricht, in dem es um die Anwendung von Strategien geht, wir finden es in der Rolle, die das Recherchieren in der Schule gewonnen hat, also das gezielte Suchen von Information. Das sind neue Akzentuierungen in Teilbereichen der Fachdidaktik, teilweise unabhängig voneinander entstanden und doch in einer neuen Vorstellung des intendierten Schülers konvergierend. Daß man Entsprechendes im erziehungswissenschaftlichen Diskurs findet, zeigt sich in der Konjunktur des Begriffs der Lernstrategien, die näher als Elaborationsstrategien, Wiederholungsstrategien und Kontrollstrategien spezifiziert werden.

Das neue Leitbild ist eine Antwort auf gesellschaftliche Entwicklung, auf die Technifizierung, die Pluralisierung der Lebensverhältnisse, die Flexibilisierung des Arbeitsmarktes, die Zunahme von Berufsfeldern mit Kontroll- und Steuerungsfunktion (das gilt ja inzwischen bereits für den Landwirt, der computergesteuert das Melken der Kühe überwacht). Es leuchtet ein, daß die Neuorientierung des Bildungsbegriffs als notwendige Antwort auf solche Entwicklungen gerechtfertigt ist. Dennoch wird man nachdenklich, wenn man sieht, wie sich das Leitbild des planenden und sich kontrollierenden Menschen immer mehr in technizistisch, polizeilich und militärisch konnotierten Wörtern wie Lernmaschinen, Textdetektive, Recherche, Strategien usw. ausdrückt.

Wie sich das neue Bild vom Schüler konkret auf Lernsituationen auswirkt, läßt sich an den Übungsmaterialien zu Lesestrategien zeigen. Es gibt inzwischen eine ganze Reihe von Lernbüchern, die systematisch die wichtigen Lesestrategien vermitteln und einüben, also z.B. das Gliedern von Texten, das Klären unbekannter Wörter, das Stellen von W-Fragen. Das sieht dann so aus, daß ein Text abgedruckt und von den Schülerinnen und Schülern zum alleinigen Zweck der Einübung einer bestimmten Strategie gelesen wird, z.B. zum Unterstreichen und Klären unbekannter Wörter. Sich auf einen Inhalt einzulassen, sich zu neuen Gedanken anregen zu lassen spielt keine Rolle mehr, sondern wirkt sich eher hindernd auf den Erwerb der Strategie aus, die im konkreten Fall geübt werden soll.

Es ist unverkennbar, daß solche Unterrichtskonzepte mit der Standardisierung zusammenhängen: Weil bestimmte abprüfbare Lesestrategien erworben werden müssen, ist es am besten, diese auch isoliert zu trainieren. Das führt zu einer Abrichtung der Texte und der Schülerinnen und Schüler auf bestimmte, geplante Umgangsweisen. In entsprechenden Arbeitsmaterialien, aber auch in neuen Lese- und Sprachbüchern werden die Arbeitswege der Schülerinnen und Schüler entsprechend kleinschrittig vorgegeben – es muß etwas in vorbereitete Kästchen hineingeschrieben werden, es müssen Auswahlantworten angekreuzt werden, es müssen die wichtigen Begriffe unterstrichen werden, es müssen Sprechblasen ausgefüllt werden, es müssen inhaltszusammenfassende Sätze in die richtige Reihenfolge gebracht werden, es müssen Lücken in einem Lückentext ausgefüllt werden. Das ist einfallsreich, abwechslungsreich von den Verfassern gemacht und oft ansprechend bebildert, aber es entsteht eine Gängelung der Schülerinnen und Schüler, die z.T. sogar in Schatten stellt, was in dieser Hinsicht traditionell im lehrerzentrierten fragend-entwikkelnden Unterrichtsgespräch geschah. Das Lernen wird, wie Fingerhut das in einem Aufsatz kritisch genannt hat, zu einem „Nach-Denken von Vorgedachtem".

Dabei ist es durchaus verbreitet, einen solchen Unterricht als Einlösung des Postulats selbständigen Arbeitens auszugeben. Man kann entsprechende Arbeitsmaterialien ja in der Tat gut in Freiarbeit und im Lernzirkel einsetzen oder mit der Moderationsmethode anreichern. Dann hat man eine geschäftige Klasse vor sich, Kästchen füllend, Listen erstellend, Kreuzchen machend. Mit eigenständiger geistiger Arbeit hat das jedoch oft wenig zu tun.

Wenn man das Leitbild des planenden und sich kontrollierenden Menschen und die Praxis des Strategietrainings daraufhin befragt, wie sie zusammenwirken, dann wird wieder ein Mechanismus deutlich, der die gegenwärtige Entwicklung in der Schule steuert. Niemand zweifelt daran, daß der Erwerb bestimmter Strategien sinnvoll und unverzichtbar ist; sie machen in einer konkreten Lebensituation aber immer nur einen Teil der ablaufenden und notwendigen Prozesse aus. Intuitives Erspüren, Imagination, emotionale Ansprechbarkeit spielen beim Reden mit anderen Menschen, beim Schreiben, beim Lesen ebenso eine Rolle. Diese Dimensionen sind allerdings schwer trainierbar; deshalb konzentriert sich ein Unterricht, der an einem überprüfbaren Output von Kompetenzen ausgerichtet ist, auf das strategieorientierte Lernen. Da man dies möglichst effektiv bewerkstelligen will, schafft man Unterrichtsaufgaben, die die anderen Dimensionen wegblenden. Das geht nur durch rigide Beschränkung, wie es eben z.B. Arbeitsblätter bewerkstelligen, die nur eine bestimmte Strategie einüben wollen. So wird eine Zielsetzung, die der selbständigen Problembewältigung dienen soll, nämlich das Vermitteln von Problemlösestrategien, unversehens zum regulierenden, einengenden, Dimensionen der eigenständigen Auseinandersetzung unterdrückenden Arrangement.

Wichtige Dimensionen, die bislang in der Schule ihren Platz hatten, drohen in einem Unterricht, der nur noch das standardisierte Problemlösen vermittelt, vergessen zu werden. Dazu gehören z.B.

- Situationen des Staunens, in denen man einem Gegenstand gerade nicht mit Arbeitstechniken zu Leibe rücken will;
- Situationen des selbstvergessenen Lesens (das entspricht einer Formulierung in dem sehr bedenkenswerten Vorschlag für Standards, die der Grundschulverband vorgelegt hat;
- Situationen intuitiven, kreativen Schreibens.

Die Vorstellung, daß alles in einem planbaren Zusammenhang funktionieren soll, durchdringt von der Idee der Kompetenzstufenmodelle, in denen man von Stufe zu Stufe hinaufklettern soll, unsere Bildungsvorstellung bis hin zur Lernsituation des einzelnen Schülers, in der das Widerständige, das Überraschende, das Unbequeme nur noch als Anlass für die Anwendung einer Problemlösestrategie gesehen wird. Es zählt, was erfolgreich trainierbar ist. Angeleitetes Training ersetzt geistig selbständiges Lernen.

Schluß

Ich schließe meine Überlegungen mit einem kleinen illustrierenden Text ab:

„Von offenen Standards und widerspenstigen Schrauben
Bis 1864 passte eine Schraube, die in einer bestimmten Werkstatt gefertigt war, nicht zu einer Mutter aus einer anderen Werkstatt. Jeder arbeitete nach eigenen Patenten. Es entstand ein einziges Durcheinander. Dann schlug William Sellers ein einheitliches standardisiertes Gewinde vor. Damit konnte man ein Teil hier, ein anderes dort herstellen und das Ganze dann wiederum woanders montieren. Alles passte zusammen."

(Zwischenfrage: Was ist das für ein Text? Er geht folgendermaßen weiter:)

„Die gleiche Logik, angewandt auf die IT, führt direkt zu offenen Standards wie z.B. Linux."

Es handelt sich um eine Werbeanzeige von IBM. Die Leistung von Linux wird dann weiter charakterisiert, mündend in die Schlußfolgerung für den Kunden:

„Sie sind jederzeit bereit, schnell und flexibel auf Veränderungen zu reagieren."

Werbung, schon immer ein guter Indikator für die tatsächlichen Werte, die eine Gesellschaft leiten, zeigt hier sehr prägnant, was das Ziel von Standardisierung ist: Schnell und flexibel auf Veränderungen reagieren. Da haben widerspenstige Schrauben, die nicht funktionieren, nichts mehr zu suchen. Mit den Kompetenzmodellen, den Standards, den Arbeitstechniken hofft auch die Bildungsreform, den universell im „neuen flexiblen Kapitalismus" (Richard Sennet) einsetzbaren Menschen zu schaffen.

Drei Mechanismen, die – den Beteiligten oft kaum bewußt – die didaktischen Trends formatieren, habe ich herausgestellt: Die Reduktion von Komplexität, das Umkippen von Subjektivität in Objektivität und die Verkehrung von selbständigem Lernen in angeleitetes Training. Diese Mechanismen sind in der Regel gar nicht gewollt, aber sie schleichen sich ein. Nicht die Erstellung von Standards, nicht die Vermittlung von Strategien, nicht der Kompetenzbegriff sind je für sich problematisch. Sie sind Teil der wichtigen Neuerungen, die in unserem Bildungssystem überfällig sind. Es ist die einseitige, oft unreflektierte Umsetzung, die zu den problematischen Effekten führt. Wenn wir solche Mechanismen nicht genau beachten, drohen die positiven Effekte, die wir uns von den Reformen erwarten, hinterrücks die guten Absichten zu konterkarieren. Eine solche Aufmerksamkeit zu stärken, dafür sollten meine Ausführungen ein kleiner Beitrag sein.

Die Bevölkerungsurne

Höheres Alter heißt mehr Arbeit

Von Joachim Starbatty

Die neuesten Zahlen des Statistischen Bundesamtes zur Bevölkerungsentwicklung in Deutschland belegen es: Die Bevölkerungspyramide von früher verformt sich weiter zur Urne. Schon jetzt müssen immer weniger Erwerbstätige immer mehr Rentner unterhalten, und noch weniger Erwerbstätige wachsen nach. Zudem leben die Erwerbstätigen von heute immer länger; die Ausgaben für Rente, Gesundheit und Pflege nehmen rapide zu. Sie werden weitgehend über Umlagen finanziert, die von den Erwerbstätigen aufgebracht werden. Die Belastung ist inzwischen so hoch, daß die jungen ledigen Leistungsträger – nicht die Vielverdiener – von zusätzlich hundert verdienten Euro einundsiebzig an den Fiskus entrichten. Sie gehen noch nicht auf die Barrikaden. Wenn aber zwei von ihnen einen Rentner unterhalten müssen, werden sie es tun.

Die sinkende Geburtenrate ist ein zivilisatorisches Phänomen – zeit- und raum-unabhängig. Immer weniger Frauen und Männer sehen offenbar in Kindern die entscheidende Bereicherung ihres Lebens; sie wollen nicht auf Karriere und die damit verbundenen beruflichen Befriedigungen oder Annehmlichkeiten verzichten.

Diese demographische Entwicklung ist eine Zeitbombe. Sie ist aber nicht neu. Es hat immer Epochen gegeben, wo die Alten den Jungen zur Last fielen. In der Schulfibel war dazu eine kurze Geschichte zu lesen: Ein junger Mann trägt seinen gebrechlichen Vater auf dem Rücken; er ist auf dem Weg zu einem Felsen, von dem sich die Alten in die Tiefe stürzen. Auf einmal seufzt der Vater laut auf. Der Sohn hält inne und fragt: Was ist, Vater? Der Alte antwortet: Dies ist die Stelle, bis zu der auch ich meinen Vater geschleppt habe; hier bin ich umgekehrt.

Der Lebensabend wird unruhig

Niemand muß bei uns sterben, damit ein anderer überleben kann. Auch haben die Alten selbst Vorsorge für ihren Lebensabend getroffen. Die Sicherung des Lebensabends hängt bei privater Vorsorge davon ab, wieviel während der berufstätigen Zeit angespart wurde, wie sicher es angelegt wurde – "mündelsichere" Papiere oder hochspekulative Aktien – und welche Politik der Vermögenssicherung von späteren Regierungen erwartet werden kann. Die Sicherung des Lebensabends für abhängige Erwerbspersonen beruht dagegen auf dem Umlagesystem; das bisher von der erwerbstätigen Bevölkerung Eingezahlte ist vollständig und sogar darüber hinaus an die derzeitige Rentnergeneration ausgeschüttet worden.

Der Sachverständigenrat zur Begutachtung der gesamtwirtschaftlichen Entwicklung hat ausgerechnet, daß die daraus resultierenden Verpflichtungen, also die implizite staatliche Verschuldung, sich auf einen Betrag in Höhe von 270 Prozent des Bruttoinlandsprodukts aufsummieren. Die explizite Staatsschuld beläuft sich auf etwas mehr als sechzig Prozent. Die staatliche Gesamtverschuldung, also explizite und implizite Verschuldung zusammengenommen, ergäbe dann den astronomischen Betrag von 330 Prozent. Doch macht der Wirtschaftsweise Bert Rürup darauf aufmerksam, daß man die beiden Ziffern nicht einfach addieren könne; die explizite Verschuldung beruhe auf Verträgen, die eingehalten werden müßten, während die implizite Schuld auf bloßen Ansprüchen beruhe. Politische Entscheidungen könnten sie mindern. Genau hier liegt das Problem.

Wie sichern wir, daß der Staat über genügend Einkünfte verfügt, um die Ansprüche derjenigen zu erfüllen, die heute einzahlen und morgen auf die Einlösung ihrer Ansprüche pochen? Die ökonomische Antwort lautet: Je Arbeitsplatz müssen jetzt und in Zukunft genügend Überschüsse erwirtschaftet werden, um aus ihnen die Kosten für den Unterhalt einer älter werdenden Gesellschaft zu bestreiten; entscheidend sind also die Produktivität und die Zahl der Arbeitsplätze.

Das Beruhigende ist also, daß die Lösung des Problems in unserer Hand liegt, das Beunruhigende, daß viele die Lösung für bedrohlicher als das Problem halten. Wenn es auf die Überschüsse und die Zahl der Arbeitsplätze ankommt, so ergeben sich daraus drei grundsätzliche Aktionsfelder: Wochen- und Lebensarbeitszeit, Geburtenrate und Zuwanderung.

Erwerbstätige leben heute im Schnitt vier Jahre länger als noch vor wenigen Jahrzehnten. Wenn die Mehrbelastung nicht der zukünftigen Erwerbsgeneration aufgebürdet werden kann, muß das Renteneintrittsalter um zwei Jahre nach hinten verschoben werden – von 65 auf 67 Jahre. Man arbeitet zwei Jahre länger, um zwei zusätzliche Lebensjahre zu finanzieren. Jeder frühere Eintritt in die Rente hätte Abschläge zur Folge. Wenn man sagt, das können wir niemandem zumuten, so stocken wir die implizite Staatsschuld auf. Wenn sich die zukünftige Erwerbsgeneration verweigert, werden die Zahlungen an die Rentnergeneration verringert. Dieser Einkommensverlust kann dann nicht mehr kompensiert werden.

Die Illusion, Arbeitslosigkeit als Konsequenz geknebelter Arbeitsmärkte aus der Welt zu schaffen, indem Politiker über Frühverrentung die Rentenkassen plündern, ist verflogen. Die Arbeitsmärkte müssen sich auf die neuen Notwendigkeiten einstellen. Der Jugendlichkeitswahn insbesondere in den Großbetrieben – stolz darauf zu sein, daß das betriebliche Durchschnittsalter sinkt und vor allem die Vorstände immer jünger werden – vernachlässigt die Aktiva Erfahrung und Führungsqualität, abgesehen davon, daß Vorstände, die zwanzig Jahre im Amt sind, nachwachsende Führungskräfte frustrieren. Ältere Arbeitskräfte müssen Lohnsenkungen in Kauf nehmen, falls sie weniger produktiv sein sollten.

Mindert aber nicht eine längere Lebens- oder Wochenarbeitszeit für jüngere oder arbeitslose Erwerbspersonen die Chance, einen Arbeitsplatz zu finden? Dahinter steht die Auffassung, daß es in jeder Volkswirtschaft nur eine begrenzte Menge an Arbeit gebe und daß diese gerecht auf alle Arbeitswilligen aufzuteilen sei, genau wie die in einer Wagenburg eingeschlossenen Siedler ihre Nahrung rationieren, damit sie ihre Überlebenschancen erhöhen. Eine solche Wagenburg-Mentalität hat die gewerkschaftliche Arbeitsmarktpolitik in Form von Arbeitszeitverkürzungen geprägt. Die tarifliche Wochenarbeitszeit (ohne Teilzeitarbeit) in Deutschland ist mit 35,7 Stunden die niedrigste unter allen Industrienationen; dafür haben wir die meisten Urlaubs- (dreißig) und Feiertage (dreizehn); hinzu kommen noch die individuellen Fehltage. In keinem Industrieland wird so wenig gearbeitet wie bei uns, und doch ist die statistisch ausgewiesene Arbeitslosigkeit mit am höchsten: 11,1 Prozent (Februar 2004).

Längere Wochen- und Lebensarbeitszeit können das Problem der Überalterung lindern, aber nicht aus der Welt schaffen. Entscheidend wird sein, daß immer genügend Arbeitskräfte nachwachsen. Unsere Geburtenrate ist eine der niedrigsten in der Welt. Insbesondere akademisch ausgebildete Frauen sind nicht bereit, ihre berufliche Karriere zugunsten von Familie und Kindern aufzugeben. So wird auch unser genetisches Potential nicht voll ausgeschöpft. Beispiele zeigen aber, daß die Geburtenrate ansteigt, wenn Frauen die Möglichkeit geboten wird, Beruf und Kinder miteinander zu vereinbaren, angefangen von Tageskindergärten bis hin zum Angebot von Ganztagsschulen.

Ist Berufstätigkeit mit dem Wunsch nach Kindern vereinbar, so können wir einen Anstieg der Geburtenrate erwarten, vielleicht sogar auf das französische Niveau von 1,86 Kindern je Frau (F.A.Z. vom 21. April). Aber es bleibt eine Erwartung; vor allem wird bis dahin viel Zeit vergehen. Daher ist verständlich, daß die Politik auf die Zuwanderung setzt. Die Diskussion konzentriert sich dabei auf die Frage der Integrationsfähigkeit und der Abwehr terroristischer Infiltration unter dem Deckmantel der Zuwanderung. So wichtig die Klärung dieser Punkte auch ist, so wird doch die entscheidende Frage nicht beantwortet: Können so die benötigten Arbeitsplätze mit hoher Wertschöpfung besetzt werden? Wir erwarten von den Zuwanderern einen hohen ökonomischen Nutzen: Sie sollen der Rentnergeneration die Qualität des Lebensabends sichern.

Die wichtigste Frage bleibt offen

Die protestantischen Flüchtlinge aus Frankreich und Salzburg brachten in das historische Preußen hochwertiges Humankapital und auch Finanzkapital mit. Was bringen die zukünftigen Zuwanderer mit? Schlecht ausgebildete Arbeitskräfte, die keine Stelle finden, gibt es bei uns genug. Daher ist eine vorurteilsfreie Aufarbeitung des Nettonutzens der bisherigen Zuwanderung erforderlich. Die Sozialsysteme müssen so umgesteuert werden, daß die Zuwanderung ausschließlich in den Arbeitsmarkt erfolgt.

Die bisherige Zuwanderung ist Konsequenz eines Saldos: Es wandern Menschen zu, die personalintensive Dienstleistungen anbieten – morgens in den Hotelfluren zu sehen –, und es wandern hochqualifizierte, meist akademisch gebildete Arbeitskräfte ab. Diese Abwanderung wird sich verstärken, wenn die Hochschulen finanziell noch stärker ausbluten.

Sollten sich also die Rahmenbedingungen nicht verändern, dann können wir die Sicherung des Lebensabends derzeit am ehesten aus der Verlängerung der Arbeitszeit erwarten. Hier fallen für Unternehmer wie Gesellschaft positive Nettoeffekte an. Daß ein großes Unternehmen wie Siemens den Verbleib eines Teils seiner Produktion in Deutschland von der Verlängerung der Arbeitszeit abhängig macht, bestätigt diese These.

Transzendentale Ökonomik

Bemerkungen zur Ökonomisierung der Wissenschaften

Ulrich Thielemann

Wir leben im Zeitalter der Ökonomisierung. Und die Ökonomisierung macht auch vor den Universitäten nicht halt. Diese sind sogar bevorzugtes Feld der Ökonomisierung, denn da sind die Ökonomisierungsspielräume besonders hoch. Ökonomisierung heißt: Elimination marktfremder Gesichtspunkte bzw. aller „betriebsfremder Interessen" (Max Weber), wie sie für je unterschiedliche Lebenssphären charakteristisch sind, durch einen einzigen Gesichtspunkt: die marktliche Performance. Dabei ist der Markt weiter zu fassen als der Bereich geldvermittelten Tausches, wenn dieser auch das Paradigma des Marktes bildet. Entscheidend ist, daß die Kommunikation von Gründen auf Constraints, vom kommunikativen aufs strategische Handeln (J. Habermas) umgestellt wird und Wissen nur noch in der Form von Verfügungswissen (J. Mittelstrass) vorkommt, dem Orientierungs- und Reflexionswissen jedenfalls keine Verbindlichkeit mehr zukommt.

Diese Definition macht bereits deutlich, warum die Institutionen, die sich auf die „Schaffung" von Wissen spezialisiert haben, ein herausragendes Feld der Ökonomisierung und gleichsam dessen Vollendung bilden. Wenn das Wissen ökonomisiert ist, dann machte es keinen Sinn mehr, nach der *Vernünftigkeit* der Ökonomisierung, etwa nach ihren Grenzen, zu fragen. Die Forschung stünde vielmehr im Dienst der Profilierung des Forschenden – man wählt diejenigen Forschungsthemen und -inhalte, *um* in die „richtigen", renommierten, „anerkannten" Fachzeitschriften zu gelangen. Oder sie stünde im Dienst der „Kunden" – etwa von Unternehmen, die spezifische Beratungsdienste nachfragen, auf die die „Forschung" gezielt zuzuschneiden ist, um an die „Drittmittel" (die dann einfach Forschungsmittel heißen) heranzukommen. Auch die Lehre stünde im Dienst von Kunden – vor allem der Studierenden –, die in effizienter, zeitsparender Weise diejenigen Lehrinhalte vermittelt bekommen möchten, die ihre Fitneß auf den Arbeitsmärkten stärkt.

Die Ökonomisierung der Wissenschaft bzw. der Universität, überhaupt der Bildungseinrichtungen wurde bislang vor allem institutionell beleuchtet und kritisiert. Daß da ein *Zusammenhang* besteht zwischen der Ökonomisierung der organisatorischen Form und der Ökonomisierung der Inhalte bzw. der Sinnorientierung des „Unternehmens" Wissenschaft, wird dabei zumeist vernachlässigt.

Ökonomisierung der Form

Zur Ökonomisierung der Form gehört nicht nur die Umwandlung der Universität in eine Unternehmung mit Vorstand (Rektor) und Aufsichtsrat (Universitätsrat) – wobei bislang allerdings das Unternehmensziel, dem der Hochschulbetrieb als Mittel dienen soll, noch nicht völlig geklärt ist. Es gehört hierzu auch die Umwandlung der Studenten in Kunden. Die Annahme, daß damit das Lehrangebot auf die Bedürfnisse der Studierenden ausgerichtet würde, widerspiegelt allerdings nur die halbe Wahrheit. „Sind Studenten Kunden, ist das Ergebnis eine gut vorbereitete Vorlesung und eine anspruchsvolle und engagierte Hörerschaft an Hochschulen, denen die Qualität des Unterrichts am Herzen liegt" (J. Kay). Die erste Konsequenz ergibt sich etwa daraus, daß die Dozenten bei ‚schlecht vorbereiteten Vorlesungen' eine schlechte Evaluation durch die Studierenden erhalten, was der Vita vermutlich nicht förderlich ist oder gar zu Gehaltseinbußen führt. Die zweite, studentenseitige Konsequenz ergibt sich daraus, daß Kunden Zahlende sind. Wer nicht zahlen kann oder will, ist nicht Kunde. Und wer zahlt, möchte dafür eine entsprechende Gegenleistung.

Darum ist die Umwandlung von Studenten in Kunden beinahe zwingend mit der Einführung von Studiengebühren verknüpft. Die Kritik entzündet sich vor allem hieran. Es wird eine Klassengesellschaft befürchtet, die vorzugsweise dem Nachwuchs wohlhabender Familien die Aufnahme eines Studiums erlaubt, so daß sich die Einkommens- und Bildungsunterschiede über Generationen hinweg weiter verschärfen. Die Ökonomisierung wird hier vor allem zum Problem „sozialer Gerechtigkeit" – der Verteilungsgerechtigkeit und der Chancengleichheit.

Dabei wird allerdings übersehen, daß sich dieses Problem durchaus bewältigen oder zumindest entschärfen läßt – etwa durch Bildungsgutscheine, Stipendien an besonders Begabte oder Darlehn. Großbritannien ist hier einen innovativen Weg gegangen, der dem Einwand gegen den Verzicht auf Studiengebühren Rechnung trägt, daß ansonsten, um es plakativ und exemplarisch zu formulieren, Facharbeiter (qua Steuern) Ärzte subventionieren. Großbritannien hat nämlich nicht starre, sondern variable Studiengebühren eingeführt, die erst nach dem Studium in Abhängigkeit von den Studienkosten und damit tendenziell in Abhängigkeit des erzielten Einkommens gezahlt werden. Damit wird nicht nur ein Zusammenhang zwischen der finanziellen Belastung der Studenten und ihrem zukünftigen Einkommen hergestellt, es ergibt sich auch eine gewisse Quersubventionierung von „lukrativen" zu weniger lukrativen Studiengängen.

Insofern ist die britische Lösung sogar eine Ökonomisierung und eine Entökonomisierung in einem. Denn der Vorschlag anerkennt, daß ein Studium nicht nur darum aufzunehmen ist, *um* mit Hilfe der dort erworbenen „Skills" später ein möglichst hohes Einkommen zu erzielen.

Schließlich gehört es zu den unausgesprochenen Grundsätzen eines *wissenschaftlichen* Studiums, daß es dort *um die (wissenschaftliche) Sache* geht, auf die man sich eine Zeit lang einläßt. Die Seite der *Ausbildung* ist streng genommen ein Zusatz oder ein zufälliges Nebenprodukt jedenfalls eines wissenschaftlichen Studiums.

Ökonomisierung der Inhalte

Ob darin allerdings eine nachhaltige Anerkennung des nicht zu funktionalisierenden Eigenwerts der Wissenschaft verknüpft ist, darf wohl eher bezweifelt werden. Vielmehr ist zu erwarten bzw. ist beabsichtigt, daß die (wie gesagt sozialstaatliche heilungsfähige) Ökonomisierung der Form auf die Ökonomisierung der Inhalte durchschlägt. Hierzu gilt es sich den allgemeinen Trend zur Ökonomisierung vor Augen zu führen, der im Kern darauf hinausläuft, daß wir alle zunehmend zu „Lebensunternehmern" werden, die „lebenslang" in ihr eigenes „Humankapital" investieren, um ihre Wettbewerbs- bzw. Arbeitsmarktfähigkeit zu erhalten bzw. überhaupt erst zu erlangen. Denn der Wettbewerb, so der Ökonom Helmut Arndt (1952) ist „ein Prozeß der Erziehung, der den Menschen antreibt, dem rationalen Menschen – und damit dem ‚homo oeconomicus' – ähnlich zu werden." Er ist zugleich das „einfache und einsichtige System der natürlichen Freiheit" (Adam Smith), das den Zwang zum Unternehmertum, zur kalkulatorischen Einstellung der Welt gegenüber, als Ausdruck des freien Willens erscheinen läßt, da die Instanzlosigkeit des Marktes einen Urheber des Zwangs nicht erkennen läßt.

Dies ist der Hintergrund dafür, so der Ökonom Heinz Hauser, daß „Studentinnen und Studenten ihren Ausbildungsplatz immer mehr weltweit aufgrund der Qualitätsreputation und deren späteren Karrieremöglichkeiten" auswählen. Auch wenn hier wohl noch eher der Wunsch (des Ökonomisierers) den Vater des Gedanken bildet, so ist dieser Beobachtung eine gewisse Realitätsnähe doch auch nicht abzusprechen. Die Lehre und wohl auch die Forschung (denn Wissenschaft ist Lehre aus Forschung, J. Mittelstrass) auf die „Bedürfnisse der Nachfragenden", d.h. der Studierenden auszurichten, bedeutet tendenziell, sie „den Anforderungen, die sie (die Studierenden, U.T.) auf dem Arbeitsmarkt werden erfüllen müssen," anzupassen (Kubli, R./Latzel, G).

Die „Kunden" des „Gutes Bildung", die von der „Unternehmung Universität" bedient werden, sind also vielschichtiger Natur. Als Kunden kommen nicht nur Studierende in Frage, sondern auch Unternehmen, die technisches und sozialtechnisches Wissen bei Universitäten einkaufen, sowie der Staat, der den Standort pflegen will oder muß und dafür Bürger braucht, die über die „richtigen" Fähigkeiten verfügen. Studenten sind dabei Kunden und Produktionsfaktoren zugleich (und auch Produkte). Denn „gute" Studenten sind ein wesentlicher Faktor für die Reputation der Unternehmung Universität – auch auf dem Professorenmarkt, denn die Professoren sind ebenfalls als Kunden und auch als Produzenten ökonomisch relevant.

Die immer wieder geforderte „Autonomie" der Universitäten ist in diesem Zusammenhang zu sehen. Damit ist ja nicht einfach eine Stärkung der Freiheit der Forschung gemeint – sondern tendenziell das Gegenteil: Spielräume, *um* sich an den Vorgaben der „Kunden" auszurichten. Die Forderung, daß sich die Autonomie der Universitäten auch und insbesondere auf die Auswahl der Studierenden erstrecken müsse, spiegelt die ökonomische Doppelfunktion der Studierenden als Kunden und Produktionsfaktoren. Hierzu gehört auch die Vergabe von Stipendien an „Spitzenbegabte". Universitäten werden zu Trainingscamps für Managementaspiranten und technische Spezialisten mit unternehmerischem Flair. Natürlich gehört zur Unternehmung Universität auch eine schlagkräftige Patentabteilung.

Eine weitere Form der Ökonomisierung bildet die „leistungsbezogene Besoldung" der Professoren. Natürlich fragt sich, was eine *gute* „Leistung", was Qualität in Forschung und Lehre ist und mit welchen Indikatoren diese gemessen werden kann. Bislang war die Qualität des wissenschaftlichen Arbeitens eine Frage des sachlichen Gehaltes eben dieser Forschung und der daraus fließenden Lehre selbst, ohne daß *externe* Kontrollmechanismen gegriffen hätten oder hätten greifen sollen. Nun stellt sich die Frage der Maßstäbe der „Evaluation". Ernst Buschor, damals Erziehungsdirektor des Kantons Zürich und in der Schweiz Vorreiter des „New Public Management", hat hierfür einen aus ökonomischer Sicht wohl denkbar konsequenten Vorschlag unterbreitet: Als Evaluationskriterium für die Performance des Lehrpersonals (und hier ließen sich Professoren wohl einbeziehen) schlug er das voraussichtliche zukünftige Einkommen der Schüler (bzw. Studenten) vor und deren Chancen auf dem Arbeitsmarkt. Beim Ranking von MBA-Programmen ist dies bereits Gang und Gebe. So bildet in der jährlich von der Financial Times durchgeführten Rangordnung die Höhe des Gehalts drei Jahre nach Abschluß des Studiums zusammen mit dem prozentualen Einkommenszuwachs, der durch das Studium erzielt werden konnte, ganz selbstverständlich das vorrangige Kriterium zur Beurteilung der Qualität von Business Schools bzw. Universitäten. Natürlich sind unter dem Stichwort „Value for money" auch die je unterschiedlichen Kosten der Studienangebote zu berücksichtigen.

Häufig wird gegen das ökonomische bzw. ökonomistische Verständnis der Universität eingewandt, durch die Konzentration auf „kurzfristige" ökonomische Erfolge würde die „Grundlagenforschung" allzu sehr vernachlässigt. Der Einwand übersieht, daß aus einer konsequenten und umfassenden ökonomischen Sicht „Grundlagenforschung" – der Begriff legt es bereits nahe – als Forschung zu begreifen ist, die nicht sogleich lukrative Produkte oder Produktionsmethoden entwickelt, sondern die Grundlagen *hierfür*. Man hat es eben mit einem „öffentlichen" statt mit einem privaten Gut zu tun – aber mit einem Gut. Am Modus und Sinn der Ökonomisierung der Wissenschaften ändert dieser Einwand also nichts.

Auch wären die Stunden der Geisteswissenschaften innerhalb einer ökonomisierten Universitätslandschaft nicht zwingend gezählt. Peter Glotz, der sich vor einigen Jahren mit dem Vorschlag exponiert hat, besonders „leistungsstarke" Universitäten in Aktiengesellschaften umzuwandeln, findet es „abwegig, das ganze Universitätssystem zu privatisieren und ‚Orchideenfächer' auf diesem Umweg durch Betriebswirtschaft und Informatik zu ersetzen." Schließlich hätten sich bestimmte Forschungsrichtungen „im Bereich der Humanwissenschaften durchaus bewährt." Worin diese ‚Bewährung' besteht, deutet Glotz mit dem Hinweis an, es gelte, „eine Liberalisierung des Stiftungsrechts und die gezielte Förderung von Stiftermentalität" voranzutreiben. Ökonomisierung der Wissenschaften bedeutet, daß Forschung und Lehre *entweder* als Investitionen zu begreifen sind, also als Zahlungen, die einen Return on Investment versprechen, der die ursprüngliche Zahlung übersteigt, *oder* als Konsum. Da ein Return on Investment aus den Geisteswissenschaften beinahe definitionsgemäß nicht zu erwarten ist (da ihre Sache das Orientierungswissen ist), werden sie zu einer Frage privaten Konsums. Und dieser wird vermutlich eher Erbauliches nachfragen, am besten in Form knisternder Kaminfeuerphilosophie. Das gute Gefühl ersetzt die Vernunfterkenntnis.

Transzendentale Ökonomik

„Wettbewerb bringt Qualität" – auf diese Formel bringt Peter Glotz das ökonomistische Credo, das nicht nur für die Wirtschaft, sondern auch für die Gesellschaft insgesamt bestimmend sein soll, insbesondere auch für die Wissenschaften als der wesenhaften Bastion kritischen Denkens. Es ist dies der metaphysische Glaube, daß der Wettbewerb als ein „Entdeckungsverfahren" (Hayek) und nicht wir irdische Wesen bestimmen, was „Qualität", was die „besseren Lösungen", was gute Forschung, usw. kurzum: was vernünftig ist.

Über die Radikalität dieses Projekts, welches auf eine *Ökonomisierung des Denkens* hinausläuft, herrscht bislang weitgehende Unklarheit. Konsequent zu Ende gedacht läuft diese Denkweise auf die Ablösung der Wahrheits- durch die Wettbewerbstheorie hinaus. Über die Gültigkeit wissenschaftlicher Aussagen entscheidet unter seiner Ägide nicht mehr der eben an dieser Gültigkeit orientierte Diskurs der scientific community, sondern der wettbewerbliche Markt. Über alle noch so weit reichenden Differenzen verschiedener wissenschaftlicher Schulen und Paradigmata hinweg (etwa zwischen hermeneutischen und positivistischen Strömungen) war man sich ja, zumindest performativ, darin einig, daß um die Sache gestritten wird, um der Erkenntnis willen selbstverständlich, und daß das bessere Argument, nicht das bessere Angebot den Ausschlag geben soll. Nun aber ist die Sache eine andere. Die Erkenntnis wird zum Mittel der ökonomischen Performanz.

Ob es zu diesem Wandel des Aggregatszustandes der Gesellschaft – nicht nur der Wissenschaft – hin zur Ökonomisierung des Denkens jemals kommt, ist wohl eher zu bezweifeln. Denn wir wachsen nicht als Homines oeconomici auf, sondern als fragende, wißbegierige und orientierungsbedürftige Wesen. Um der Vernünftigkeit und Autonomie unserer Orientierung willen gilt es allerdings, sich der Gefahr überbordender Ökonomisierungstendenzen bewußt zu werden. Es ist zu hoffen, daß die diskursiven Räume hierfür durchaus noch in Universitäten und nicht außerhalb ihrer anzutreffen sein werden.

Global und de-national?

Über die Rolle des Nationalstaats im 21. Jahrhundert

Michael Zürn

I. Der moderne Nationalstaat

In der Staatstheorie überwiegen Definitionsversuche, die den Staat auf eine einzige Funktion zu verdichten versuchen. Für Thomas Hobbes (Hobbes 1994) steht die Überwindung des natürlichen Kampfes aller gegen alle im Vordergrund – ein Kampf, der das Leben laut Hobbes „nasty, brutish and short" werden läßt. Andere Größen der politischen Theorie haben entsprechend das Monopol der legitimen physischen Gewaltsamkeit, so Max Weber (Weber 1972), oder die Herrschaft über den Ausnahmezustand, so Carl Schmitt (Schmitt 1922), als das eine zentrale Merkmal der Staatlichkeit hervorgehoben.

Wenn man die Dinge dann einmal genauer anschaut, steht der moderne Staat für so viel mehr. Er regelt beispielsweise den Arbeitsmarkt; er steuert die Wirtschaft; er bekämpft die Kriminalität; er sollte auch für Bildung sorgen, wie gut oder schlecht er das auch immer dann in der Realität schafft; er regelt den Straßenverkehr; er gibt der Demokratie einen Rahmen; unterhält Unternehmen; führt Kriege und macht Friedensverträge; schafft Rechtssicherheit; unterstützt die soziale Wohlfahrt; erhebt Steuern und er bestimmt ganz direkt die Verteilung von ca. 50 Prozent des Bruttosozialproduktes; er verpflichtet zum Militärdienst; unterhält das Gesundheitswesen; vertritt nationale Interessen, und er regelt darüber hinaus weite Bereiche des täglichen Lebens bis ins kleinste Detail.

Staatlichkeit ist also eher ein mehrdimensionales Konzept. Es ergibt sich aus dem Zusammenwirken mehrerer Aspekte oder Dimensionen:

- Da ist beispielsweise die Ressourcendimension: Dabei geht es vor allem um die Kontrolle von Militär und Steuern.
- Da ist die Rechtsdimension: Dabei geht es vor allem um die Frage, ob tatsächlich das Recht die Herrschaft ausübt.
- Es gibt die Legitimationsdimension: Dabei geht es um die Frage, inwieweit die vorhandenen realen Herrschaftsbeziehungen innerhalb eines Staates anerkannt werden.
- Und es geht natürlich auch um die Wohlfahrtsdimension, also die Ermöglichung von Wachstum und sozialem Ausgleich.

Das Besondere am modernen Nationalstaat des 20. Jahrhunderts war nun, daß diese vier Dimensionen alle auf der Ebene des Nationalstaates zusammenliefen und gebündelt wurden. Der Nationalstaat kontrollierte die zentralen Ressourcen, wie eben Steuern und Militär. Er hatte alleine die Herrschaft des Rechts zu garantieren, und nur in seinem Gehäuse fanden politische Legitimationsprozesse wie Wahlen und öffentliche Auseinandersetzungen statt, und er hatte für Wohlstand und sozialen Ausgleich zu sorgen.

Alle vier Dimensionen der Staatlichkeit konzentrierten sich also auf eine nationalstaatliche Ebene. Daher kann es wenig überraschen: Keine andere politische Institution prägte die Lebenschancen der Menschen so nachhaltig wie der moderne Nationalstaat während des gesamten 20. Jahrhunderts. Vor dem Hintergrund seiner Leistungsstärke und der Vielfalt seiner Aktivitäten wird die Blütezeit des demokratischen Wohlfahrtsstaates in pointierter Form, wie etwa bei Jürgen Habermas, auch als das „goldene Zeitalter" gesehen.

Auf den zweiten Blick, wenn wir einen Schritt zurücktreten und den Schuß überzogener Begeisterung für diese zweite Hälfte des 20. Jahrhunderts herausnehmen, dann werden die Ambivalenzen des modernen Nationalstaates allerdings deutlicher: Der moderne Staat ist die Hauptgefahr für und der zentrale Garant der allgemeinen Menschenrechte. Nach wie vor werden Menschenrechte am häufigsten durch Staaten verletzt, aber nur der Staat scheint sie gewährleisten zu können. Staaten sind auch die vorrangige Bedrohung und der zentrale Garant für die territoriale Integrität einer nationalen Gesellschaft. Wie wir wissen, ist der gesamte Verteidigungsapparat eines Staates traditionell eben gegen andere Staaten gerichtet. Es folgt daraus, ohne diesen Verteidigungsapparat gäbe es weder Bedrohungen noch Schutz vor den Bedrohungen. Zugleich ist der Staat Förderer wie Hindernis des wirtschaftlichen Wachstums – die gegenwärtige Reformdiskussion in unserem Lande macht dies – glaube ich – allzu deutlich. Für diesen zweiten Blick auf die Ambivalenzen gilt das Diktum des Historikers Wolfgang Reinhard: „Wer weiß, wie der Staat funktioniert, hört auf, an ihn zu glauben".

Dennoch gilt: Die sozialen Grundwerte Frieden und Sicherheit, Rechtssicherheit und individuelle Freiheit, politische Selbstbestimmung und soziale Wohlfahrt werden bis heute – jedenfalls in Europa – allesamt in symbiotischer Verbindung mit dem modernen Nationalstaat gedacht. Angesichts dieser Errungenschaften spricht man in Frankreich von den trente glorieuses, den goldenen 30 Jahren nach dem Zweiten Weltkrieg. An dieser Epoche ist Maß zu nehmen.

Und genau deshalb sind eben die Stimmen, die heute, weitere 30 Jahre später, das Ende des demokratischen Rechts- und Interventionsstaates westlicher Prägung ausrufen, gewiß nicht nur von akademischem Interesse. Sie sind auch von praktischer Bedeutung. Sicherlich, die Rede vom Ende des Nationalstaates ist bestimmt überzogen. Gleichwohl steht der moderne Rechts- und Interventionsstaat westlicher Prägung im 21. Jahrhundert vor grundlegenden Herausforderungen „von außen" wie „von innen".

II. Herausforderungen für die nationale Konstellation

Die „nationale Konstellation“ bezeichnet also eine spezifische institutionelle Form, in der sich die Dimensionen der Staatlichkeit allesamt in einer politischen Organisation vereinigten und sich dabei gegenseitig abstützten und verstärkten. In diesem Sinne erweist sich die „nationale Konstellation“ als außerordentlich stabil und dauerhaft. Gleichzeitig ist die „nationale Konstellation“ an zwei Rahmenbedingungen gebunden, die man – in gewisser Weise – als Kontext der Staatlichkeit sehen kann: Das ist zum einen die Kongruenz – die Deckungsgleichheit also – von sozialen und politischen Räumen und zum anderen die Permeabilität – die Durchdringungsfähigkeit – von gesellschaftlichen Teilsystemen.

Zum ersten: Zur Deckungsgleichheit von sozialen und politischen Räumen. Es ist schon in der Dreielementenlehre des Völkerrechts angelegt, daß argumentiert wird, der Staat besteht aus „Volk“, aus einem „Gebiet“ und der „Staatsgewalt“, und daß diese drei Ebenen in einem entsprechenden engen Zusammengehörigkeitsverhältnis zu stehen haben. Nach dieser Vorstellung erstreckt sich die Staatsgewalt auf das Gebiet, in dem das Volk lebt. Derartig konstituierte territoriale Einheiten haben in den Worten Carl Schmitts „mathematisch scharf“ voneinander abgetrennt zu sein. Soziologischer formuliert: Der Raum, in dem sich gesellschaftliche Austauschbeziehungen und Handlungszusammenhänge verdichtet haben, darf nicht größer sein als der Raum, der durch politische Regelungen erfaßt wird. Solange also die wirtschaftlichen Aktivitäten, der Brief- und Telefonverkehr, die Verschmutzung der Umwelt, die Herstellung und der Gebrauch von Kultur sich größtenteils im Rahmen nationaler Grenzen vollzogen haben, konnten derartige Aktivitäten auch durch Maßnahmen des Nationalstaates erfolgreich und effektiv geregelt werden.

Es ist aber nun genau diese Kongruenz oder Deckungsgleichheit von sozialen und politischen Räumen, die im Zuge der sogenannten Globalisierung in Frage gestellt wird. Demnach steht uns ein Zeitalter der globalen Marktbeziehungen bevor, in dem – eben je nach Lesart und je nach politischem Geschmack – entweder die Führungsetagen multinationaler Unternehmen das Sagen haben oder eben das globale Konsumentenparadies geschaffen wird. Allgemeiner formuliert: Technologische und politische Entwicklungen haben in den letzten zwei bis drei Jahrzehnten in unvorhergesehener Weise dazu geführt, daß die Bedeutung des Raumes als Hindernis sozialer Interaktion abgenommen hat. In dem Maße nun, wie sich diese Ortsbindungen auflösen, entpuppt sich die Gleichung von räumlicher und sozialer Entfernung als falsch. Folglich liegen heute die Grenzen sozialer Handlungszusammenhänge in vielen Bereichen jenseits der politischen Grenzen des Nationalstaates. Die gegenwärtigen politischen Institutionen und Regelungen beziehen sich in ihrer Mehrzahl aber nach wie vor auf den Nationalstaat. Denn noch immer werden „Gesellschaft und Staat deckungsgleich gedacht, organisiert und gelebt“ (Beck 1997). Im Ergebnis führt dieses Auseinanderlaufen von gesellschaftlichen Beziehungen, die über die nationalen Grenzen hinausreichen, und der politischen Autorität, die nach wie vor im wesentlichen auf den Staat bezogen bleibt, auf den Nationalstaat bezogen bleibt, im Ergebnis führt dieses Auseinanderlaufen dazu, daß die Ziele des Regierens durch nationale Politiken immer schwerer zu erreichen sind.

Das ist die eine Herausforderung: die durch die Globalisierung. Die zweite Herausforderung besteht in der wachsenden Komplexität gesellschaftlicher Teilsysteme, die eine Durchdringung und Steuerung dieser Teilsysteme von außen so schwer möglich macht. So kann der Staat heute kaum noch als traditioneller, hierarchisch handelnder „Vater Staat" auftreten, wenn er wirklich erfolgreich sein will. Viele ehemalige Staatstätigkeiten liegen heute in den Händen privater oder zivilgesellschaftlicher Akteure, auch wenn der Staat nach wie vor häufig, und vielleicht sogar in manchen Regionen zunehmend, einen dichten „regulatorischen Schatten" wirft. Aber dieser Staat braucht eben die gesellschaftlichen Akteure zur Mitwirkung, um in die gesellschaftlichen Teilsysteme erfolgreich hinein intervenieren zu können.

Selbst in Kernbereichen staatlichen Handelns – der Ausübung eigentlicher Staatsgewalt – werden hierarchische Steuerungsformen seltener. Hier ist der Staat immer häufiger nur primus inter pares beim Kooperieren mit nicht-staatlichen Akteuren, wenn bestimmte Regelungsabläufe zu organisieren sind. Manche sprechen in diesem Zusammenhang gar von einer public management revolution, die vom outsourcing der Justizvollzugsanstalten in den USA bis zu privaten Rentenfinanzierungsmodellen reicht. Wie immer man dazu stehen mag, ob man diese politische Entwicklung für richtig oder für falsch hält, als steuerungspolitischer Trend ist sie jedenfalls unübersehbar. Und als steuerungspolitischer Trend weist sie auf die zweite zentrale Herausforderung des modernen Nationalstaates hin. Nämlich der zunehmenden Schwierigkeit, politische Teilsysteme von außen zu steuern. Diese Schwierigkeit erfordert im Gegenzug die Teilnahme der gesellschaftlichen Regelungsadressaten an der Regelformulierung und an der Regelumsetzung.

III. Zerfaserung von Staatlichkeit

Vor dem Hintergrund dieser beiden Herausforderungen kann also gesagt werden: Staatlichkeit befindet sich im Wandel, auch und gerade in der Bundesrepublik Deutschland. Der moderne Nationalstaat wird angesichts dieser Herausforderungen sich aber nicht einfach verabschieden, wie es die Abschiedsgesänge einiger Bestseller-Autoren auf dem Sachbuchmarkt wollen. Dort ist vom Ende des Wohlfahrsstaates, dem Niedergang der Demokratie und dem Abschied des Nationalstaates die Rede.

Meine These ist hingegen: Es findet derzeit eine „Zerfaserung von Staatlichkeit" statt, die zentralen Komponenten moderner Staatlichkeit entwickeln sich auseinander und lagern sich auf unterschiedlichen politischen Ebenen an. Im Ergebnis wird eine anders geartete Staatlichkeit dominieren.

Zentrale Komponenten postnationaler Staatlichkeit werden die Ressourcengrundlagen, das Recht, die Legitimation und die staatliche Interventionskapazität bleiben; daran wird sich nichts ändern. Und zur Erinnerung nur noch einmal: Sie waren allesamt auf einer Ebene, auf der Ebene des Nationalstaates gebündelt. Sie liefen auf der Ebene der nationalen Gesellschaft, auf dem Territorium eines Landes zusammen. Im Zuge der Zerfaserung von Staatlichkeit werden diese Komponenten von der nationalstaatlichen Ebene teils auf die internationale Ebene abwandern, teils in die Gesellschaft bzw. in „untere Staatsschichten" hinein abgegeben.

Schauen wir beispielsweise die Interventionsdimension an. Ein Punkt also, wo mittels politischer Maßnahmen die Gesellschaft geregelt wird. Da läßt sich schnell feststellen: In den meisten europäischen Demokratien beschäftigen sich inzwischen die Parlamente fast zur Hälfte nur mehr mit Abstimmungsvorlagen über solche Regelungen, deren Ursprung im europäischen Gemeinschaftsrecht oder in internationalen Vereinbarungen liegt – bei jeder zweiten Vorlage ist das Parlament also nur noch Vollzugsorgan. Nie zuvor waren die internationalen Bezüge nationaler Politik so wichtig, nie zuvor war die Bedeutung internationaler politischer Regime und Organisationen so groß wie heute. Es ist längst nicht mehr nur das Auswärtige Amt und das Bundesministerium für wirtschaftliche Zusammenarbeit, die sich mit internationalen Fragen zu beschäftigen haben. Derzeit sind alleine in den deutschen Bundesministerien 336 Referate mit internationalen Aufgaben befaßt. Das Auswärtige Amt selbst verfügt aber nur über 74 Referate (Eberlei and Weller 2001).

Die Beseitigung der Marktbarrieren, die Standardisierung von Produkten und Maßen, Umweltvorschriften, Fragen der Produktsicherheit – also viele der Dinge, die im 18. und 19. Jahrhundert im Visier des nationalen Interventionsstaates lagen, werden heute von internationalen Institutionen übernommen. Anders stellt sich die Frage allerdings im Bereich der Umverteilung, im Bereich des Wohlfahrtsstaates – im engeren Sinne – dar. Die Aufgabe der Umverteilung und des sozialen Ausgleichs wird nämlich nach wie vor fast exklusiv dem Nationalstaat überlassen. Der kann aber gar nicht mehr so recht. Im Ergebnis werden nicht unerhebliche Teile der sozialpolitischen Interventionen des Nationalstaates wieder zurückgenommen und die Erbringung entsprechender Leistungen im Sinne des Gewährleistungsstaates nicht-staatlichen Akteuren oder eben Marktprozessen überantwortet.

Dieser starken Verlagerung in der Interventionsdimension stehen auf der Ressourcenseite weniger als ein Prozent des Bruttosozialproduktes an Abgaben für die EU oder andere internationale Institutionen gegenüber. Zwar hat sich das Vertragsnetzwerk internationaler Steuerabkommen im Zuge der Globalisierung verdichtet. Dennoch: der Gehalt und der Charakter dieser Abkommen ist unverändert. Selbst auf der europäischen Ebene sind die zahlreichen Bemühungen zur Steuerharmonisierung bisher in den Kinderschuhen steckengeblieben. Man kann sagen: Die Ressourcendimension hat sich im Verhältnis zur Interventionsdimension mit 1 zu 50 entwikkelt. Während ein Prozent des Steueraufkommens direkt an internationale Institutionen bei einem einigermaßen konstanten Gesamtaufkommen abgegeben werden, sind es – wie ich ja bereits vorher sagte – 50 Prozent der Interventionen, die inzwischen auf der internationalen Ebene formuliert werden. Die Ressourcenseite bleibt also beim Nationalstaat, die Interventionsseite – die Interventionsdimension – ist internationalisiert worden.

Übrigens, die Tatsache oder die Beobachtung, daß die Ressourcen beim Nationalstaat bleiben und von diesem nicht abgegeben werden, das zeigt sich nicht nur mit Blick auf die Steuerfrage, das zeigt sich auch mit Blick auf die Gewaltressourcen. Während die nationalen Gewaltapparate in internationale Standards zwar eingebunden werden und sie sich beispielsweise im Bereich der europäischen Polizeikooperation nach Außen etwas öffnen, bleibt die physische Kontrolle der Gewaltmittel eindeutig in den Händen der Nationalstaaten bzw. der nationalen Regierungen.

Schauen wir als Drittes die dritte Dimension an: die Legitimationsdimension. Auch diese Dimension hinkt hinter der Interventionsdimension deutlich hinterher. Fraglos finden die großen öffentlichen Debatten nach wie vor in nationalen Zusammenhängen statt und die wichtigsten Wahlen bleiben nationale Wahlen. Gleichwohl befinden wir uns mitten in einem Prozeß, in dessen Folge Ereignisse und Entwicklungen in der internationalen Sphäre immer legitimationsbedürftiger werden. Internationale Politik ist demnach nicht mehr allein eine Frage des nationalen Interesses und der politischen Klugheit – zur Verfolgung desselben –, vielmehr werden zunehmend die normativen, nationalen Kriterien einer guten politischen Ordnung auch an die Sphäre jenseits des Nationalstaates angelegt. So wird die EU auf ihre demokratische Legitimität hin geprüft, und es gibt auch entsprechende europäische Wahlen und ein europäisches Parlament.

Internationale Institutionen wie beispielsweise die Welthandelsorganisation oder der Internationale Währungsfonds werden mit Fragen der Gerechtigkeit und mit Anforderungen einer Beteiligung von Nichtregierungsorganisationen konfrontiert. Und wie wir alle wissen, ist es inzwischen so, daß keine der großen Konferenzen und Tagungen der Weltbank oder des Internationalen Währungsfonds stattfinden kann, ohne daß es eben vehemente gesellschaftliche Proteste auf den Straßen vor den Verhandlungsräumen gibt. Die zentrale Forderung dieser Proteste lautet: Die Legitimität dieser internationalen Institutionen muß erhöht werden. Wir sehen also, zwar finden nach wie vor die Legitimitätsprozesse primär auf der nationalstaatlichen Ebene statt, die Forderung nach einer zunehmenden internationalen und europäischen Legitimation nehmen aber drastisch zu.

IV. Rechtsstaatlichkeit

Die Rechtsstaatlichkeit – die Herrschaft des Rechts also – ist ähnlich weit aus dem Gehäuse des Nationalstaates geschlüpft wie die Interventionsdimension. Im Kern der OECD-Welt gibt es dennoch kaum Anlaß, sich Sorgen über die Herrschaft des Rechts zu machen. Ganz im Gegenteil: Die Herrschaft des Rechts hat eine Art doppelte Absicherung erhalten. Ohne daß die nationalstaatlichen Mechanismen zur Absicherung der Rechtsstaatlichkeit außer Kraft gesetzt würden, finden sich nämlich auf der europäischen und teilweise auch auf der internationalen Ebene zusätzliche Absicherungen. Der Europäische Gerichtshof, der europäische Menschenrechtsgerichtshof, die Welthandelsorganisation (WTO), die Vereinten Nationen und die Weltbank überwachen allesamt die Nationalstaaten und erheben die Stimme, wenn sich rechtsstaatliche Defizite ergeben. Es erfolgt mithin eine Außenabsicherung der inneren Herrschaft des Rechts.

Im Zuge der doppelten Absicherung der inneren Herrschaft des Rechts ergibt sich aber gleichzeitig eine erhebliche Einschränkung der äußeren Souveränität der Nationalstaaten. Die Einhaltung fundamentaler Grund- und Menschenrechte gilt als Voraussetzung für die Anerkennung als souveräner Staat. Sie wird also gleichsam supranational inzwischen überwacht. Falls fundamentale Rechtsprinzipien verletzt werden, erfolgt also gleichsam eine Entrechtung des Souveräns. Die Befugnis wird ihm dann abgesprochen, auf seinem Territorium die ausschließliche Herrschaftsgewalt zu haben und andere Staaten von seiner Herrschaft ausschließen zu dürfen. Darüber hinaus ist im letzten Jahrzehnt die Bereitschaft gewachsen, im Falle der Verletzung grundlegender Rechtsprinzipien der Entrechtung weitreichende Sanktionen folgen zu lassen. Sie reichen von der Entsendung von Beobachtern, über die Konditionalität von Finanzhilfen und die Organisation von Wirtschaftsboykotten bis eben zur militärischen Intervention. Alle diese Entwicklungen laufen darauf hinaus, daß sich auf der internationalen Ebene Zwangsmechanismen zur Aufrechterhaltung der Grundprinzipien der Herrschaft des Rechts entwickelt haben, die das tradierte Konsensprinzip internationaler Politik überwinden und damit die nationalstaatliche Souveränität beschränken.

Zudem breiten sich übrigens auch rechtsähnliche Verfahren bei der Umsetzung und Implementierung internationaler Abkommen aus. Konkret zeichnet sich das letzte Jahrzehnt durch eine erhebliche Bedeutungszunahme von internationalen Schiedsinstanzen aus: der internationale Strafgerichtshof und der Dispute Settlement Body der WTO sind nur die Bekanntesten unter ihnen. Alleine in den letzten 15 Jahren sind gut 20 solcher Schiedsinstanzen neu entstanden. Mit ihrer Etablierung entgleitet den Staaten damit auch das Auslegungsmonopol für internationale Abkommen. Damit können einmal getroffene Vereinbarungen eine Dynamik entfalten, die nicht mehr in jedem einzelnen Schritt von den Staaten kontrolliert werden kann. Nun sollen diese Ausführungen über die Rechtsdimension allerdings auch kein übermäßig optimistisches Bild zeigen. Es findet eine doppelte Absicherung der Herrschaft des Rechts statt. Damit soll in keiner Weise gesagt werden, daß notwendigerweise jegliche Intervention oder gar militärischer Eingriff von außen in Staaten, die den Prinzipien der Rechtsstaatlichkeit nicht entsprechen, gewünschte politische Ergebnisse produzieren. Es geht eher darum zu zeigen, daß sich eben diese Dimension des Rechts, die Herrschaft des Rechts zumindest partiell auch auf der internationalen Ebene angelagert hat. Das führt dazu, daß im Ergebnis die Interventionsdimension der Staatlichkeit tatsächlich zu weiten Teilen aus den territorialen Grenzen des traditionellen Staates ausbricht, obwohl es allerdings einen Bereich – nämlich den Bereich der redistributiven Sozialpolitik – dem Nationalstaat überläßt. Mit der Interventionsdimension scheint auch die Herrschaft des Rechts sich weiter auszudehnen. Zwar werden die Institutionen, die die Herrschaft des Rechts im Innern sichern sollen, nicht bedeutungslos, aber sie werden eingebettet und unterstützt von Institutionen, die jenseits des Nationalstaates liegen. Der moderne Nationalstaat ist aber keinesfalls bereit, sein Ressourcenmonopol abzugeben. Das Steuer- und das Gewaltmonopol befinden sich de facto fest in der Hand eben des Nationalstaates und seiner Regierungen, wiewohl sich an den Rändern des Konzeptes des Gewalt- und Steuermonopols einige kleine Unschärfen auftun.

Generell stellt sich die Frage: Was bedeuten diese Entwicklungen denn nun wirklich für die wichtigsten sozialen Grundwerte wie Frieden und Sicherheit, Rechtssicherheit und individuelle Freiheit, politische Selbstbestimmung und soziale Wohlfahrt? Werden wir auch in einer solchen postnationalen Konstellation staatlich geschützt trotz organisierter Kriminalität und transnationaler Bedrohungen? Kann es stabile rechtsförmige Beziehungen auch ohne ein übergeordnetes Gewaltmonopol auf der internationalen Ebene geben? Wie soll Politik demokratisch organisiert werden, wenn die Entscheidungen aus der demokratisch kontrollierten nationalstaatlichen Sphäre in den internationalen und den gesellschaftlichen Raum ausgelagert werden? Wer soll in einer postnationalen Konstellation für den sozialen Ausgleich sorgen? Diese Fragen werden uns in Zukunft verstärkt beschäftigen.

Wir brauchen alsbald eine ordnungspolitische Debatte in diesem Land und auch anderswo, die über den Rand von Dosenpfand und Hartz hinausreicht. Es geht dabei darum, die neue Staatlichkeit, die postnationale Staatlichkeit als eine politische Ordnung zu verstehen. Die Außenpolitik nicht mehr nur als ein Mittel der Durchsetzung nationaler Interessen, sondern sich zu verstehen als ein Land, als ein politisches System, das Teil einer größeren politischen Ordnung ist.

Die Autoren

Adam, Konrad, Dr. phil., Chefkorrespondent der Zeitung „Die Welt"

Albrecht, Peter-Alexis, Dr. jur., Rechtswissenschaft, Johann Wolfgang Goethe-Universität Frankfurt, Herausgeber und Schriftleiter der Zeitschrift „Kritische Vierteljahresschrift für Gesetzgebung und Rechtswissenschaft (KritV)"

Assmann, Jan, Dr. phil., Drs. h.c., Professor (em.), Ägyptologie, Religionsgeschichte und Kulturtheorie, Heidelberg

Baltes, Paul B., Dr. phil., Professor, Entwicklungspsychologe und Gerontologe, Direktor am MPI für Bildungsforschung und Distinguished Professor of Psychology, University of Virginia, USA

Brandt, Reinhard, Dr. phil., bis 2002 Univ.-Professor für Philosophie an der Philipps-Universität Marburg

Fohrmann, Jürgen, Dr. phil., Univ.-Professor, Neuere deutsche Literaturwissenschaft und Allgemeine Literaturwissenschaft, Rheinische Friedrich-Wilhelms-Universität Bonn

Frank, Manfred, Dr. phil., Dr. h.c. mult., Univ.-Professor, Philosophisches Seminar, Universität Tübingen

Graf, Friedrich Wilhelm, Dr. theol., Univ.-Professor, Ordinarius für Systematische Theologie und Ethik an der Ludwig-Maximilians-Universität München

Kaube, Jürgen, Redakteur im Feuilleton der Frankfurter Allgemeinen Zeitung

Kemp, Wolfgang, Dr. phil., Univ.-Professor, Kunstgeschichte, Universität Hamburg

Mayer, Karl Ulrich, Dr. rer. soc., Univ.-Professor, Soziologie, Yale University, Direktor des Center for Research on Social Inequalities and the Life Course (CIQLE), Direktor am Max-Planck-Institut für Bildungsforschung, Berlin

Paul, Dietrich „Piano", Dr. rer. nat., bekannt unter seinem Künstlernamen „Piano" Paul als Pianist und Kabarettist, Näheres unter www.piano-paul.de

Sachser, Norbert, Dr. rer. nat., Univ.-Professor, Institut für Neuro- und Verhaltensbiologie, Universität Münster

Seibt, Gustav, Dr. phil., Autor der Süddeutschen Zeitung München, Mitglied der Deutschen Akademie für Sprache und Dichtung in Darmstadt

Simon, Hermann, Dr., Univ.-Professor, Vorsitzender der Geschäftsführung der Unternehmensberatung Simon, Kucher & Partners, Bonn

Spinnen, Burkhard, Dr. phil., freier Autor, Münster

Spinner, Kaspar H., Dr. phil., Univ.-Professor, Didaktik der deutschen Sprache und Literatur, Universität Augsburg

Starbatty, Joachim, Dr. rer. pol., Dr. h.c., Univ.-Professor, Volkswirtschaftslehre, Vorsitzender der Aktionsgemeinschaft Soziale Marktwirtschaft, Universität Tübingen

Thielemann, Ulrich, Dr. oec., Vizedirektor des Instituts für Wirtschaftsethik der Universität St. Gallen

Zürn, Michael, Dr. rer. soc., Professor, Politikwissenschaft, Wissenschaftszentrum Berlin, Abteilung „Interkulturelle Konflikte, Gewalt & Menschenrechte", Akademischer Direktor der Hertie School of Governance in Berlin

Quellennachweis

Adam, Konrad: *„Morgen ist es damit schon vorbei". Über Modernisierungsmoden*
Aus: Forschung & Lehre, 4/2004, Seite 188-189

Albrecht, Peter-Alexis: *Vom Ende des Unverfügbaren – Anmerkungen zur Politik tektonischer Zerstörungen menschlicher Würde –*
Aus: Kritische Vierteljahresschrift für Gesetzgebung und Rechtswissenschaft (KritV), Heft 2/2004, S. 123-128

Jan Assmann: *Die Erfindung der Schrift*
Aus: UNIVERSITAS, Ausgabe August 2004, Seite 773-791

Paul B. Baltes: *Der Generationenkrieg kann ohne mich stattfinden. Wir sind alle jung und alt zugleich: Warum die Deutschen ihre Einstellung zum Alter radikal verändern müssen*
Aus: Frankfurter Allgemeine Zeitung, 12. Mai 2004

Reinhard Brandt: *Schulphilosophie und Weltbürgertum. Was Kant wollte, was er vermocht hat, und was von ihm heute noch zu lernen ist*
Aus: Frankfurter Allgemeine Zeitung, 2. Januar 2004

Jürgen Fohrmann: *Verkrustet und unbeweglich? – Die Modernisierung von Wissenschaft und Gesellschaft*
Aus: Forschung & Lehre, 4/2004, Seite 190-191

Manfred Frank: *Zum 150. Todesjahr des Philosophen Friedrich Wilhelm Joseph Schelling*
Ausführliche Version des in gekürzter Fassung erschienenen Beitrags „Das verklärte und das gekränkte Ich" in: DIE ZEIT, 19. August 2004

Friedrich Wilhelm Graf: *Die Renaissance der Götter – Religionen im Zeitalter der Postmoderne*
Aus: Südwestrundfunk, SWR2 Wissen/Aula, 15. August 2004

Jürgen Kaube: *Ihr geht alle in die Medien – Die deutschen Universitäten basteln an Berufsattrappen*
Aus: Frankfurter Allgemeine Zeitung, 8. Mai 2004

Wolfgang Kemp: *Die Selbstfesselung der deutschen Universität. Eine Evaluation*
Aus: Forschung & Lehre 6/2004, S. 312-315. Eine Langfassung des Textes ist zuerst erschienen in der Zeitschrift Merkur, Heft 4, April 2004

Karl Ulrich Mayer: *Yale, Harvard & Co: Mythos oder Modell für Deutschland?*
Aus: Forschung & Lehre 10/2004, S. 538-542. Der Beitrag beruht auf einem Vortrag, den der Verfasser im Rahmen der von Prof. Hermann Strasser und Dr. Gerd Nollmann organisierten Ringvorlesung im Rahmen der 28. Duisburger Akzente „Endstation Amerika?" Universität Duisburg-Essen am 13. Mai 2004 gehalten hat.

Dietrich „Piano" Paul: *Vorsicht Mathematik! Vom Umgang mit einem Fach im PISA-Zeitalter*
Aus: Forschung & Lehre 8/2004, S. 442-445. Nachdruck aus aviso, Zeitschrift für Wissenschaft und Kunst in Bayern, 1/2004

Norbert Sachser: *Neugier, Spiel und Lernen – Verhaltensbiologische Anmerkungen zur Kindheit*
Aus: Die Grundgedanken des Aufsatzes wurden am 27.2.2004 auf dem Symposium „Wissen macht Spaß – Ohne Neugier keine Zukunft" des Tigerenten-Clubs des SWR in Stuttgart sowie am 19.9.2004 in der Sendung AULA des SWR2 vorgetragen. Der Beitrag wurde in ausführlicherer Form in der Zeitschrift für Pädagogik, 50. Jahrgang, Heft 4, S. 475-486, publiziert.

Gustav Seibt: *Wider die Gleichgültigkeit. Elite und Untergang: Die Manieren des Geistes können nie besser sein als die der Gesellschaft*
Aus: Süddeutsche Zeitung, 10./11. Januar 2004

Hermann Simon: *Reif für die Insel der Ruhe*
Aus: Harvard Business manager, März 2004

Burkhard Spinnen: *Wirtschaftssprache*
Aus: Südwestrundfunk, SWR2 Aula, 3. Oktober 2004

Kaspar H. Spinner: *Der standardisierte Schüler*
Vortrag, gehalten aus Anlaß der Verleihung des Erhard-Friedrich-Preises für Deutschdidaktik am 27. September 2004 (leicht gekürzt)

Joachim Starbatty: *Die Bevölkerungsurne. Höheres Alter heißt mehr Arbeit*
Aus: Frankfurter Allgemeine Zeitung, 7. Juni 2004

Ulrich Thielemann: *Transzendentale Ökonomik. Bemerkungen zur Ökonomisierung der Wissenschaften.*
Aus: Forschung & Lehre 7/2004, S. 358-360

Michael Zürn: *Global und de-national? – Über die Rolle des Nationalstaats im 21. Jahrhundert*
Aus: Südwestrundfunk SWR2 Aula, 12. September 2004

Bei Fragen zur Produktsicherheit wenden Sie sich bitte an:
If you have any questions regarding product safety,
please contact:

Walter de Gruyter GmbH
Genthiner Straße 13
10785 Berlin
productsafety@degruyterbrill.com